"十三五"职业教育国家规划教材

新编经济法实用教程

（理论部分）（第九版）

新世纪高职高专教材编审委员会 组编

主　编　何　辛

副主编　张　虹　陈凤贵　孙金平

大连理工大学出版社

图书在版编目(CIP)数据

新编经济法实用教程：理论部分 / 何辛主编. -- 9版. -- 大连：大连理工大学出版社，2021.8(2023.2重印)
新世纪高职高专财经大类专业基础课系列规划教材
ISBN 978-7-5685-3155-9

Ⅰ.①新… Ⅱ.①何… Ⅲ.①经济法－中国－高等职业教育－教材 Ⅳ.①D922.29

中国版本图书馆CIP数据核字(2021)第160334号

大连理工大学出版社出版

地址：大连市软件园路80号　邮政编码：116023
发行：0411-84708842　邮购：0411-84708943　传真：0411-84701466
E-mail：dutp@dutp.cn　URL：https://www.dutp.cn
辽宁虎驰科技传媒有限公司印刷　　大连理工大学出版社发行

幅面尺寸：185mm×260mm	印张：18	字数：438千字
2002年7月第1版		2021年8月第9版
	2023年2月第3次印刷	

责任编辑：欧阳碧蕾　陈星源　　　　　　　　　　责任校对：程砚芳
封面设计：对岸书影

ISBN 978-7-5685-3155-9　　　　　　　　　　　　　定　价：55.00元

本书如有印装质量问题，请与我社发行部联系更换。

前　言

《新编经济法实用教程（理论部分）》（第九版）是"十三五"职业教育国家规划教材、"十二五"职业教育国家规划教材、普通高等教育"十一五"国家级规划教材、2007年度普通高等教育精品教材，也是新世纪高职高专教材编审委员会组编的财经大类专业基础课系列规划教材之一。

《新编经济法实用教程》是高职高专财经商贸大类各专业的基础课教材，本教材以高职高专人才培养目标为指导，根据教学需要及该学科特点，分理论部分和实训部分共两册出版。

《新编经济法实用教程（理论部分）》历经多次改版及重印，深受使用者欢迎和厚爱。正是基于这种信赖，为及时体现经济法领域的研究成果，并与我国立法发展相适应，在承继上版教材原有优点的基础上，我们再次对其进行了修订。本次修订以高等教育的根本任务"立德树人"为根本遵循，以"实用""求精""创新"为最大追求，进行了深入的调研，广泛征求了学科一线教师及使用过该教材的学生的意见，并听取了行业专家的建议，从而保证了教材内容满足使用者获得职业资格证书顺利进入职场及创新创业的多元需求。

修订后的教材具有以下突出特点：

第一，深入挖掘各章节内容中蕴含的思政元素，贯穿"立德树人"的理念，思想性突出。本教材章前加入思政目标，法条链接加入立法目的及原则，有利于引导教师将思想信念教育、价值养成教育、文化传承教育融入经济法课程教学各环节，强调经济法课程社会主义核心价值观的引领作用。

第二，"互联网＋"的模式，使教材实现了由传统型教材向创新型教材的跨越。以二维码为媒介，通过微课、知识拓展等方式在教材中植入了大量的热点、案例及实用的法律知识，大大增加了教材的信息量，给予学生传统教材所无法给予的全新视角，有利于培养学生对经济法课程的兴趣并拓宽视野培养其法治思维能力。

第三，教材内容的选择与设计紧紧围绕学生就业、自主创业及职业后续能力的提升，以实用为本。"民法典""个人独资企业法""合伙企业法""公司法""合同法律制度""担保法律制度""税法""票据法""劳动法律制度""仲裁法""行政复议"等内容是财经商贸大类专业技术资格考试的必考内容，是学生就业、自主创业必须掌握的法律、法规，本次修订更加凸显了上述内容在此版教材中的地位，使教材更具有实用性，"课""证"融合特色明显。

第四,本教材反映了我国立法、法律实践发展的最新动态及成果。本次教材的修订涉及我国 2018 年 2 月以来修订和颁布的十多部法律,除了把《中华人民共和国民法典》的总则编、物权编、合同编等最新内容纳入教材外,教材还纳入了《中华人民共和国公司法》《中华人民共和国证券法》《中华人民共和国产品质量法》《中华人民共和国反不正当竞争法》《中华人民共和国专利法》《中华人民共和国商标法》《中华人民共和国契税法》《中华人民共和国企业所得税法》《中华人民共和国个人所得税法》《中华人民共和国劳动法》《中华人民共和国社会保险法》《中华人民共和国行政处罚法》等法律的最新内容,并对教材中涉及的案例、微课及时更新,使教材整体呈现了我国前沿的立法成果,彰显教材的先进性。

第五,编写体例科学合理,知识模块设计新颖独特,教材内容的呈现形式丰富立体。每章正文前设"内容提示""学习目标""思政目标""课前案例导入",正文后设"课后思考题""课后案例",正文中设"特别提示""法条链接"及例题,内容的设计符合学科特点及高职学生的认知规律,与高职课堂教学中倡导的"学中做,做中学"的理念高度契合,教学做合一,理论实践一体化。

第六,为确保教学目标及教学效果的有效实现,教材配备了齐全的教学配套资源,除课程标准、电子教案、教学课件、习题库等外,本教材还配有《新编经济法实用教程(实训部分)》(第九版),内设多种类型的客观题、案例分析、热点问题探讨及实务操作,强化学生对法律知识的运用,真正实现"课证融合"。

本教材编写团队成员多元化,既有具有学科教改经验的资深一线精英教师,又有从事多年法律实务工作的知名律师及企业中的高级经济师,各成员精诚合作,相信我们有足够的能力打造出具有鲜明高职特色的国内业界精品教材。本教材由辽宁金融职业学院何辛任主编,辽宁金融职业学院张虹、辽宁奥启律师事务所陈凤贵、阳江职业技术学院孙金平任副主编,参加编写的还有北京金诚同达律师事务所遇阳阳、河北工业职业大学王欣、辽宁金融职业学院刘娜、盘锦职业技术学院韩巍。具体编写分工如下:何辛编写第一章、第二章、第三章、第四章、第五章,张虹编写第六章、第七章,孙金平编写第八章、第九章,王欣编写第十章、第十一章,陈凤贵编写第十三章,刘娜编写第十二章、第十五章,韩巍编写第十四章,遇阳阳编写第十六章。

在编写本教材的过程中,我们参考、引用和改编了国内外出版物中的相关资料和网络资源,在此对这些资料的作者表示深深的谢意。请相关著作权人看到本教材后与出版社联系,出版社将按照相关法律的规定支付稿酬。

本教材编者虽倾尽才思,但也难免不足与纰漏之处,敬请业内同行专家及广大师生提出宝贵的意见及建议,我们将不胜感激。

编　者

2021 年 8 月

所有意见和建议请发往:dutpgz@163.com
欢迎访职教数字化服务平台:https://www.dutp.cn/sve/
联系电话:0411-84706104　84706671

目 录

第一章　经济法基本理论 … 1
第一节　经济法概述 … 2
第二节　经济法律关系 … 6
第三节　相关的民事法律制度 … 10
第四节　经济法律责任 … 15

第二章　个人独资企业法 … 18
第一节　个人独资企业法概述 … 19
第二节　个人独资企业的设立 … 20
第三节　个人独资企业的投资人及事务管理 … 21
第四节　个人独资企业的变更、解散与清算 … 23

第三章　合伙企业法 … 25
第一节　合伙企业法概述 … 26
第二节　普通合伙企业 … 27
第三节　有限合伙企业 … 35
第四节　合伙企业的解散与清算 … 38

第四章　公司法 … 40
第一节　公司法概述 … 41
第二节　公司的一般规定 … 44
第三节　有限责任公司 … 46
第四节　股份有限公司 … 54
第五节　公司的董事、监事和高级管理人员 … 62
第六节　公司债券和公司财务会计制度 … 64
第七节　公司合并、分立、解散和清算 … 67

第五章 企业破产法 ·· 71
第一节 企业破产法概述 ·· 72
第二节 破产申请和受理 ·· 73
第三节 破产管理人 ·· 74
第四节 债务人财产 ·· 75
第五节 破产费用和共益债务 ·· 77
第六节 债权申报 ··· 78
第七节 债权人会议 ·· 79
第八节 重整与和解 ·· 81
第九节 破产清算 ··· 83

第六章 合同法律制度 ·· 86
第一节 合同法律制度概述 ··· 87
第二节 合同的订立 ·· 89
第三节 合同的效力 ·· 93
第四节 合同的履行 ·· 97
第五节 合同的变更、转让与终止 ··· 102
第六节 违约责任 ·· 106
第七节 几种具体的合同 ··· 108

第七章 担保法律制度 ··· 112
第一节 担保法律制度概述 ·· 113
第二节 保　证 ··· 114
第三节 抵　押 ··· 118
第四节 质　押 ··· 122
第五节 留　置 ··· 125
第六节 定　金 ··· 126

第八章 工业产权法 ·· 129
第一节 工业产权法概述 ··· 130
第二节 专利法 ··· 130
第三节 商标法 ··· 140

第九章　反不正当竞争法 　　147

第一节　反不正当竞争法概述 　　148

第二节　不正当竞争行为 　　149

第三节　对不正当竞争行为的监督检查 　　152

第四节　违反反不正当竞争法的法律责任 　　153

第十章　产品质量法 　　156

第一节　产品质量法概述 　　157

第二节　产品质量监督与管理 　　159

第三节　生产者、销售者的产品质量责任和义务 　　162

第四节　产品质量责任 　　163

第十一章　消费者权益保护法 　　168

第一节　消费者权益保护法概述 　　169

第二节　消费者的权利与经营者的义务 　　169

第三节　消费者权益争议的解决 　　175

第四节　违反消费者权益保护法的法律责任 　　177

第十二章　证券法 　　181

第一节　证券法概述 　　182

第二节　证券发行 　　183

第三节　证券交易 　　186

第四节　上市公司的收购 　　191

第五节　证券机构 　　193

第十三章　票据法 　　196

第一节　票据法概述 　　197

第二节　票据的一般规定 　　200

第三节　汇票、本票和支票 　　205

第十四章　税法 　　211

第一节　税法概述 　　212

第二节　我国现行主要税种 　　214

第三节　税收征收管理法 　　229

第十五章　劳动法律制度 ⋯⋯⋯⋯⋯⋯⋯⋯⋯⋯⋯⋯⋯⋯⋯⋯⋯⋯⋯⋯⋯⋯⋯⋯⋯⋯⋯⋯ 233

　第一节　劳动法概述 ⋯⋯⋯⋯⋯⋯⋯⋯⋯⋯⋯⋯⋯⋯⋯⋯⋯⋯⋯⋯⋯⋯⋯⋯⋯ 234

　第二节　劳动合同法 ⋯⋯⋯⋯⋯⋯⋯⋯⋯⋯⋯⋯⋯⋯⋯⋯⋯⋯⋯⋯⋯⋯⋯⋯⋯ 234

　第三节　社会保障法 ⋯⋯⋯⋯⋯⋯⋯⋯⋯⋯⋯⋯⋯⋯⋯⋯⋯⋯⋯⋯⋯⋯⋯⋯⋯ 246

　第四节　劳动争议调解仲裁法 ⋯⋯⋯⋯⋯⋯⋯⋯⋯⋯⋯⋯⋯⋯⋯⋯⋯⋯⋯⋯ 253

第十六章　经济纠纷的解决 ⋯⋯⋯⋯⋯⋯⋯⋯⋯⋯⋯⋯⋯⋯⋯⋯⋯⋯⋯⋯⋯⋯⋯⋯ 259

　第一节　经济纠纷概述 ⋯⋯⋯⋯⋯⋯⋯⋯⋯⋯⋯⋯⋯⋯⋯⋯⋯⋯⋯⋯⋯⋯⋯ 260

　第二节　仲　裁 ⋯⋯⋯⋯⋯⋯⋯⋯⋯⋯⋯⋯⋯⋯⋯⋯⋯⋯⋯⋯⋯⋯⋯⋯⋯⋯⋯ 261

　第三节　行政复议 ⋯⋯⋯⋯⋯⋯⋯⋯⋯⋯⋯⋯⋯⋯⋯⋯⋯⋯⋯⋯⋯⋯⋯⋯⋯⋯ 265

　第四节　民事诉讼 ⋯⋯⋯⋯⋯⋯⋯⋯⋯⋯⋯⋯⋯⋯⋯⋯⋯⋯⋯⋯⋯⋯⋯⋯⋯⋯ 270

参 考 文 献 ⋯⋯⋯⋯⋯⋯⋯⋯⋯⋯⋯⋯⋯⋯⋯⋯⋯⋯⋯⋯⋯⋯⋯⋯⋯⋯⋯⋯⋯⋯⋯⋯⋯ 280

经济法基本理论

内容提示

1. 经济法的概念、特征、调整对象
2. 经济法律关系
3. 相关的民事法律制度
4. 经济法律责任

学习目标

【掌握】 经济法的概念、特征、调整对象;经济法律关系及其构成要素、法律事实;法人的条件;代理的概念、种类;代理权的行使。

【了解】 经济法的基础知识和经济法律责任的有关问题。

思政目标

1. 通过学习社会主义法律的本质及运行,明确社会主义法治的价值引领,理解法治建设的基本价值准则与社会主义核心价值观的关系,培养学生坚定走社会主义法治道路的决心,坚定制度自信,做社会主义核心价值观的践行者。

2. 培养学生尊崇法治、依法维护权利和依法履行义务的素质和修养以及严谨的法学思维,增强诚实守信、实事求是、不弄虚作假的法理意识,使其内化于心,外化于行,从而实现"立德树人"的根本目标。

课前案例导入

【背景资料】 2020年10月10日,甲国有企业将某项汽车配件改造的生产任务承包给其内部的乙车间来完成,双方为此签订了承包合同,约定乙车间可以使用甲国有企业的机器设备和原材料,但必须在2021年12月24日之前完成该项生产任务。

【问题】

请问在甲国有企业与乙车间之间是否形成了经济法律关系?

第一节 经济法概述

一、法的本质和特征

(一)法的本质

目前我国法学界对法的解释是:法是由国家制定或认可的、反映统治阶级的意志和利益、由国家强制力保证实施的行为规范的总和。法是统治阶级国家意志的体现,这是法的本质。

(二)法的特征

(1)法是经过国家制定或认可才得以形成的规范,具有国家意志性。
(2)法凭借国家强制力的保证而获得普遍遵行的效力,具有强制性。
(3)法是确定人们在社会关系中的权利和义务的行为规范,具有规范性。
(4)法是明确而普遍适用的规范,具有普遍约束性和明确公开性。

【例1-1】 下列关于法的本质与特征的表述中,不正确的是( )。
A.法是由国家制定或认可的规范
B.法是由统治阶级的物质生活条件决定的
C.法是全体社会成员共同意志的体现
D.法是依靠国家强制力保证实施的

【解析】 C。目前我国法学界认为,法不是全体社会成员共同意志的体现,而是统治阶级意志的体现。

二、法的形式和一般分类

(一)法的形式

法的形式即法学上所称的法的渊源,是法的具体的表现形态,即法是由何种国家机关、依照什么方式或程序创制出来的,并表现为何种形式、具有何种效力等级的规范性法律文件。

依据创制法的国家机关和创制方式的不同,我国法的主要形式有:

1.宪法
由全国人民代表大会制定的宪法是国家的根本大法,具有最高的法律效力,是经济法的基本渊源,是经济法立法的依据和基础。

2.法律
法律是指由全国人民代表大会及其常务委员会颁布的规范性法律文件,其地位和效力仅次于宪法。法律分为基本法律和一般法律(非基本法律、专门法)两类。基本法律是由全国人民代表大会制定的调整国家和社会生活中带有普遍性的社会关系的规范性法律文件的统称,如刑法、民法、诉讼法以及有关国家机构的组织法等法律。一般法律是由全国人民代表大会常务委员会制定的调整国家和社会生活中某种具体社会关系或其中某一方面内容的规范性文件的统称,其调整范围比基本法律调整的范围小,内容较具体,如商标法、专利法、产品质量法、土地管理法等。

3.行政法规
行政法规是最高国家行政机关国务院在法定职权范围内为实施宪法和法律而制定、发布的规范性文件,通常冠以条例、办法、规定等名称。

4.地方性法规
省、自治区、直辖市的人民代表大会和它们的常务委员会,在不同宪法、法律、行政法规相抵触的前提下,可以制定地方性法规,报全国人民代表大会常务委员会备案。

设区的市的人民代表大会和它们的常务委员会,在不同宪法、法律、行政法规和本省、自治区的地方性法规相抵触的前提下,可以依照法律规定制定地方性法规,报本省、自治区人民代表大会常务委员会批准后施行。

5.自治条例和单行条例
自治条例和单行条例是民族区域自治地方的人民代表大会依照法定的自治权,在其职权范围内制定的、带有民族区域自治特点的规范性法律文件。自治区的自治条例和单行条例,报全国人民代表大会常务委员会批准后生效。

6.规章
规章是法律、行政法规的补充,包括部门规章和地方政府规章。

(1)部门规章。部门规章是指国务院各部、委员会、中国人民银行、审计署和具有行政管理职能的直属机构,根据法律和国务院的行政法规、决定、命令,在本部门的职权范围内制定的规章。如财政部颁布的《会计从业资格管理办法》、中国人民银行颁布的《贷款通则》等。

(2)地方政府规章。地方政府规章是指省、自治区、直辖市和设区的市、自治州的人民政府根据法律、行政法规和本省、自治区、直辖市的地方性法规制定的规章,其种类繁多。

7.特别行政区的法
全国人民代表大会制定的特别行政区基本法以及特别行政区依法制定并报全国人民代表大会常务委员会备案的、在该行政区域内有效的规范性法律文件,属于特别行政区的法。

香港、澳门特别行政区实施的法律,包括与基本法不相抵触的原有法律,是我国法的一部分,是我国法的一种特殊形式。

8.国际条约
国际条约是指两个或者两个以上国家之间规定相互间权利和义务的各种协定。我国签订和加入的国际条约对我国的国家机关、社会组织和公民都具有法律约束力。因此,这些条约也是我国法的形式之一。

【例 1-2】 行政法规的制定部门是( )。
A.国务院部委　　　　　　　　B.国务院直属机构
C.全国人民代表大会　　　　　D.国务院

【解析】 D。行政法规是最高国家行政机关国务院制定的、有关国家行政管理方面的规范性文件。

(二)法的一般分类

1.国内法与国际法

这是根据法的主体、调整对象和渊源所进行的分类。国内法是指由特定国家创制并适用于本国主权所及范围内的法律;国际法是指由参加国际关系的国家通过协议制定的或者公认的并适用于国家之间的法律。

2.根本法与普通法

这是根据法的内容、效力和制定程序所进行的分类。根本法就是宪法,宪法规定国家制度和社会制度的基本原则,具有最高的法律效力;普通法是指宪法以外的其他法律,规定国家的某项制度或者调整国家某一方面的社会关系,它的法律地位要低于宪法。

3.一般法与特别法

这是根据法的空间效力、时间效力或对人的效力所进行的分类。一般法是指针对一般人、一般事项、一般时间的在一国领域内普遍适用的法;特别法是指针对特定人、特定事、特定地区和特定时间有效的法律。

4.实体法与程序法

这是根据法的内容所做的分类。实体法是指具体规定主体权利和义务的法;程序法是指为保障主体权利和义务的实现而制定的关于程序方面的法律。

5.成文法与不成文法

这是根据法的创制方式和发布形式所进行的分类。成文法又称制定法,是由特定国家机关制定和公布、以文字形式表现的法;不成文法是指由国家认可的不具有文字表现形式的法,主要是习惯法,不成文法还包括同制定法相对应的判例法,即由法院通过判决所确定的判例和先例。

三、经济法的概念和特征

(一)经济法的概念

我国的经济法是指调整国家在调控社会经济运行、管理社会经济活动的过程中,在政府机关与市场主体之间发生的经济关系的法律规范的总称。经济法是国家干预或管理社会经济活动的法律表现,是我国法律体系中的一个重要的、独立的部门法。

(二)经济法的特征

经济法作为市场经济法律体系的重要组成部分,自然具有法的一般特征。同时,经济法作为我国市场经济法律体系中的一个独立的部门法必然具有自身特征。

1.经济性

经济法的经济性是指经济法直接调整经济关系,与一个国家的经济生活联系最紧密。改革开放以来,为适应我国市场经济发展的需要,一系列规范经济生活的法律法规相继出台,市场经济秩序得以初步建立。

2.干预性

市场调节有很大的盲目性和滞后性。我国要发展社会主义市场经济,必须注重国家对经济生活的调整和管理,以确保市场经济的有序发展。经济法是国家对市场的干预之法,强调国家的意志,因此与强调个体意志的民法有明显的区别。

3.综合性

经济法的综合性是指经济法调整手段的综合性。经济法用行政、民事、经济等多种方法调整经济生活。违反经济法要承担民事、行政甚至刑事等多种法律责任。经济法的综合性表明该法充分吸收了其他部门法的调整方法和手段,使之发展到一个更高的层次。

4.社会性

经济法的社会性是指经济法注重保护社会利益,协调国家和个体利益,因此经济法是社会本位,是"社会法"的代表。民法是个体本位,行政法是国家本位。经济法的社会本位是经济法特征的集中表现。

5.表现形式的单行法性

经济法是由许多调整经济生活的单行法律法规组成的,这些单行法律法规涉及经济生活的各个方面。而民法和刑法则是以法典化形式表现的。经济法的单行法性使经济法具有更大的灵活性和适应性。

四、经济法的调整对象

经济法是调整国家在协调经济运行过程中发生的经济关系的法律规范的总称。经济法的概念是对经济法调整对象的科学概括和总结。经济法调整对象具体可以概括为以下四个方面:

(一)企业组织管理关系

市场主体是市场经济最基本的要素,企业是最主要的市场主体。国家为了协调经济运行,对企业的设立、变更和终止,企业内部机构的设置及其职权,企业的财务、会计管理等进行必要的干预。在企业的设立、变更和终止过程中发生的经济管理关系和在企业内部管理过程中发生的经济管理关系,简称企业组织管理关系。《中华人民共和国公司法》《中华人民共和国合伙企业法》等属于市场主体法律制度。

(二)市场管理关系

市场经济鼓励自由竞争,但自由竞争常会伴有不正当竞争且容易滋生垄断,这会损害消费者的权益,并破坏市场经济的健康发展,因此国家必须依法管理和协调市场经济秩序。在市场管理过程中发生的经济关系,简称市场管理关系。《中华人民共和国产品质量法》《中华人民共和国反不正当竞争法》《中华人民共和国消费者权益保护法》等属于市场秩序法律制度。

(三)宏观调控关系

计划经济以微观调控为主,市场经济以宏观调控为主,同时自由竞争所带来的负面效应也要求国家加强宏观调控。在宏观调控过程中发生的经济关系,简称宏观调控关系。《中华人民共和国税法》《中华人民共和国中国人民银行法》《中华人民共和国会计法》等属于宏观调控法律制度。

(四)社会保障关系

要实行社会主义市场经济,必须建立多层次的社会保障体系。在社会保障过程中发生的经济关系,简称社会保障关系。《中华人民共和国保险法》《中华人民共和国优抚安置法》等属于社会保障法律制度。

【例 1-3】 经济法的调整对象包括(   )。
A.市场主体调控关系　　　　　　B.市场运行调控关系
C.宏观调控关系　　　　　　　　D.劳动和社会保障关系

【解析】　A、B、C、D。经济法调整四大关系,即企业组织管理关系、市场管理关系、宏观调控关系、社会保障关系。

第二节　经济法律关系

一、经济法律关系的概念和特征

(一)经济法律关系的概念

法律关系是由法律规范所调整的、具有权利义务内容的社会关系。不同的法律规范调整的社会关系不尽相同。经济法律关系是指经济关系为经济法律规范调整时形成的,由国家强制力保证其存在和运行的经济权利与经济义务相统一的关系。

(二)经济法律关系的特征

1.由经济法律规范确认

经济法律关系由经济法律规范确认,这是经济法律关系与其他法律关系的不同之处。没有经济法律规范的存在,就不会有经济法律关系的产生。

2.具有意志性

经济法律关系是具有意志性的社会关系,这是它不同于作为经济法调整对象的经济管理关系的一个重要特征。在经济法律关系形成和实现的过程中,国家意志是主导的,但它和经济法律关系参加者的意志是相互联系的。

3.独具社会公共经济管理性

经济法律关系与其他法律关系的一个最重要的区别,就在于经济法律关系具有社会公共的经济管理性质。经济法律关系作为法律关系的一种,它的特性也取决于经济法所调整的社会关系本身的性质。

4.由国家强制力保证实现

经济法律关系是由国家强制力保证实现的。当经济法律关系的实现遇到障碍时,或权利人不能完全行使和享有权利,或义务不履行时,就需要法院强制执行,责令义务人履行义务,甚至给予违法行为人以必要的制裁,以有效地保证经济法律关系的实现。

【例1-4】 以下属于经济法律关系的是(   )。

A.企业承包经营责任制合同关系

B.商业银行向央行提交存款准备金从而形成的法律关系

C.甲企业冒用乙企业的产品商标从而形成的法律关系

D.甲企业协议收购乙企业的合同关系

【解析】 A、B、C。甲企业协议收购乙企业的合同关系属于民事法律关系,因此D选项错误。

二、经济法律关系的构成要素

经济法律关系是由经济法律关系的主体、经济法律关系的客体和经济法律关系的内容三个要素构成的,三个要素在经济法律关系构成中必须同时具备,缺一不可。

(一)经济法律关系的主体

经济法律关系的主体简称经济法主体,是指参与经济法律关系、依法独立享有经济权利并承担经济义务的当事人。

经济法律关系的主体的范围非常广泛,主要包括:

1.国家机关

(1)国家权力机关。国家权力机关是指全国人民代表大会及其常务委员会,以及地方各级人民代表大会及其常务委员会。它们主要在计划法律关系、财政法律关系以及在行使决策、审批和监督等职能活动所发生的法律关系中,作为经济法主体出现。

(2)经济管理机关。经济管理机关主要包括国务院及其各部委、地方各级人民政府及其组成部门。在整个国民经济中,经济管理机关的法律地位是极为重要的,在参与宏观经济管理活动中,成为经济法律关系的重要主体。

2.社会组织

社会组织是指企业、事业单位、社会团体、农村集体经济组织等。它们都必须是拥有一定的可独立支配的财产的实体,有的须依法定程序取得法人资格。社会组织是经济法主体中最广泛、最基本的一类。

(1)企业。企业是指依法设立的、以营利为目的、从事生产经营和服务活动的独立核算的经济组织,包括各类法人企业、公司及其他非法人企业。企业是重要的经济法主体。

(2)事业单位。事业单位是由国家财政预算拨款或其他资金来源设立的,不以营利为目的的从事文化、教育、科研、卫生等事业的单位,如学校、医院、科研院所等。

(3)社会团体。社会团体是由公民或组织依法自愿组成的从事公益事业、党团事务、行业管理和服务等社会活动的社会组织,包括党团组织,工会,妇联、行业性、职业性协会及公益性、学术性团体等。

(4)农村集体经济组织。农村集体经济组织是指为了实现一定的经济目标和任务而从事农业生产经营活动的单位或群体。

3. 内部组织

内部组织是指企业、公司和其他经济组织的内部单位。并非所有的内部组织都可成为经济法主体,只有在实行经济责任制、内部承包制的企业中,才可能拥有所谓的具有相对独立地位、独立利益的内部组织。

4. 自然人

自然人作为经济法主体,主要是指依法批准参加某种经济活动的个体工商户和农村经济专业户、承包户、个人合伙等。他们在接受国家经济管理机关的宏观管理或与社会组织发生经济往来时,成为经济法律关系的主体。

5. 国家

国家主要是通过有关国家经济管理机关、国家投资公司和国有企业,对全民所有制的财产分别进行管理和经营。在一般情况下,国家不作为经济法主体出现,只是在特殊情况下,如以政府名义与外国签订贸易协定或发行国家债券等,才以经济法主体的身份出现。

【例1-5】 以下可以成为经济法主体的是(　　)。
　　A. 企业　　　　　B. 供销合作社　　　C. 国家机关　　　D. 个体工商户
【解析】 A、B、C、D。经济法主体是指参与经济法律关系、依法独立享有经济权利并承担经济义务的当事人。企业、供销合作社、国家机关、个体工商户在一定条件下都可以成为经济法律关系的主体。

(二)经济法律关系的客体

经济法律关系的客体是指经济法律关系的主体的经济权利和经济义务共同指向的对象。没有客体,经济权利和经济义务就失去目标,经济法律关系也不能成立。

经济法律关系的客体可分为物、行为和非物质财富等。

1. 物

物是指能够满足人们需要,具有一定的稀缺性,并能为人们支配和控制的各种物质资源。物可以是自然物,如土地、矿藏、水流、森林;也可以是人造物,如机器、建筑、各种产品等;还可以是财产物品的一般价值表现形式——货币及有价证券。物可以有固定形态,也可以没有固定形态,如电力、天然气等。

【例1-6】 下列各项中,可以作为经济法律关系客体的是(　　)。
　　A. 阳光　　　　　B. 空气　　　　　　C. 债权　　　　　D. 房屋
【解析】 C、D。能够成为经济法律关系客体的物必须是人们能够控制的、具有使用价值和价值的物质资料,所以A、B不能成为经济法律关系的客体。

2. 行为

行为是指经济法律关系的主体为实现经济权利、履行经济义务所进行的活动,包括完成一定的工作或提供一定的劳务。

(1)完成一定的工作是指能够取得某种具体成果的工作。经济法律关系的主体的一方利用自己的资金、技术和设备为另一方主体完成一定的工作,另一方主体根据工作的质量和数量支付一定的报酬。如勘察、基建工程等。

(2)提供一定的劳务是指能够取得某种具体结果的劳务。经济法律关系的主体的一方利用自己的设施与条件为另一方主体提供一定的劳务，另一方主体支付一定的酬金。如货物运输、物资保管等。

【例 1-7】 甲、乙订立一份钢材运输合同，请指出因合同的订立而产生的经济法律关系的客体。

【解析】 客体是运输行为，即提供一定的劳务。

3.非物质财富

非物质财富包括知识产品和道德产品。知识产品又称智力成果，是指人的脑力劳动成果。作为经济法律关系客体的智力成果虽然不具有直接的物质形态，但都是可以创造物质财富、提供经济效益的脑力劳动成果。

(1)智力成果种类很多，主要有著作、商标、专利、专有技术、技术改进方案、生产经营标识等。

(2)道德产品是指人们在各种社会活动中所取得的非物化的道德价值，如荣誉称号、嘉奖表彰等，它们是公民、法人荣誉权的客体。

(三)经济法律关系的内容

经济法律关系的内容是指经济法律关系的主体享有的经济权利和承担的经济义务。经济权利与经济义务相依而存，具有相对性、对等性。

1.经济权利

经济权利是指经济法律关系的主体依法能够作为或不作为一定行为，以及要求他人作为或不作为一定行为的资格。经济权利主要有：

(1)经济职权。经济职权是指国家机关及其工作人员在依法行使经济管理与协调职能时所享有的权利，它是国家调整和干预社会经济生活的主要依据。经济职权主要包括决策权、审批权、确认权、协调权和监督权等。

(2)财产所有权。财产所有权包括占有、使用、收益和处分四项权能。

(3)经营管理权。经营管理权是经济组织对所有人授予其经营管理的财产所享有的处置权及由此所产生的管理权，是经济组织最核心的权利。经营管理权既包括生产经营决策权、资产使用权等财产经营权，也包括人事制度、内部机构设置等管理职权。

(4)债权。债权包括合同之债、不当得利之债、无因管理之债和侵权行为之债。

2.经济义务

经济义务是指法律规定经济法律关系的主体必须履行的某种经济责任，表现为经济法主体必须作出一定的行为或被禁止作出一定的行为。其含义是：

(1)经济法主体只在法律规定的范围内履行义务。义务主体承担的经济义务不是无限度的，只需在法定范围内作出或不作出一定的行为。

(2)义务主体必须按照法律规定承担其应负的经济义务，作出或不作出一定的行为，以保证权利主体的权利得以实现。

(3)履行义务是一种受法律约束的行为。义务主体不履行义务，国家要予以法律制裁，用强制力迫使义务人履行经济义务。

三、经济法律关系的产生、变更和终止

经济法律关系的产生是指由于一定的客观情况的出现,使特定的经济法律关系主体之间形成某种经济权利与经济义务关系。

经济法律关系的变更是指原有的经济法律关系中部分或全部要素发生改变。

经济法律关系的终止是指经济法律关系的主体之间已有的经济权利与经济义务关系消失。

经济法律关系的产生、变更和终止需要有经济法律事实的存在。所谓经济法律事实,是指能够引起经济法律关系产生、变更和终止的客观情况。经济法律事实可以依照其发生与当事人的意志有无关系,分为行为和事件两类。

1.行为

行为是指当事人的有意识的活动,分为合法行为和违法行为。

(1)合法行为是指符合法律规范的行为,包括经济管理行为、经济法律行为和经济司法行为。

(2)违法行为是指违反法律规定的行为或法律所禁止的行为。它不能产生行为人所预期的法律后果,但可能产生其他法律后果,也会引起相应的经济法律关系产生、变更或终止。违法行为是行为人承担法律责任的依据。

2.事件

事件是指不以当事人主观意志为转移的客观事实。事件包括自然现象和社会现象引起的事实。

(1)自然现象引起的事实又称绝对事件,如自然灾害等。

(2)社会现象引起的事实又称相对事件。相对事件虽由人的行为引起,但其出现在特定经济法律关系中,并且不以当事人的意志为转移,如因战争导致合同无法履行等。

第三节 相关的民事法律制度

一、法人制度

《中华人民共和国民法典》(以下简称《民法典》)第一编第三章对法人制度做了具体规定。

法条链接:
《民法典》第十七条规定:"十八周岁以上的自然人为成年人。不满十八周岁的自然人为未成年人。"

法条链接:
《民法典》第十八条规定:"成年人为完全民事行为能力人,可以独立实施民事法律行为。

十六周岁以上的未成年人,以自己的劳动收入为主要生活来源的,视为完全民事行为能力人。"

法条链接:
《民法典》第九十二条规定:"具备法人条件,为公益目的以捐助财产设立的基金会、社会服务机构等,经依法登记成立,取得捐助法人资格。

依法设立的宗教活动场所,具备法人条件的,可以申请法人登记,取得捐助法人资格。法律、行政法规对宗教活动场所有规定的,依照其规定。"

(一)法人的含义

法人是指具有民事权利能力和民事行为能力,依法独立享有民事权利和承担民事义务的组织。法人的本质是国家对一定的社会组织赋予法律上的人格,即人格化的法律组织。

⚠️ **特别提示 1-1** 注意法人和法人机关的关系。法人机关是法人内部结构的一个重要组成部分,法人机关行为本身就是法人的行为。

法条链接:
《民法典》第九十九条规定:"农村集体经济组织依法取得法人资格。

法律、行政法规对农村集体经济组织有规定的,依照其规定。"

(二)法人的分类

《民法典》将法人分为以下三大类:

1.营利法人

以取得利润并分配给股东等出资人为目的成立的法人,为营利法人。

营利法人包括有限责任公司、股份有限公司和其他企业法人等。

2.非营利法人

为公益目的或者其他非营利目的成立,不向出资人、设立人或者会员分配所取得利润的法人,为非营利法人。

非营利法人包括事业单位、社会团体、基金会、社会服务机构等。

3.特别法人

机关法人、农村集体经济组织法人、城镇农村的合作经济组织法人、基层群众性自治组织法人,为特别法人。

居民委员会、村民委员会具有基层群众性自治组织法人资格,可以从事为履行职能所需要的民事活动。

未设立村集体经济组织的,村民委员会可以依法代行村集体经济组织的职能。

法条链接:
《民法典》第一百零一条规定:"居民委员会、村民委员会具有基层群众性自治组织法人资格,可以从事为履行职能所需要的民事活动。

未设立村集体经济组织的,村民委员会可以依法代行村集体经济组织的职能。"

(三)非法人组织

非法人组织是不具有法人资格,但是能够依法以自己的名义从事民事活动的组织。

非法人组织包括个人独资企业、合伙企业、不具有法人资格的专业服务机构等。

非法人组织应当依照法律的规定登记。设立非法人组织,法律、行政法规规定须经有关机关批准的,依照其规定。

非法人组织的财产不足以清偿债务的,其出资人或者设立人承担无限责任。法律另有规定的,依照其规定。

非法人组织可以确定一人或者数人代表该组织从事民事活动。

(四)法人应当具备的条件

法人是社会组织,但并不是所有的社会组织都是法人。社会组织要取得法人资格必须具备法定条件:

1.依法成立

法人应当依照法律规定的条件和程序设立。依法成立的社会组织,应在管理机关核准的业务范围内从事活动,若在业务范围之外进行活动,不受法律保护。

2.有必要的财产或经费

由于法人是自主经营、独立核算的组织,它必须具有可供独立支配的财产作为物质基础,以便开展业务活动,并为清偿债务提供可靠保证。要取得法人资格,其"必要的财产"应与组织的性质、经营的规模、业务活动的内容相适应。"必要的经费"是指以国家预算拨款作为经济来源的国家机关、事业单位所支配的费用。若没有这些必要的经费,这些组织不能以法人身份参与民事活动。

3.有自己的名称、组织机构和住所

法人的名称即法人的字号或商号。经登记注册的名称享有专用权。法人的组织机构、职能、权限等都要用章程、条例固定下来。法人的意志通过法人的组织机构来实现,法人不因为个别成员的变动而影响其行为效力。法人以它的主要办事机构所在地为其住所。

4.能够独立承担民事责任

法人是独立的民事主体,可以独立地享有民事权利和承担民事义务,也应负独立的民事责任,可以独立地起诉或应诉。

【例 1-8】 下列具有法人资格的是( )。
A.啤酒厂的生产车间
B.尚未领取营业执照的公司
C.工厂的厂长
D.新奇服装有限公司

【解析】 D。A是企业的内部机构;B未依法成立;C是法定代表人。

(五)法人的设立、变更和终止

1.法人的设立

法人的设立一般有两种方式:

(1)通过国家机关核准登记设立。如企业自领取营业执照之日起取得法人资格。

(2)根据法律或行政命令设立。这种程序适用于事业单位、团体法人。

法人可以设立分支机构。法律、行政法规规定分支机构应当登记的,依照其规定。

2.法人的变更

法人的变更是指法人在其存续期间和活动过程中因各种原因而发生的组织变更以及活动宗旨和业务范围的变化。

组织变更是指法人的合并和分立。如一个公司分成两个公司,或由两个公司合并成一个公司;活动宗旨和业务范围的变化,包括法人的名称和住所发生变更。这些变更有的影响法人的民事权利能力和民事行为能力;有的涉及法人的财产关系的性质,如所有制关系的变化;有的导致原法人的消灭或新法人的产生。

⚠ **特别提示 1-2** 法人变更涉及分立与合并以及法人其他事项的重大变更。

法条链接:
《民法典》第六十三条规定:"法人以其主要办事机构所在地为住所。依法需要办理法人登记的,应当将主要办事机构所在地登记为住所。"

法条链接:
《民法典》第七十五条规定:"设立人为设立法人从事的民事活动,其法律后果由法人承受;法人未成立的,其法律后果由设立人承受,设立人为二人以上的,享有连带债权,承担连带债务。设立人为设立法人以自己的名义从事民事活动产生的民事责任,第三人有权选择请求法人或者设立人承担。"

法人分立、合并或其他主要事项变更,应当向原登记机关办理变更登记并公告,否则,法人擅自变更有关事项,不产生效力,且须对由此给利害关系人造成的损害承担民事责任。法人发生了分立、合并,原法人的权利、义务由变更后的法人享有和承担。

3. 法人的终止

法人的终止是指在法律上终止法人的资格。有下列原因之一并依法完成清算、注销登记的,法人终止:

(1)法人解散。

(2)法人被宣告破产。

(3)法律规定的其他原因。

法人终止,法律、行政法规规定须经有关机关批准的,依照其规定。

法人解散的情形

> ⚠ **特别提示 1-3** 法人终止,应当依法进行清算,并停止清算范围外的活动;应当向登记机关办理注销登记。

二、代理制度

《民法典》第一编第七章对代理法律制度做了具体规定。

(一)代理的概念

代理,就是代理人在代理权限内,以被代理人的名义实施的民事法律行为,其产生的法律后果由被代理人享有和承担的法律制度。

民事主体可以通过代理人实施民事法律行为。

依照法律规定,当事人约定或者民事法律行为的性质,应当由本人亲自实施的民事法律行为,不得代理。本人未亲自实施的,应该认定行为无效。

> ⚠ **特别提示 1-4** 注意代理与传达、代理与代表、代理与行纪的区别。

(二)代理的种类

根据《民法典》的规定,代理分为委托代理和法定代理两种。

1. 委托代理

委托代理是指代理人根据被代理人的授权委托而进行的代理。被代理人把委托的意思表示,用法定形式将代理权授予代理人的行为称为授权行为。被代理人授权,代理人接受授权,代理人即取得了代理权。这种代理关系,通常采取订立委托合同的形式,明确双方的权利和义务。

> ⚠ **特别提示 1-5** 授予代理权行为是以发生代理权为目的的单方行为。

法条链接:
《民法典》第一百六十五条规定:"委托代理授权采用书面形式的,授权委托书应当载明代理人的姓名或者名称、代理事项、权限和期限,并由被代理人签名或者盖章。"

法条链接:
《民法典》第一百六十六条规定:"数人为同一代理事项的代理人的,应当共同行使代理权,但是当事人另有约定的除外。"

2.法定代理

法定代理是指根据法律的直接规定而产生的代理。这是为无民事行为能力人和限制民事行为能力人所设定的一项制度。法律根据代理人与被代理人之间的血缘关系、婚姻关系或组织关系直接确定代理人。《民法总则》规定,无民事行为能力人和限制民事行为能力人的监护人是其法定代理人。

【例 1-9】 下列行为中,不属于代理的是( )。

A.甲有朋自远方来,甲不在,乙代甲招待甲之客人的行为

B.甲为公司的董事长,甲以该公司的名义与乙公司签订合同的行为

C.甲为贸易货栈,将乙委托给自己出卖的自行车以自己的名义出卖给丙的行为

D.甲将邮局转来的给乙董事长的信件送给乙董事长的行为

【解析】 A、B、C、D。A 中乙的行为是道义行为,不具有法律意义;B 中甲的行为是代表行为;C 为行纪行为;D 为传达行为。

(三)代理关系的终止

代理关系依据一定的法律事实而发生,同时也依据一定的法律事实而终止。

1.委托代理终止

《民法典》第一百七十三条规定,有下列情形之一的,委托代理终止:

(1)代理期限届满或者代理事务完成;

(2)被代理人取消委托或者代理人辞去委托;

(3)代理人丧失民事行为能力;

(4)代理人或者被代理人死亡;

(5)作为代理人或者被代理人的法人、非法人组织终止。

被代理人死亡后,有下列情形之一的,委托代理人实施的代理行为有效:

(1)代理人不知道且不应当知道被代理人死亡;

(2)被代理人的继承人予以承认;

(3)授权中明确代理权在代理事务完成时终止;

(4)被代理人死亡前已经实施,为了被代理人的继承人的利益继续代理。

作为被代理人的法人、非法人组织终止的,参照适用上述规定。

2.法定代理终止

《民法典》第一百七十五条规定,有下列情形之一的,法定代理终止:

(1)被代理人取得或者恢复完全民事行为能力;

(2)代理人丧失民事行为能力;

(3)代理人或者被代理人死亡;

(4)法律规定的其他情形。

法条链接:
《民法典》第十九条规定:"八周岁以上的未成年人为限制民事行为能力人,实施民事法律行为由其法定代理人代理或者经其法定代理人同意、追认;但是,可以独立实施纯获利益的民事法律行为或者与其年龄、智力相适应的民事法律行为。"

法条链接:
《民法典》第二十条规定:"不满八周岁的未成年人为无民事行为能力人,由其法定代理人代理实施民事法律行为。"

(四)代理权的滥用、无权代理和表见代理

1.代理权的滥用

代理权的滥用是指代理人利用享有代理的方便条件去损害被代理人的利益。滥用代理权主要有以下三种情况:

(1)利用被代理人的名义与代理人自己进行民事活动,损害被代理人的利益。

(2)代理人同时代理当事人双方进行同一项民事活动。

(3)代理人和第三人恶意串通损害被代理人的利益而进行民事活动。

代理人滥用代理权,给被代理人及他人造成损失的,应当承担相应的赔偿责任。代理人和第三人串通,损害被代理人的利益的,由代理人和第三人承担连带责任。

2.无权代理

无权代理是指行为人没有代理权,而以他人名义进行的代理行为。

无权代理表现为三种形式:

(1)没有代理权而实施的代理;

(2)超越代理权而实施的代理;

(3)代理权终止后而实施的代理。

在无权代理的情况下,只有通过被代理人追认,被代理人才承担无权代理的法律后果。未经追认的行为,由行为人承担民事责任。

第三人知道行为人无权代理还与行为人实施法律行为给他人造成损害的,由第三人和行为人承担连带责任。

3.表见代理

表见代理是指代理人虽不具有代理权,但具有代理关系的某些表面要件,这些表面要件足以使无过错的第三人相信其具有代理权,从而使该行为发生与有权代理相同的法律后果。

表见代理对于本人来说,产生与有权代理一样的效果。

第四节 经济法律责任

一、经济法律责任的概念

经济法律责任是指因经济法主体实施了违反经济法律法规的行为而应承担的法律后果,即经济法律关系的主体在违反经济义务时所应当承担的法律后果。

二、承担经济法律责任的原则

(一)过错责任原则

过错责任原则是我国经济法确认的、在追究违法主体的经济法律责任时普遍适用的一项原则。其适用应具备以下条件:

1.须有经济违法行为

经济违法行为是指经济法律关系的主体所为的拒不履行和不适当履行法定经济义务的行为。经济违法行为既可以表现为违法主体以积极的行为违反了经济法所规定的不作为义务，也可以表现为违法主体以消极的不作为违反了经济法所规定的作为义务。

2.行为人须有过错

过错是指行为人在实施经济违法行为时，主观上持有故意或过失的心理状态。

3.须有损害或危害的事实

违法行为是否造成了危害经济管理秩序或损害他人利益的事实，在具体确定经济法律责任时，也是一个不可忽视的条件。特别是在确定违法主体应负何种责任、对违法主体应予何种制裁时，有无危害事实以及危害程度、危害性质等客观情况，都具有特别重要的意义。

4.违法行为与危害事实之间须存在必然因果联系

如果违法行为与危害事实之间没有必然因果联系，就不能让行为人对该损害承担责任。

（二）无过错责任原则

无过错责任原则是指在有法律直接规定的情况下，无论行为人有无过错都要对损害事实承担责任的原则。

无过错责任原则是承担经济法律责任的特殊原则。所谓特殊，是指这种原则只有在特定情况下，有经济法律的明确规定，才能适用。

三、经济法律责任的形式

（一）民事责任

民事责任是指经济法主体违反民事法律法规依法应承担的民事法律后果。承担民事责任的主要方式有：停止侵害、排除妨碍和消除危险；返还财产、恢复原状以及修理、重做和更换；赔偿损失、支付违约金；消除影响、恢复名誉。

（二）行政责任

行政责任是指国家有关行政机关对违反经济法律法规的单位和个人依照行政程序而给予的行政制裁，包括行政处罚和行政处分。行政处罚的种类有：警告、通报批评；罚款、没收违法所得，没收非法财物；暂扣许可证件、降低资质等级、吊销许可证件；限制开展生产经营活动、责令停产停业、责令关闭、限制从业；行政拘留；法律、行政法规规定的其他行政处罚。行政处分是对违反法律法规的国家机关工作人员或被授权委托的执法人员所实施的内部制裁措施。行政处分的种类有：警告、记过、记大过、降级、撤职、开除等。

（三）刑事责任

刑事责任是指违反经济法律、情节严重、构成犯罪的行为，依法给予刑事制裁。根据《中华人民共和国刑法》的规定，刑罚分为主刑和附加刑。主刑包括：管制、拘役、有期徒刑、无期徒刑、死刑。附加刑包括：罚金、剥夺政治权利、没收财产。主刑独立适用，附加刑可以独立或附加适用。

课后思考题

1. 什么是经济法？经济法的调整对象有哪些？
2. 经济法的特征有哪些？
3. 简述经济法律关系及其构成。
4. 《民法典》是如何对法人进行分类的？法人应当具备哪些条件？
5. 简述代理及其法律特征。

课后案例

【背景资料】 A商场何经理派采购员陆某采购50台电风扇，单价在300元以内。陆某便以A商场的名义与B电器公司签订了单价为285元、数量为50台的电风扇买卖合同。B电器公司按期供货，何经理以价格高为由拒绝收货。

【问题】

1. 何经理能否拒绝收货？为什么？
2. 若B电器公司同时委托陆某代为推广该公司的电风扇，何经理可否拒绝收货？为什么？
3. 若B电器公司是陆某个人投资设立的，何经理可否拒绝收货？为什么？

第二章 个人独资企业法

内容提示

1. 个人独资企业的概念和特征
2. 个人独资企业的设立
3. 个人独资企业的投资人及事务管理
4. 个人独资企业的变更、解散与清算

学习目标

【掌握】 个人独资企业的设立条件、投资人的权利与责任、企业的事务管理。

【了解】 个人独资企业的特征、解散的事由、清算办法。

思政目标

1. 通过介绍个人独资企业的设立,帮助学生树立人生目标、解决"青春之问",鼓励大学生自主创业,培养积极进取的人生态度,反对享乐主义,将自我实现和社会贡献相统一,创造有意义的人生。

2. 通过介绍个人独资企业经营管理中的"诚实信用"原则,培养学生爱国、敬业、诚信、友善的社会主义核心价值观。

课前案例导入

【背景资料】 某个人独资企业前几年由投资人王某自行经营,盈利1 000万元。后因投资人王某出国,便委托李某管理企业。由于李某不善经营,企业连年亏损,现欠债1 500万元。企业很难再维持下去,故而王某准备解散该企业。

【问题】

1. 王某可否决定解散该企业?
2. 该个人独资企业解散应由谁清算?
3. 企业解散后的1 500万元债务应由谁承担?为什么?
4. 企业解散后的财产应按什么顺序清偿?
5. 如果该个人独资企业财产不足以清偿债务,应怎么办?

第一节 个人独资企业法概述

一、个人独资企业的概念和特征

(一)个人独资企业的概念

个人独资企业是指依照《中华人民共和国个人独资企业法》(以下简称《个人独资企业法》)的规定在中国境内设立,由一个自然人投资,财产为投资人个人所有,投资人以其个人财产对企业债务承担无限责任的经营实体。

(二)个人独资企业的特征

(1)在投资人方面。个人独资企业是由一个自然人投资设立的。这是在投资主体上与合伙企业和公司的主要区别。

(2)在产权关系和组织管理方面。个人独资企业的财产为投资人个人所有,投资人是企业财产的唯一所有者。基于此,投资人对企业的经营与管理享有绝对的控制与支配权,不受任何其他人的干预。

(3)在责任形式方面。投资人以其个人财产对企业债务承担无限责任,这是在责任形式方面个人独资企业与公司的本质区别。

(4)在法律地位方面。个人独资企业不具有法人资格。只是自然人进行商业活动的一种特殊形态。这一特点与合伙企业相同而区别于公司。

二、个人独资企业法的概念和适用范围

(一)个人独资企业法的概念

个人独资企业法是调整在国家协调经济运行过程中发生的关于个人独资企业的法律关系的法律规范的总称。1999年8月30日,第九届全国人民代表大会常务委员会第十一次会议通过了《个人独资企业法》,自2000年1月1日起施行。该法是我国第一部规范个人独资企业的法律。

(二)个人独资企业法的适用范围

个人独资企业法只适用于一个自然人依法设立的非法人企业,不适用于具有独资特点的全民所有制企业、国有独资公司和外商独资企业。

【例2-1】 既然个人独资企业和个体工商户都是由自然人出资设立的,那么个人独资企业就是个体工商户。请分析该观点是否正确?

【解析】 二者适用的法律不同;个人独资企业必须有固定经营场所和合法的企业名称,而个体工商户可以没有固定经营场所、可以不起字号名称;个体工商户的投资者和经营者是同一人,都必须是投资设立个体工商户的自然人,而个人独资企业的投资人和经营者可以不是同一人;个人

法条链接:
《个人独资企业法》第一条规定:"为了规范个人独资企业的行为,保护个人独资企业投资人和债权人的合法权益,维护社会经济秩序,促进社会主义市场经济的发展,根据宪法,制定本法。"

法条链接:
《个人独资企业法》第二条规定:"本法所称个人独资企业,是指依照本法在中国境内设立,由一个自然人投资,财产为投资人个人所有,投资人以其个人财产对企业债务承担无限责任的经营实体。"

独资企业可以设立分支机构,而个体工商户则不可以设立分支机构;二者适用的财务制度及税收政策不尽相同。

第二节 个人独资企业的设立

一、个人独资企业设立的条件

(1)投资人为一个自然人,且只能是中国公民。

> ⚠️ **特别提示 2-1** 根据法律规定,国家公务员、党政机关领导干部、警官、法官、检察官、商业银行工作人员等,不得作为投资人申请设立个人独资企业。

法条链接:
《个人独资企业法》第七条规定:"在个人独资企业中的中国共产党党员依照中国共产党章程进行活动。"

法条链接:
《个人独资企业法》第十一条规定:"个人独资企业的名称应当与其责任形式及从事的营业相符合。"

(2)有合法的企业名称。个人独资企业的名称应当与其责任形式及从事的营业相符合,应遵守企业名称登记管理规定。企业只准使用一个名称,在登记主管机关管辖区域内不得与已登记注册的同行业企业名称相同或者近似。个人独资企业的名称中不得使用"有限责任""有限""公司"等字样。

(3)有投资人申报的出资。《个人独资企业法》对设立个人独资企业的资金数额未做限制,仅要求投资人有自己申报的出资即可,投资人申报的出资额应当与企业的生产经营规模相适应。设立个人独资企业可以用货币出资,也可以用实物、土地使用权、知识产权或其他财产权利出资。投资人可以以个人财产出资,也可以以家庭共有财产作为个人出资。以家庭共有财产作为个人出资的,投资人应当在设立或变更申请书上予以注明。

(4)有固定的生产经营场所和必要的生产经营条件。

(5)有必要的从业人员。

二、个人独资企业设立的程序

(一)个人独资企业设立申请

个人独资企业的申请人是个人独资企业的投资人。投资人也可以委托其代理人向个人独资企业所在地的登记机关申请设立登记。

(二)登记机关核准登记与登记成立

登记机关应在收到设立申请文件之日起 15 日内予以登记或不予登记。个人独资企业的营业执照的签发日期,为个人独资企业成立日期。在领取个人独资企业营业执照之前,投资人不得以个人独资企业名义从事经营活动。违反《个人独资企业法》规定,未领取营业执照,以个人独资企业名义从事经营活动的,责令停止经营活动,处以 3 000 元以下的罚款。

申请设立个人独资企业应提交的文件

法条链接:
《个人独资企业法》第十六条规定:"法律、行政法规禁止从事营利性活动的人,不得作为投资人申请设立个人独资企业。"

三、个人独资企业分支机构的设立

个人独资企业的分支机构是指个人独资企业在住所地以外设立的从事业务活动的办事机构。个人独资企业分支机构的设立程序与个人独资企业的设立程序大体相同。

(一)设立申请

个人独资企业欲设立分支机构的,由投资人或者其委托的代理人向分支机构所在地的登记机关申请登记,领取营业执照。

(二)登记备案

分支机构经核准登记后,应将登记情况报该分支机构隶属的个人独资企业的原登记机关备案。

(三)个人独资企业分支机构民事责任的承担

企业分支机构是企业的一部分,其民事责任应由设立该分支机构的个人独资企业承担。

第三节 个人独资企业的投资人及事务管理

一、个人独资企业的权利和义务

个人独资企业从事经营活动必须遵守法律、行政法规,遵守诚实信用原则,不得损害社会公共利益。

个人独资企业应当依法履行纳税义务。

个人独资企业应当依法招用职工。职工的合法权益受法律保护。

个人独资企业职工依法建立工会,工会依法开展活动。

国家依法保护个人独资企业的财产和其他合法权益。

二、个人独资企业投资人的权利和责任

个人独资企业投资人对本企业的财产享有所有权,其有关权利可以依法进行转让或继承。

个人独资企业财产不足以清偿债务的,投资人应当以其个人的其他财产予以清偿。如果个人独资企业投资人在申请企业设立登记时明确以其家庭共有财产作为个人出资的,应当依法以家庭共有财产对企业债务承担无限责任。

三、个人独资企业的事务管理

(一)个人独资企业事务管理的方式

(1)投资人有权自主选择企业事务的管理形式。个人独资企业事务管理主要有三种方式:

①自行管理,即由个人独资企业投资人本人对本企业的经营事务直接进行管理。

②委托管理,即由个人独资企业投资人委托其他具有民事行为能力的人负责企业的事务管理。

③聘任管理,即由个人独资企业投资人聘用其他具有民事行为能力的人负责企业的事务管理。

(2)委托或聘用他人管理应签订书面合同。委托管理须由投资人与受托人签订书面合同,明确委托的具体内容和授予的权利范围。聘用他人管理企业事务,须由投资人与被聘用的人签订书面合同,明确委托的具体内容和授予的权利范围。投资人委托或者聘用的人员管理个人独资企业事务时违反双方订立的合同,给投资人造成损害的,应承担民事赔偿责任。

(3)投资人对受托人或者被聘用的人员职权的限制,不得对抗善意第三人。

(二)受托人或者被聘用人的义务

受托人或者被聘用人应当履行诚信、勤勉义务,按照与投资人签订的合同负责个人独资企业的事务管理。

《个人独资企业法》第二十条规定,投资人委托或者聘用的管理个人独资企业事务的人员不得有下列行为:

(1)利用职务上的便利,索取或者收受贿赂;

(2)利用职务或者工作上的便利侵占企业财产;

(3)挪用企业的资金归个人使用或者借贷给他人;

(4)擅自将企业资金以个人名义或者以他人名义开立账户储存;

(5)擅自以企业财产提供担保;

(6)未经投资人同意,从事与本企业相竞争的业务;

(7)未经投资人同意,同本企业订立合同或者进行交易;

(8)未经投资人同意,擅自将企业商标或者其他知识产权转让给他人使用;

(9)泄露本企业的商业秘密;

(10)法律、行政法规禁止的其他行为。

【例2-2】 2020年10月1日,甲出资设立A个人独资企业。甲聘请乙管理企业事务,同时对乙的职权予以限制,规定凡乙对外签订标的额超过2万元以上的合同,必须经甲的同意。同年12月,乙没有经甲的同意,以A企业的名义向善意第三人丙购买价值3万元的货物。乙该行为是否有效?为什么?

【解析】 乙该行为有效。因为根据《个人独资企业法》的规定,投资人对受托人或者被聘用的人员职权的限制,不得对抗善意第三人。

法条链接:
《个人独资企业法》第二十二条规定:"个人独资企业招用职工的,应当依法与职工签订劳动合同,保障职工的劳动安全,按时、足额发放职工工资。"

第四节　个人独资企业的变更、解散与清算

一、个人独资企业的变更

个人独资企业的变更是指个人独资企业存续期间登记事项发生的变更,如企业名称、住所、经营范围、经营期限等方面发生的改变。个人独资企业应当在作出变更决定之日起的15日内依法向登记机关申请办理变更登记。个人独资企业登记事项发生变更时,未按《个人独资企业法》规定办理有关变更登记的,责令限期办理变更登记;逾期不办理的,处以2 000元以下的罚款。

二、个人独资企业的解散

《个人独资企业法》第二十六条规定,个人独资企业有下列情形之一时,应当解散:

(1)投资人决定解散。只要不违反法律规定,投资人有权决定在任何时候解散个人独资企业。

(2)投资人死亡或者被宣告死亡,无继承人或者继承人决定放弃继承。在投资人死亡或者被宣告死亡的情况下,如果其继承人继承了个人独资企业,则企业可继续存在,只需办理投资人的变更登记;但若出现无继承人或全部继承人均决定放弃继承的情形,个人独资企业失去继续经营的必备条件,故应当解散。

(3)被依法吊销营业执照。这是个人独资企业解散的强制原因。被处以吊销营业执照处罚的原因包括:个人独资企业提交虚假文件;以欺骗手段取得登记,情节严重的行为;涂改、出租、转让营业执照,情节严重的行为;个人独资企业成立后无正当理由超过六个月未开业或开业后自行停业连续六个月以上的行为等。

(4)法律、行政法规规定的其他情形。

三、个人独资企业的清算

(一)清算人的产生

个人独资企业解散,由投资人自行清算或者由债权人申请人民法院指定清算人进行清算。因此,个人独资企业的清算原则上以投资人为其清算人,但经债权人申请,人民法院可指定投资人以外的人为清算人。

> ⚠ **特别提示2-2**　要么投资人自行清算,要么债权人申请法院指定清算人。投资人的继承人无权自行清算,也无权请求法院指定清算。

(二)通知与公告程序

投资人自行清算的,应当在清算前十五日内书面通知债权人,无法通知的,应当予以公告。债权人应当在接到通知之日起三十日内,未接到通知的应当在公告之日起六十日内,向投资人申报其债权。

(三)财产清偿顺序

个人独资企业解散的,财产应当按照下列顺序清偿:所欠职工工资和社会保险费用;所欠税款;其他债务。

> ⚠️ **特别提示 2-3** 个人独资企业清算时的财产清偿顺序中第一顺序并非清算费用。

个人独资企业财产不足以清偿债务的,投资人应当以其个人的其他财产予以清偿。

法条链接：《个人独资企业法》第三十一条规定："个人独资企业财产不足以清偿债务的,投资人应当以其个人的其他财产予以清偿。"

(四)责任消灭制度

个人独资企业解散后,原投资人对个人独资企业存续期间的债务仍应承担偿还责任,但债权人在五年内未向债务人提出偿债请求的,该责任消灭。

(五)注销登记程序

个人独资企业清算结束后,投资人或者人民法院指定的清算人应当编制清算报告,并于十五日内到原登记机关办理注销登记。注销登记一旦完成,个人独资企业即告消灭。

课后思考题

1. 个人独资企业与一人有限公司有哪些区别?
2. 个人独资企业的设立条件有哪些?
3. 个人独资企业事务管理的方式有哪些?
4. 关于投资人委托或聘用的管理个人独资企业事务人员的竞业禁止,法律是如何规定的?

微课
注册个体工商户和个人独资企业哪个好

课后案例

【背景资料】 2019年3月,银行职员甲出资5万元,拟设立个人独资企业,取名为宏远实业公司。假设该个人独资企业成立,聘请朋友乙管理企业事务,同时规定,凡是乙对外签订标的额超过1万元以上的合同,必须经甲同意。同年4月,乙未经过甲同意,以该个人独资企业的名义与善意第三人丙签订了购买5万元原材料的合同。2020年5月,因为企业严重亏损,甲决定解散企业。2020年10月,债权人丁要求甲偿还企业所欠货款2万元。甲以企业已经解散为由,拒绝偿还债务。

【问题】
1. 该个人独资企业设立过程中有无不合法之处?
2. 乙与丙签订的合同是否有效?为什么?
3. 甲以企业已经解散为由,拒绝偿还货款是否有法律依据?为什么?

第三章

合伙企业法

内容提示

1. 合伙企业的概念及分类
2. 普通合伙企业
3. 有限合伙企业
4. 合伙企业的解散与清算

学习目标

【掌握】普通合伙企业和有限合伙企业的设立、财产、事务执行、债务的清偿、入伙与退伙。

【了解】合伙企业的概念、特征、解散及清算。

思政目标

1. 通过介绍我国重要的市场主体之一——合伙企业,帮助学生解决"青春之问",树立正确的择业观和创业观,鼓励大学生合伙创业,弘扬中国精神之伟大的奋斗精神和团结精神,奉献社会,做中华民族伟大复兴的筑梦者。

2. 通过介绍订立合伙协议、设立合伙企业,应当遵循自愿、平等、公平、诚实信用原则,对学生进行诚信教育,引导学生自觉践行社会主义核心价值观。

3. 针对"合伙企业及其合伙人必须遵守法律、行政法规。遵守社会公德、商业道德,承担社会责任"的法律规定,对大学生进行道德养成教育,培养学生遵纪守法、文明经商、诚实无欺的正确的商业道德价值取向。

课前案例导入

【背景资料】 甲、乙、丙、丁四人于 2020 年 5 月 10 日书面订立了一份合伙协议,约定开办一合伙企业。甲出资 8 万元,乙、丙各出资 6 万元,丁提供技术入伙折合人民币 7 万元。四人按出资比例分享收益,分担亏损。2020 年 5 月 25 日,四人按出资比例缴清了全部出资,并经登记管理机关核准领取了营业执照。2020 年 11 月 10 日,乙欲将该合伙企业自己的一部分财产份额转让给戊,甲、丁同意,但丙不同意,并表示愿意受让乙转让的那部分财产份额。因多数合伙人同意戊成为新的合伙人,于是丙提出退伙,甲、乙、丁同意。此后,企业经营状况恶化,2021 年 4 月企业散伙,负债 14 万元。

【问题】
1. 该合伙关系是否成立?
2. 戊是否可以成为合伙人?
3. 乙转让财产份额的行为是否有效?
4. 若企业解散后,债权人提出偿还债务的请求,该债务应由谁承担?

第一节 合伙企业法概述

一、合伙企业的概念和分类

合伙企业是指依照《中华人民共和国合伙企业法》(以下简称《合伙企业法》)的规定,由自然人、法人和其他组织在中国境内设立的普通合伙企业和有限合伙企业。

普通合伙企业由普通合伙人组成,合伙人对合伙企业债务承担无限连带责任。

有限合伙企业由普通合伙人和有限合伙人组成,普通合伙人对合伙企业债务承担无限连带责任,有限合伙人以其认缴的出资额为限对合伙企业债务承担责任。

微课
隐名合伙

二、合伙企业的特征

(1) 合伙协议依法由全体合伙人协商一致,以书面形式订立。

(2) 合伙企业必须由全体合伙人共同出资、合伙经营,出资是每个合伙人的法定义务,也是出资人取得合伙人资格的前提。

(3) 合伙人共负盈亏、共担风险,对合伙企业债务承担无限连带责任,有限合伙人除外。

(4) 合伙企业都不具备法人资格。

法条链接:
《合伙企业法》第一条规定:"为了规范合伙企业的行为,保护合伙企业及其合伙人、债权人的合法权益,维护社会经济秩序,促进社会主义市场经济的发展,制定本法。"

法条链接:
《合伙企业法》第二条规定:"本法所称合伙企业,是指自然人、法人和其他组织依照本法在中国境内设立的普通合伙企业和有限合伙企业。"

(5)合伙企业的生产经营所得和其他所得,按照国家有关税收规定,由合伙人分别缴纳所得税。

> ⚠ **特别提示 3-1** 按照现在税收规定,合伙企业不缴纳企业所得税。为了防止合伙企业故意不分配企业利润而逃避纳税义务,《合伙企业法》规定:"合伙企业的生产经营所得和其他所得,按照国家有关税收规定,由合伙人分别缴纳所得税。"

三、合伙企业法的概念和适用范围

合伙企业法是调整合伙企业的设立、运行、解散以及合伙企业内部事务管理和外部交易关系的法律规范的总称。

《合伙企业法》于1997年2月23日第八届全国人民代表大会常务委员会第二十四次会议通过,自1997年8月1日起施行。第十届全国人民代表大会常务委员会第二十三次会议于2006年8月27日对《合伙企业法》修订通过,该法自2007年6月1日起施行。

合伙企业法的适用范围:

(1)适用于以自然人、法人和其他组织为合伙人的企业,不包括企业法人之间的合伙型联营。

(2)适用于按照现行行政管理划分应由市场监督管理机关登记管理的企业。对于由其他行政主管部门登记管理的组织不适用该法。

(3)不具备企业形态的契约型合伙也不适用该法。

第二节 普通合伙企业

一、普通合伙企业的设立

(一)普遍合伙企业的设立条件

(1)有两个以上合伙人。合伙人可以是自然人、法人或其他组织。合伙人为自然人的,应当具备完全民事行为能力。

法律、行政法规禁止从事营利性活动的人不得成为合伙人。

> ⚠ **特别提示 3-2** 我国法律规定,国有独资公司、国有企业、上市公司以及公益性的事业单位、社会团体不得成为普通合伙人。

(2)有书面合伙协议。合伙协议是指两个以上合伙人签订的以各自提供资金、实物、技术,共同经营、共同劳动等为内容的合同。

法条链接:
《合伙企业法》第五条规定:"订立合伙协议、设立合伙企业,应当遵循自愿、平等、公平、诚实信用原则。"

法条链接:
《合伙企业法》第七条规定:"合伙企业及其合伙人必须遵守法律、行政法规,遵守社会公德、商业道德,承担社会责任。"

合伙协议应载明下列内容：①合伙企业的名称和主要经营场所的地点；②合伙目的和合伙企业的经营范围；③合伙人的姓名或者名称住所；④合伙人的出资方式、数额和缴付期限；⑤利润分配和亏损分担方式；⑥合伙事务的执行；⑦入伙与退伙；⑧争议解决办法；⑨合伙企业的解散与清算；⑩违约责任。

合伙协议必须采用书面形式。合伙协议经全体合伙人签名、盖章后生效。合伙人按照合伙协议享有权利、履行义务。

(3)有各合伙人认缴或者实际缴付的出资。合伙人出资的形式主要有：货币、实物、土地使用权、知识产权、其他财产权、劳务等。

对货币以外的出资可以折算成货币，折算评估方法可以由当事人协商确定，也可以由全体合伙人委托法定评估机构进行评估。合伙人以劳务出资的，其评估办法由全体合伙人协商确定，并在合伙协议中载明。

合伙人应当按照合伙协议约定的出资方式、数额和缴付期限，履行出资义务。

> ⚠️ **特别提示3-3** 普通合伙企业的出资可以是任何财产的使用权出资，不强调转移出资的所有权，因为合伙企业不是法人。

法条链接：
《合伙企业法》第十七条规定："合伙人应当按照合伙协议约定的出资方式、数额和缴付期限，履行出资义务。以非货币财产出资的，依照法律、行政法规的规定需要办理财产转移手续的，应当依法办理。"

(4)有合伙企业的名称和主要生产经营场所。合伙企业的名称和生产经营场所的地点应当在合伙协议中规定，并在市场监督管理部门进行登记。

合伙企业的名称中应当标明"普通合伙"字样。普通合伙企业的名称中不得出现"有限"或"有限责任"的字样。

(5)法律、行政法规规定的其他条件。

(二)普通合伙企业的设立登记

1. 申请

申请设立合伙企业，应当向企业登记机关——当地市场监督管理机关提交登记申请书、合伙协议书、合伙人身份证明等文件。

2. 核准登记

申请人提交的登记申请材料齐全、符合法定形式，企业登记机关能够当场登记的，应予当场登记，发给营业执照。除此之外，企业登记机关应当自受理申请之日起二十日内，作出是否登记的决定。予以登记的，发给营业执照；不予登记的，应当给予书面答复，并说明理由。

合伙企业的营业执照签发日期，为合伙企业成立日期。

合伙企业在领取营业执照前，合伙人不得以合伙企业的名义从事合伙业务。

3. 普通合伙企业的分支机构

合伙企业可以设立分支机构，分支机构的民事责任

微课
普通合伙企业的设立

由设立该分支机构的合伙企业承担。合伙企业设立分支机构,应当向分支机构所在地的企业登记机关申请登记,领取营业执照。

【例3-1】 甲、乙、丙、丁打算设立一家普通合伙企业。下列表述正确的是( )。

A.各合伙人不得以劳务作为出资
B.如果乙以其房屋使用权出资,则不必办理房屋产权过户登记
C.该合伙企业名称中不得以任何一个合伙人的名字作为商号或字号
D.合伙协议经全体合伙人签名、盖章并经登记后生效

【解析】 B。A选项错误,普通合伙人可以以劳务出资。B选项正确,乙可以以其房屋使用权出资,房屋所有权并没有变更,所以不必办理房屋产权过户登记。C选项错误,合伙企业可以选择以任何一个合伙人的名字作为商号或字号。D选项错误,合伙协议经全体合伙人签名、盖章后生效,不需要登记。

二、普通合伙企业的财产

(一)普通合伙企业财产的构成

(1)原始财产,即合伙人的出资。原始财产是合伙企业积累财产的重要基础。

(2)积累的财产即合伙企业成立后以合伙企业的名义取得的全部收益。这部分财产是合伙企业在生产经营过程中所创造的新价值,它既包括财产的所有权,也包括财产的使用权。

(3)合伙企业依法取得的其他财产。

(二)普通合伙企业财产的性质

合伙企业的财产具有共有性质,由全体合伙人共有或共用。合伙企业存续期间除了合伙人退伙或合伙企业解散,合伙人不得主张分割合伙企业财产。合伙人在合伙企业清算前私自转移或者处分合伙企业财产的,合伙企业不得以此对抗善意第三人。

(三)普通合伙企业财产的转让

1.合伙人对其财产份额进行外部转让

即在合伙企业存续期间,合伙人将其在合伙企业中的全部或部分财产份额转让给合伙人以外的第三人的行为。

(1)合伙企业存续期间,除合伙协议另有约定外,合伙人向合伙人以外的人转让其在合伙企业中的全部或者部分财产份额时,须经其他合伙人一致同意。

(2)在同等条件下,其他合伙人有优先购买权,但是合伙协议另有约定的除外。

法条链接:
《合伙企业法》第二十条规定:"合伙人的出资、以合伙企业名义取得的收益和依法取得的其他财产,均为合伙企业的财产。"

法条链接:
《合伙企业法》第二十二条规定:"除合伙协议另有约定外,合伙人向合伙人以外的人转让其在合伙企业中的全部或者部分财产份额时,须经其他合伙人一致同意。合伙人之间转让在合伙企业中的全部或者部分财产份额时,应当通知其他合伙人。"

(3)经全体合伙人同意,合伙人以外的人依法受让合伙企业财产份额的,经修改合伙协议后即成为合伙企业的合伙人,依照《合伙企业法》和修改后的合伙协议享有权利,履行义务。

2.合伙人对其财产份额进行内部转让

合伙人将其在合伙企业中的全部或者部分财产份额转让给其他合伙人的行为即为合伙人财产份额的内部转让,因不涉及原合伙人以外的人参加,合伙企业存续的基础没有发生根本性变更,所以不需要经其他合伙人一致同意,只需要通知其他合伙人即可。

(四)普通合伙企业财产的出质

在合伙企业存续期间,各个合伙人对合伙企业的财产均享有预先确定的相应的份额。对此,每个合伙人都可以将自己的份额出质给第三人,以保证其债权的实现。合伙人以其在合伙企业中的财产份额出质的,须经其他合伙人一致同意;未经其他合伙人一致同意的,其行为无效,由此给善意第三人造成损失的,由行为人依法承担赔偿责任。

三、普通合伙企业的事务执行和损益分配

(一)普通合伙企业的事务执行

1.普通合伙企业事务执行的形式

合伙企业不必像法人那样设立专门的意思机关(又称权力机关),每一个合伙人都有权利参与合伙企业事务的决策、执行和监督。

2.在普通合伙企业事务执行中合伙人的权利和义务

(1)合伙人的权利:

①执行权。合伙人对执行合伙企业事务享有同等的权利。按照合伙协议的约定或者经全体合伙人决定,可以委托一个或数个合伙人对外代表合伙企业,执行合伙企业事务。作为合伙人的法人、其他组织执行合伙事务的,由其委派的代表执行。

②监督权。依照《合伙企业法》的规定,委托一个或数个合伙人执行合伙企业事务的,其他合伙人不再执行合伙企业事务。不执行合伙企业事务的合伙人有权监督执行事务合伙人执行合伙企业事务的情况。

③了解权。由一个或者数个合伙人执行合伙事务的,执行事务合伙人应当定期向其他合伙人报告事务执行情况以及合伙企业的经营和财务状况,其执行合伙事务所产生的收益归合伙企业,所产生的费用和亏损由合伙企业承担。

合伙人为了解合伙企业的经营状况和财务状况,有权查阅合伙企业会计账簿等财务资料。

④执行异议权。合伙人分别执行合伙企业事务的,执行事务合伙人可以对其他合伙人执行的事务提出异议。提出异议时,应当暂停该项事务的执行。

(2)合伙人的义务:

为保障合伙企业的利益,合伙人不得自营或者同他人合作经营与本合伙企业相竞争的业务;除合伙协议另有约定或经全体合伙人一致同意外,合伙人不得同本合伙企业进行交易;合伙人不得从事损害本合伙企业利益的活动。如果合伙人违反上述义务给合伙企业或其他合伙人造成损失的,依法承担赔偿责任。合伙企业存续期间,合伙人依照合伙协议约定或经全体合伙人决定,可以增加或减少对合伙企业的出资。

3.普通合伙企业事务执行的决议办法

合伙人对合伙企业有关事项作出决议,按照合伙协议约定的表决办法办理。合伙协议未约定或者约定不明确的,实行合伙人一人一票并经全体合伙人过半数通过的表决办法。

本法对合伙企业的表决办法另有规定的,从其规定。

除合伙协议另有约定外,合伙企业的下列事项应当经全体合伙人一致同意:

(1)改变合伙企业名称;
(2)改变合伙企业的经营范围、主要经营场所的地点;
(3)处分合伙企业的不动产;
(4)转让或处分合伙企业的知识产权和其他财产权利;
(5)以合伙企业名义为他人提供担保;
(6)聘任合伙人以外的人担任合伙企业的经营管理人员。

法条链接:
法条链接:《合伙企业法》第三十六条规定:"合伙企业应当依照法律、行政法规的规定建立企业财务、会计制度。"

【例 3-2】 甲、乙、丙三人成立一普通合伙企业,推举甲为负责人并管理合伙企业的日常事务。甲在执行企业事务时,未经其他合伙人同意,独自决定以合伙企业的房屋为丁公司向银行提供贷款抵押。甲的行为符合法律规定吗?

【解析】 甲的行为不符合法律规定。按照法律规定,以合伙企业名义为他人提供担保,必须经全体合伙人同意。

4.非合伙人参与经营管理

合伙企业中,有时因为合伙人经营管理能力不足,需要在合伙人之外聘任其他人参与经营管理。聘任合伙人以外的人参与经营管理,须经全体合伙人的一致同意。被聘任的合伙企业的经营管理人员应当在合伙企业授权范围内履行职务。被聘任的合伙企业的经营管理人员,超越合伙企业授权范围履行职务,或者在履行职务过程中因故意或者重大过失给合伙企业造成损失的,依法承担赔偿责任。

(二)普通合伙企业的损益分配

合伙企业的利润分配,按照合伙协议的约定办理;合伙协议未约定的或者约定不明确的,由合伙人协商决定;协商不成的,由合伙人按照实缴出资比例分配;无法确定出资比例的,由合伙人平均分配。合伙协议不得约定将全部利润分配给部分合伙人。

合伙企业年度的或者一定时期的利润分配的具体方案,由全体合伙人协商决定或者按合伙协议约定的办法决定。

合伙企业的亏损分担,按照合伙协议的约定办理;合伙协议未约定或约定不明确的,由合伙人协商决定;协商不成的,由合伙人按照实缴出资比例分担;无法确定出资比例的,由合伙人平均分担。合伙协议不得约定由部分合伙人承担全部亏损。

四、普通合伙企业与第三人的关系

(一)合伙人对外行为的效力

合伙企业对合伙人执行合伙企业事务以及对外代表合伙企业权利的限制,不得对抗善意第三人。善意第三人又称善意取得人,是指不知道或不能知道自己取得的财产是无权让与人所让与并且是有偿取得的人。

(二)普通合伙企业的债务清偿与合伙人的关系

合伙企业清偿到期债务应先以合伙企业的全部财产进行清偿,合伙企业不能清偿到期债务的,合伙人承担无限连带责任。

无限责任指当合伙企业的全部财产不足以清偿到期债务时,各合伙人承担合伙企业债务不以出资额为限。连带责任指合伙企业的债权人可以向任何一个合伙人主张债权,该合伙人不得拒绝。

合伙企业的债权人向合伙人主张债权时,合伙人不得以其出资的份额大小、合伙协议的特别规定、合伙企业债务另有保证人或已经清偿其应当承担的数额相对抗。合伙人承担连带责任后,对超过其应该承担部分的数额有权向其他合伙人追偿。

> **法条链接:**
> 《合伙企业法》第三十八条规定:"合伙企业对其债务,应先以其全部财产进行清偿。"

(三)合伙人的债务清偿与合伙企业的关系

(1)合伙人的债权人不得行使抵销权,即合伙企业中某一个合伙人的债权人,不得以该债权抵销其对合伙企业的债务,即合伙人个人的债务与合伙企业的债权各自独立,不得相互抵销。

> ⚠️ **特别提示 3-4** 之所以抵销权不可以行使,是因为抵销权的行使,必须是双方当事人互负债务,因此并不具备行使抵销权的条件。

(2)合伙人的债权人不得行使代位权,即合伙人个人负有债务的,其债权人不得代为行使该合伙人在合伙企业中的权利。因为合伙企业是基于合伙人之间的信任关系建立的,其权利不是单一的财产权。

> **法条链接:**
> 《合伙企业法》第三十九条规定:"合伙企业不能清偿到期债务的,合伙人承担无限连带责任。"

> ⚠️ **特别提示 3-5** 之所以代位权不可以行使,是因为代位权应当代位的是债权,合伙人在合伙企业中的权利是综合性的权利,包含管理权,因而不可以被代位。

(3)合伙人个人财产不足以清偿其个人所负债务的,该合伙人只能以其从合伙企业中分取的收益用于清偿;债权人也可以依法请求人民法院强制执行,将该合伙人在合伙企业中的财产份额用于清偿。对该合伙人的财产份额,其他合伙人有优先购买权。其他合伙人未购买,并不同意将该财产份额转让给他人的,依照《合伙企业法》第五十一条规定为该合伙人办理退伙结算,或者办理削减该合伙人相应财产份额的结算。

五、普通合伙企业的入伙、退伙

(一)入伙

入伙是指在合伙企业存续期间,合伙人以外的第三人加入合伙企业并取得合伙人地位、身份的法律行为。

1.入伙的条件和程序

(1)经全体合伙人一致同意。合伙企业接纳新的合伙人入伙,涉及合伙人的出资比例、盈余分配比例、债务分担比例等的变动,需要对原有的合伙协议进行重大的变更。

(2)订立书面入伙协议。入伙协议一般应包括以下内容:入伙的条件、程序、方式及时间,入伙的出资比例、盈余分配比例、债务分担比例等。入伙协议需采用书面形式。

(3)订立入伙协议时,原合伙人应当履行告知义务,告知的内容主要是原合伙企业的经营状况和财务状况。

(4)合伙企业登记事项因入伙发生变更,应当于作出变更决定或者发生变更事由之日起15日内,向企业登记机关办理有关变更登记手续。

2.新合伙人的权利和责任

入伙的新合伙人与原合伙人享有同等权利,承担同等责任。入伙协议另有约定的,从其约定。入伙的新合伙人对入伙前合伙企业的债务承担连带责任。

法条链接:
《合伙企业法》第四十三条第一款规定:"新合伙人入伙除合伙协议另有约定外,应当经全体合伙人同意,并依法订立书面入伙协议。"

(二)退伙

退伙是指使合伙人的身份归于消灭的法律行为。

1.退伙的形式

退伙的原因可以基于合伙人的意思表示,也可以基于与合伙人本人意志无关的事件。根据退伙发生的原因,退伙分为声明退伙、法定退伙和开除退伙。

(1)声明退伙又称自愿退伙,是指基于合伙人的自愿而退伙。一般须有正当理由,否则擅自退伙属于违约行为,应当赔偿由此给其他合伙人造成的损失。

声明退伙有两种情况:

①合伙协议约定了合伙企业经营期限的,合伙人在下列情形出现时,可以声明退伙:第一,合伙协议约定的退伙事由出现;第二,经全体合伙人同意退伙;第三,发生合伙人难以继续参加合伙企业的事由;第四,其他合伙人严重违反合伙协议约定的义务。

②合伙协议未约定合伙企业经营期限的,合伙人可以退伙,但必须在不给合伙企业的事务执行造成不利影响的情况下,并应当提前30天通知其他合伙人。

(2)法定退伙又称当然退伙,是指并非基于合伙人的自愿而是由于法律明确规定的事由而退伙。

合伙人有下列情形之一的,当然退伙:

①作为合伙人的自然人死亡或者被依法宣告死亡;

②个人丧失偿债能力;

③作为合伙人的法人或者其他组织被依法吊销营业执照、责令关闭、撤销或者被宣告破产;

④法律规定或者合伙协议约定合伙人必须具有相关资格而丧失该资格;

⑤合伙人在合伙企业中的全部财产份额被人民法院强制执行。

合伙人被依法认定为无民事行为能力人或限制民事行为能力人的,经其他合伙人一致同意,可以依法转为有限合伙人,普通合伙企业依法转为有限合伙企业。其他合伙人未能一致同意的,该无民事行为能力或者限制民事行为能力的合伙人退伙。

上述退伙事由实际发生之日为退伙生效日。

【例3-3】 甲合伙人死亡给合伙企业带来损失150万元,合伙企业要求甲的继承人以甲的财产承担损失,甲的继承人是否应当承担该损失?

【解析】 不应该承担。因为自法定的退伙事由——死亡实际发生之日起,甲已经不是合伙人了,对于他退伙后的损失是不承担责任的。

(3)开除退伙是指合伙人因其他合伙人的一致要求而被强制退出合伙企业的退伙。

合伙人有下列情形之一的,经其他合伙人一致同意,可以决议将其除名:

①未履行出资义务;

②因故意或重大过失给合伙企业造成损失;

③执行合伙企业事务时有不正当行为;

④发生合伙协议约定的其他事由。

合伙人的继承人为无民事行为能力人或者限制民事行为能力人的,经全体合伙人一致同意,可以依法成为有限合伙人,普通合伙企业依法转为有限合伙企业。全体合伙人未能一致同意的,合伙企业应当将被继承合伙人的财产份额退还该继承人。

对被除名人的除名决议应当采用书面通知。被除名人自接到除名通知之日起,除名生效,被除名人退伙。被除名人对除名决议有异议的,可以在接到除名通知之日起30日内向人民法院起诉。

⚠ **特别提示3-6** 开除退伙和法定退伙的区别是:开除退伙的合伙人主观上有过错或有重大过失,而法定退伙没有。

2.退伙结算

合伙人退出合伙企业即丧失了合伙人资格,应进行退伙结算:

(1)退还财产份额。合伙人退伙,其他合伙人应当与该退伙人按照退伙时合伙企业的财产状况进行结算,退还退伙人的财产份额。退伙人对给合伙企业造成的损失负有赔偿责任的,相应扣减其应当赔偿的数额。但退伙时有未了结的合伙企业事务的,待了结后进行结算。退还财产份额的具体办法,由合伙人协议约定或者由全体合伙人决定,可以退还货币,也可以退还实物。

(2)分担亏损。合伙人退伙时,合伙企业财产少于合伙企业债务的,退伙人应按《合伙企业法》的规定分担亏损。

(3)退伙人对基于其退伙前的原因发生的合伙企业债务,承担无限连带责任。

(4)因退伙导致合伙企业已经不具备法定人数或合伙目的无法实现而使合伙企业解散的,合伙企业终止。

六、特殊的普通合伙企业

(一)特殊的普通合伙企业的设立

以专业知识和专门技能为客户提供有偿服务的专业服务机构,可以设立为特殊的普通合伙企业。特殊的普通合伙企业名称中应当标明"特殊普通合伙"字样。

(二)特殊的普通合伙企业的责任

(1)一个合伙人或者数个合伙人在执业活动中因故意或者重大过失造成合伙企业债务的,应当承担无限责任或者无限连带责任,其他合伙人以其在合伙企业中的财产份额为限承担责任。

(2)合伙人在执业活动中非因故意或者重大过失造成的合伙企业债务以及合伙企业的其他债务,由全体合伙人承担无限连带责任。

(3)合伙人执业活动中因故意或者重大过失造成合伙企业债务,以合伙企业财产对外承担责任后,该合伙人应当按照合伙协议的约定对给合伙企业造成的损失承担赔偿责任。

特殊的普通合伙企业应当建立执业风险基金,办理职业保险。执业风险基金用于偿付合伙人执业活动造成的债务,执业风险基金应当单独立户管理。

法条链接:
《合伙企业法》第五十三条规定:"退伙人对基于其退伙前的原因发生的合伙企业债务,承担无限连带责任。"

第三节 有限合伙企业

一、有限合伙企业的设立条件

(1)有限合伙企业由2个以上50个以下合伙人设立,但是法律另有规定的除外。有限合伙企业至少应当有1个普通合伙人。

(2)有书面合伙协议。合伙协议除符合普通合伙企业合伙协议的规定外,还应当载明下列事项:①普通合伙人和有限合伙人的姓名或者名称、住所;②执行事务合伙人应具备的条件和选择程序;③执行事务合伙人权限与违约处理办法;④执行事务合伙人的除名条件和更换程序;⑤有限合伙人入伙、退伙的条件和程序以及相关责任;⑥有限合伙人和普通合伙人相互转变程序。

法条链接:
《合伙企业法》第六十二条规定:"有限合伙企业名称中应当标明'有限合伙'字样。"

(3)有限合伙人认缴或实际缴付的出资。有限合伙人可以用货币、实物、知识产权、土地使用权或者其他财产权利作价出资。有限合伙人不得以劳务出资。

有限合伙人应当按照合伙协议的约定按期足额缴纳出资;未按期足额缴纳的,应当承担补缴义务,并对其他合伙人承担违约责任。有限合伙企业登记事项中应当载明有限合伙人的姓名或者名称及认缴的出资数额。

(4)有限合伙企业的应有名称和生产经营场所。

有限合伙企业的名称中应当标明"有限合伙"字样。有限合伙企业要有经营场所,以便开展经济活动。

(5)法律、法规规定的其他条件。

【例3-4】 关于有限合伙企业的设立,下列说法正确的是( )。
A.设立有限合伙企业,应当至少有1名有限合伙人和1名普通合伙人
B.有限合伙企业由2个以上50个以下合伙人组成
C.有限合伙企业的名称中应当标明"有限合伙"的字样
D.其登记事项中应当载明有限合伙人的姓名或名称及认缴的出资数额

【解析】 A、B、C、D。以上说法均符合有限合伙企业设立的条件和法定要求。

二、有限合伙企业的财产

(1)有限合伙人可以将其在有限合伙企业中的财产份额出质,但是合伙协议另有约定的除外。

(2)有限合伙人可以按照合伙协议的约定向合伙人以外的人转让其在有限合伙企业中的财产份额,但应当提前三十日通知其他合伙人。

> ⚠ **特别提示3-7** 有限合伙人对外转让财产份额,其他合伙人有优先购买权。

(3)有限合伙人的自有财产不足以清偿与其合伙企业无关的债务的,该合伙人可以以其从有限合伙企业中分取的收益用于清偿;债权人也可以依法请求人民法院强制执行该合伙人在有限合伙企业中的财产份额用于清偿。

人民法院强制执行有限合伙人的财产份额时,应当通知全体合伙人。在同等条件下,其他合伙人有优先购买权。

有限合伙企业仅剩有限合伙人的,应当解散;有限合伙企业仅剩普通合伙人的,转为普通合伙企业。

三、有限合伙企业的事务执行与利润分配

(一)有限合伙企业的事务执行

有限合伙企业由普通合伙人执行合伙企业事务,执行事务的合伙人可以要求在合伙协议中确定执行事务的报酬及报酬提取方式。

有限合伙人不执行合伙企业事务,不得对外代表有限合伙企业。有限合伙人的下列行为,不视为执行合伙企业事务:

(1)参与决定普通合伙人入伙、退伙。

(2)对企业的经营管理提出建议。
(3)参与选择承办有限合伙企业审计业务的会计师事务所。
(4)获取经审计的有限合伙企业的财务会计报告。
(5)对涉及自身利益的情况,查阅有限合伙企业财务会计账簿等财务资料。
(6)在有限合伙企业中的利益受到侵害时,向有责任的合伙人主张权利或者提起诉讼。
(7)执行事务合伙人怠于行使权利时,督促其行使权利或者为了本企业的利益以自己的名义提起诉讼。
(8)依法为本企业提供担保。

第三人有理由相信有限合伙人为普通合伙人并与其交易的,该有限合伙人对该笔交易承担与普通合伙人同样的责任。

有限合伙人未经授权以有限合伙企业名义与他人进行交易,给有限合伙企业或者其他合伙人造成损失的,该有限合伙人应当承担赔偿责任。

(二)有限合伙企业的利润分配

有限合伙企业不得将全部利润分配给部分合伙人,但是合伙协议另有约定的除外。

有限合伙人可以同本有限合伙企业进行交易,但是合伙协议另有约定的除外。合伙人可以自营或者同他人合作经营与本有限合伙企业相竞争的业务,但是合伙协议另有约定的除外。

四、有限合伙企业的入伙、退伙

(1)新入伙的有限合伙人对入伙前有限合伙企业的债务,以其认缴的出资额为限承担责任。

(2)作为有限合伙人的自然人在有限合伙企业存续期间丧失民事行为能力的,其他合伙人不得因此要求其退伙。

(3)作为有限合伙人的自然人死亡、被依法宣告死亡或者作为有限合伙人的法人及其他组织终止时,其继承人或者权利承受人可以依法取得该有限合伙人在有限合伙企业中的资格。

(4)其他关于有限合伙人的退伙,适用普通合伙企业的法定退伙。

(5)有限合伙人退伙后,对基于其退伙前的原因发生的有限合伙企业债务,以其退伙时从有限合伙企业取回的财产承担责任。

五、有限合伙人与普通合伙人的转变

(1)除合伙协议另有约定外,普通合伙人转变为有限合伙人,或者有限合伙人转变为普通合伙人,应当经全体合伙人一致同意。

(2)有限合伙人转变为普通合伙人的,对其作为有限合伙人期间有限合伙企业发生的债务承担无限连带责任。

(3)普通合伙人转变为有限合伙人的,对其作为普通合伙人期间合伙企业发生的债务承担无限连带责任。

【例3-5】 甲、乙、丙三人拟共同设立一个有限合伙企业,下列表述中错误的有(   )。

A.该有限合伙企业至少有一个普通合伙人
B.经过合伙协议约定,有限合伙人可以以货币、实物、劳务、知识产权和其他财产权利出资
C.经合伙协议约定,有限合伙人可以执行部分合伙事务
D.如果有限合伙人转为普通合伙人,则对其作为有限合伙人期间企业的债务不承担连带责任

【解析】 B、C、D。A选项说法正确;B选项说法错误,有限合伙人不能以劳务出资;C选项说法错误,法条原文是:"有限合伙人不执行合伙事务";D选项说法错误,不管是有限合伙人变成普通合伙人,还是反之,对于以前的债务都承担无限连带责任。

第四节 合伙企业的解散与清算

一、合伙企业的解散

合伙企业的解散是指合伙企业因某些法律事实的发生而使其民事主体资格归于消灭的行为。

《合伙企业法》第八十五条规定,合伙企业有下列情形之一时,应当解散:
(1)合伙期限届满,合伙人决定不再经营;
(2)合伙协议约定的解散事由出现;
(3)全体合伙人决定解散;
(4)合伙人已不具备法定人数满30天;
(5)合伙协议约定的合伙目的已经实现或者无法实现;
(6)依法被吊销营业执照、责令关闭或者被撤销;
(7)法律、行政法规规定的其他原因。

二、合伙企业的清算

合伙企业的清算是指合伙企业宣告解散后,为了终结合伙企业现存的各种法律关系,依法清理合伙企业债权债务的行为。

合伙企业的清算主要包括以下程序:

(一)确定清算人

清算人由全体合伙人担任;经全体合伙人过半数同意,可以自合伙企业解散事由出现后十五日内指定一个或数个合伙人,或者委托第三人担任清算人;自合伙企业解散事由出现之日起十五日内未确定清算人的,合伙人或者其他利害关系人可以申请人民法院指定清算人。清算人在清算期间执行下列事务:
(1)清理合伙企业财产,分别编制资产负债表和财产清单。
(2)处理与清算有关的合伙企业未了结事务。
(3)清缴所欠税款。
(4)清理债权、债务。

(5)处理合伙企业清偿债务后的剩余财产。
(6)代表合伙企业参与诉讼或仲裁活动。

(二)通知和公告债权人

清算人自被确定之日起十日内,将合伙企业解散事项通知债权人,并于六十日内在报纸上公告。债权人应当自接到通知书之日起三十日内,未接到通知书的自公告之日起四十五日内,向清算人申报债权。清算期间,合伙企业存续,但不得开展与清算无关的经营活动。

(三)清偿顺序

合伙企业财产按下列顺序清偿:支付清算费用、职工工资、社会保险费用、法定补偿金;缴纳所欠税款;清偿合伙企业债务。合伙企业财产按照上述顺序清偿后仍有剩余的,按照合伙协议约定的比例分配;合伙协议未约定或者约定不明确的,合伙人协商决定;协商不成的,由合伙人按照实缴的出资比例分配;无法确定出资比例的,由合伙人平均分配。

合伙企业不能清偿到期债务的,债权人可以依法向人民法院提出破产清算申请,也可以要求普通合伙人清偿。合伙企业依法被宣告破产的,普通合伙人对合伙企业债务仍应承担无限连带责任。

法条链接:
《合伙企业法》第九十一条规定:"合伙企业注销后,原普通合伙人对合伙企业存续期间的债务仍应承担无限连带责任。"

(四)合伙企业注销登记

清算结束,清算人应当编制清算报告,经全体合伙人签名、盖章后,在十五日内向企业登记机关报送清算报告,申请办理合伙企业注销登记。合伙企业注销后,原普通合伙人对合伙企业存续期间的债务仍承担无限连带责任。

课后思考题

1. 什么是普通合伙企业?设立普通合伙企业需要具备哪些条件?
2. 《合伙企业法》对普通合伙企业的财产份额的转让和出质做了哪些法律规定?
3. 简述普通合伙企业退伙的情形。
4. 简述普通合伙企业的事务执行。
5. 什么是有限合伙企业?设立有限合伙企业需要具备哪些条件?

课后案例

【背景资料】 甲、乙、丙拟设立一普通合伙企业,其合伙协议部分内容如下:①甲的出资为现金1万元和劳务作价2万元;②乙的出资为注册商标使用权,作价2万元,于合伙企业成立后半年内缴纳;③丙的出资为作价5万元的房产一栋,不办理产权转让手续;④合伙企业的经营期限,于合伙企业成立满2年时再协商确定。

【问题】 该合伙协议上述内容是否符合法律规定?为什么?

第四章 公司法

内容提示

1. 公司的概念、特征和分类
2. 公司的一般规定
3. 有限责任公司
4. 股份有限公司
5. 公司的董事、监事和高级管理人员
6. 公司债券和公司财务会计
7. 公司合并、分立、解散和清算

学习目标

【掌握】 公司的一般规定；特殊有限责任公司的法律规定；有限责任公司和股份有限公司的设立及组织机构；股份有限公司股份的发行与转让；公司债券；公司董事、监事、高级管理人员的资格和义务；上市公司的特殊规定。

【了解】 公司的解散、清算；公司财务会计。

思政目标

1. 公司是我国重要的市场主体之一，通过公司的特征和设立的内容帮助学生树立人生目标和正确的择业观，培养创业的勇气和能力，鼓励学生自主创业，培养学生奋斗意识和自立自强的精神，投入实现中华民族伟大复兴的实践，实现人生价值。

2. 在公司从事经营管理内容中，倡导遵守法律、行政法规，遵守社会公德、商业道德，奉行公正、法治、平等、敬业、诚实守信，自觉践行社会主义核心价值观，引领社会风尚。

3. 培养学生在未来职业生涯中"干一行、爱一行、专一行"的工匠精神和"爱岗敬业、争创一流，艰苦奋斗、勇于创新，淡泊名利、甘于奉献"的劳模精神。

4.引导学生正确理解个人利益和社会利益的关系,培养学生承担社会责任的意识。

课前案例导入

【背景资料】 某公司是由甲、乙、丙、丁、戊5个自然人出资设立的有限责任公司,公司章程规定不设董事会,只设一名执行董事。股东会决定由甲担任公司执行董事,由乙担任公司经理。在公司经营过程中,因执行董事甲与经理乙对公司经营方式产生分歧,致使公司管理陷入混乱状态,经营状况不佳。乙提出辞去公司经理职务,并拟将其所持公司股份转让给庚。公司召开股东会会议,作出如下决议:①同意乙辞去公司经理职务,由执行董事甲兼任公司经理;②同意乙将其所持有的公司股份转让给庚;③为扩大公司经营规模,拟申请发行公司债券200万元。

【问题】

1.该公司不设董事会,只设一名执行董事的做法是否符合法律规定?简要说明理由。

2.该公司的法定代表人是谁?

3.该公司由执行董事甲兼任公司经理的做法是否符合法律规定?

4.该公司股东会作出同意乙将其所持公司股份转让给庚的决议是否符合法律规定?

5.该公司是否具备发行公司债券的主体资格?简要说明理由。

第一节 公司法概述

一、公司的概念和特征

公司是指依照法定条件和程序设立的、以营利为目的的企业法人。

公司具有以下特征:

1.公司有自己独立的财产

独立财产是指公司作为一个以营利为目的的法人,必须有其可控制、可支配的财产,以从事经营活动。公司的原始财产由股东出资构成,股东一经履行了出资义务,其出资标的的所有权即属于公司,构成公司的财产,公司独立享有法人财产权,股东则对公司享有股权。公司的财产与股东个人的财产相分离。

2.公司以其财产独立承担责任

公司的债务为公司本身的债务,由公司自己承担,公司的债权人必须向公司请求履行,而不能向股东请求履行;公司股东仅以其出资额所认购的股份对公司的债务承担责任。

法条链接:

《中华人民共和国公司法》(以下简称《公司法》)第一条规定:"为了规范公司的组织和行为,保护公司、股东和债权人的合法权益,维护社会经济秩序,促进社会主义市场经济的发展,制定本法。"

3. 公司是一个组织体

公司作为组织体,主要体现为:公司有自己的名称;有自己的住所和经营场所;有符合法律规定的组织机构;有一定的生产经营条件与从业人员;有健全的财务会计制度。

4. 公司以营利为目的,具有营利性

公司以营利为目的,是指设立公司的目的及公司的运作,都是为了谋求经济利益。公司的营利性是公司区别于非营利性法人组织的重要特征。

5. 公司必须依法设立

依法设立是指设立公司应当依法向公司登记机关申请设立登记。法律、行政法规规定设立公司必须报经批准的,应当在公司登记前依法办理批准手续。公司营业执照签发日为公司成立日期。

二、公司的分类

按照不同的标准,从不同的角度,可以对公司进行不同的分类。

(一)根据公司股东责任的不同进行划分

根据公司股东责任的不同,可将公司分为无限公司、有限责任公司、股份有限公司、两合公司和股份两合公司。

无限公司是指由两个以上的股东出资组成,所有股东对公司的债务承担无限连带责任的公司。

有限责任公司是指由股东出资组成,每个股东以其认缴的出资额对公司债务承担有限责任,公司以其全部资产对其债务承担责任的公司。

股份有限公司是指由一定人数以上的股东组成,资本分为等额股份,股东以其所持股份对公司承担有限责任,公司以其全部资产对公司债务承担责任的公司。

两合公司是指公司股东由两种责任形式的股东组成,其中一部分股东以其出资额为限承担有限责任,另一部分股东承担无限连带责任的公司。

股份两合公司,是由股份有限公司与两合公司结合组成的公司。

有限责任公司与股份有限公司是《公司法》规定的我国公司形式。

> ⚠ **特别提示 4-1** 记住一句口诀:股东的责任是有限的,公司的责任是独立的。

(二)根据公司的信用基础不同进行划分

根据公司的信用基础不同,可将公司分为人合公司、资合公司及人合兼资合公司。

人合公司是指以股东个人的能力、财力、声望和信誉等作为公司信用基础的公司。无限公司是最典型的人合公司。

资合公司是指以公司资本和资产条件作为公司信用基础的公司。股份有限公司是最典型的资合公司,有限责任公司具有资合公司的特点。

人合兼资合公司是指同时以公司资本和股东个人信用作为公司信用基础的公司。其典型代表是两合公司和股份两合公司。

（三）根据公司股票是否上市交易进行划分

根据公司股票是否上市交易，可将公司分为上市公司与不上市公司。

在英美法中，不上市公司称为少数人公司或不公开公司，是指其股份全部由设立公司的股东所拥有，股票不能在证券交易所公开挂牌、不能在证券交易市场自由交易的公司。

上市公司称为多数人公司或公开公司，是指可以公开招股，股票在证券交易所公开挂牌，可以在证券交易所交易的公司。

在大陆法中，上市公司是指股票获准上市的公司。与上市公司相对应的公司均为不上市公司。

> ⚠ **特别提示 4-2** 通常认为，我国有限责任公司属于封闭式公司，而股份有限公司属于开放式公司。

（四）根据公司内部的管辖关系进行划分

根据公司内部的管辖关系，可将公司分为本公司与分公司。

本公司又称为总公司，是指依法设立的具有法人资格的公司本身。

分公司是指公司在公司住所地以外设立的从事生产经营活动的分支机构。分公司的经营后果由总公司承担。

（五）根据两个公司间的控制关系进行划分

根据两个公司间的控制关系，可将公司分为母公司与子公司。

母公司是指在两个公司的关系中对于其他公司能够控制、支配的公司。

子公司是指与母公司相对应的、受母公司控制的公司。

母公司与子公司都为独立的法人，各自有自己的名称、章程、组织机构，独立地对外进行经营活动。母公司可以有若干个子公司。

（六）根据公司的国籍不同进行划分

根据公司的国籍不同，可将公司分为本国公司和外国公司。

凡是依照中国法律在中国境内登记设立的公司，都是中国公司。凡是依照外国的法律在中国境外登记设立的公司，则是外国公司。

三、公司法的概念与适用范围

公司法是规范公司的设立、组织、经营、解散以及对内、对外关系的法律规范的总称。公司法是我国法律体系中的重要组成部分，是规范市场主体的重要法律。

《中华人民共和国公司法》于 1993 年 12 月 29 日第八届全国人民代表大会常务委员会第五次会议通过，自 1994 年 7 月 1 日起施行。1999 年

法条链接：
《公司法》第二条规定："本法所称的公司是指依照本法在中国境内设立的有限责任公司和股份有限公司。"

法条链接：
《公司法》第五条规定："公司从事经营活动，必须遵守法律、行政法规，遵守社会公德、商业道德，诚实守信，接受政府和社会公众的监督，承担社会责任。公司的合法权益受法律保护，不受侵犯。"

12月25日第九届全国人民代表大会常务委员会第十三次会议第一次修正,2004年8月28日第十届全国人民代表大会常务委员会第十一次会议第二次修正,2005年10月27日第十届全国人民代表大会常务委员会第十八次会议进行了修订,2013年12月28日第十二届全国人民代表大会常务委员会第六次会议第三次修正,2018年10月26日第四次修正。

第二节 公司的一般规定

一、公司设立

(一)公司设立的含义

公司设立是指公司设立人依照法定的条件和程序,为组建公司并取得法人资格而必须采取和完成的法律行为。

(二)公司设立的原则

公司设立的原则有四种,即自由设立原则、特许设立原则、核准设立原则和准则设立原则。这四个原则可以概括为自由设立主义、特许设立主义、核准设立主义和准则设立主义。我国现行公司法规定的公司设立原则是准则设立主义和核准设立主义相结合。

(三)公司设立的方式

公司设立的方式有两种,即发起设立和募集设立。发起设立是指由发起人认购公司应发行的全部股份而设立公司。募集设立是指由发起人认购公司应发行股份的一部分,其余股份向社会公开募集或者向特定对象募集而设立公司。

(四)公司设立的登记

公司设立应当向公司登记机关提出申请,办理登记。在我国,公司登记机关为市场监督管理机关。

二、公司名称和住所

公司名称是公司在生产经营活动中区别于其他民事主体的人格特定化的标记,它是公司章程的必要记载事项之一,也是公司设立的必要条件。

公司名称具有唯一性,一个公司只能有一个名称。在同一公司登记机关的辖区内,同一行业的公司不允许有相同或类似的名称。

公司的名称一般依次由以下四个部分组成:①公司注册机关的行政区划;②商号(字号),它是公司名称的核心内容;③行业;④组织形式。有

法条链接:
《公司法》第七条规定:"依法设立的公司,由公司登记机关发给公司营业执照。公司营业执照签发日期为公司成立日期。

公司营业执照应当载明公司的名称、住所、注册资本、经营范围、法定代表人姓名等事项。

公司营业执照记载的事项发生变更的,公司应当依法办理变更登记,由公司登记机关换发营业执照。"

限责任公司必须在公司名称中标明"有限责任公司"或"有限公司"字样；股份有限公司必须在公司名称中标明"股份有限公司"或"股份公司"字样。

我国公司名称实行预先核准制，预先核准的公司名称保留期为六个月。预先核准的公司名称在保留期内不得用于从事经营活动，不得转让。

公司以其主要办事机构所在地为住所。

公司住所也是公司章程的必要记载事项之一，也是公司设立登记的必要条件。

公司住所的法律意义主要体现在：确定诉讼管辖地和诉讼文书送达地；履行地不明确时，住所是确认合同履行地的唯一标准；据以确认公司的登记机关；等等。

> ⚠️ **特别提示 4-3**　名称中冠以"中国""中华""全国""国际"等字样的公司，必须经国家市场监督管理总局的核准。

三、公司章程

（一）公司章程的概念和特点

公司章程是公司必备的，规定其名称、宗旨、资本、组织机构等对内、对外事务的基本法律文件。设立公司必须依法制定公司章程。

公司章程具有公开性（主要对股份有限公司而言），公司章程的内容要对投资人以及包括债权人在内的一般社会公众公开。

公司章程由公司依法自行制定，由公司自己执行，公司章程一经生效，即发生法律约束力。公司章程对公司、股东、董事、监事、高级管理人员具有约束力，不具有普遍约束力。

（二）公司章程的订立与变更

公司章程的订立通常有两种方式：一是部分订立，是指由股东或发起人中的部分成员负责起草、制定公司章程，再经其他股东或发起人签字同意的制定方式。二是共同订立，是指由全体股东或发起人共同起草、协商制定公司章程，否则，公司章程不得生效。公司章程必须采取书面形式，经全体股东或发起人同意并在章程上签名盖章，才能生效。

公司章程的变更是指对已经生效的公司章程的修改，变更程序如下：首先，由董事会提出修改公司章程的提议；其次，将该提议通知其他股东；最后，由股东会表决通过。章程变更后，董事会应向公司行政管理机关申请变更登记。

法条链接：
《公司法》第十一条规定："设立公司必须依法制定公司章程。公司章程对公司、股东、董事、监事、高级管理人员具有约束力。"

第三节　有限责任公司

一、有限责任公司的设立

(一)有限责任公司设立的条件

(1)股东符合法定人数。有限责任公司由五十个以下股东出资设立。股东可以是自然人、法人或其他经济组织。

(2)有符合公司章程规定的全体股东认缴的出资额。股东可以用货币出资,也可以用实物、知识产权、土地使用权等可以用货币估价并可以依法转让的非货币财产作价出资;但是,法律、行政法规规定不得作为出资的财产除外。

对作为出资的非货币财产应当评估作价,核实财产,不得高估或者低估作价。法律、行政法规对评估作价有规定的,从其规定。

> ⚠ **特别提示 4-4**　根据《公司法》的规定,股东不得以劳务、信用、自然人姓名、商誉、特许经营权或者设定担保的财产等作价出资。

(3)股东共同制定公司章程。

(4)有公司名称,建立符合有限责任公司要求的组织机构。

(5)有公司住所。

(二)有限责任公司设立过程中的法律责任

(1)股东应当按期足额缴纳公司章程中规定的各自所认缴的出资额。股东以货币出资的,应当将货币出资足额存入有限责任公司在银行开设的账户;以非货币财产出资的,应当依法办理其财产权的转移手续。股东不按照前款规定缴纳出资的,除应当向公司足额缴纳出资外,还应当对已按期足额缴纳出资的股东承担违约责任。

(2)有限责任公司成立后,发现作为设立公司出资的非货币财产的实际价额显著低于公司章程所定价额的,应当由交付该出资的股东补足其差额;公司设立时的其他股东承担连带责任。

【例 4-1】　某有限责任公司有股东甲、乙、丙、丁四人,公司成立后,发现作为股东甲出资的机器设备实际价值低于公司章程所定价额4万元,作为股东乙出资的技术实际价值低于公司章程所定价额8万元。根据法律规定,不足出资应由谁补足?

【解析】《公司法》第三十条规定,有限责任公司成立后,发现作为设立公司出资的非货币财产的实际价额显著低于公司章程所定价额的,应当由交付该出资的股东补足其差额;公司设立时的其他股东承担连带责

法条链接:
《公司法》第二十六条规定:"有限责任公司的注册资本为在公司登记机关登记的全体股东认缴的出资额。法律、行政法规以及国务院决定对有限责任公司注册资本实缴、注册资本最低限额另有规定的,从其规定。"

法条链接:
《公司法》第二十九条规定:"股东认足公司章程规定的出资后,由全体股东指定的代表或者共同委托的代理人向公司登记机关报送公司登记申请书、公司章程等文件,申请设立登记。"

任。所以甲、乙应当分别补足其差额,丙、丁承担连带责任。

(三)股权的取得和证明

1.股权的取得

股东出资即取得股权,其出资的资金来源不影响股权的取得。

2.股权的证明

有限责任公司成立后,应当向股东签发出资证明书。出资证明书应当载明下列事项:公司名称;公司成立日期;公司注册资本;股东的姓名或者名称,缴纳的出资额和出资日期;出资证明书的编号和核发日期。出资证明书由公司盖章。

⚠️ **特别提示 4-5** 有限责任公司不使用股票的概念,使用相对应的出资证明书的概念。

有限责任公司应当置备股东名册,记载下列事项:股东的姓名或者名称及住所;股东的出资额;出资证明书编号。记载于股东名册的股东,可以依股东名册主张行使股东权利。公司应当将股东的姓名或者名称向公司登记机关登记;登记事项发生变更的,应当办理变更登记;未经登记或者变更登记的,不得对抗第三人。

微课
股权代持

二、有限责任公司的组织机构

有限责任公司的组织机构包括三部分:股东会(股份有限公司则为股东大会)、董事会及经理、监事会,即权力机构、执行机构和监察机构。它们就是公司的法人机关和议事机关。

(一)股东会

1.股东会的性质和组成

股东会是有限责任公司最高的权力机关,由全体股东组成。

2.股东会的职权

股东会行使下列职权:

(1)决定公司的经营方针和投资计划;

(2)选举和更换非由职工代表担任的董事、监事,决定有关董事、监事的报酬事项;

(3)审议批准董事会的报告;

(4)审议批准监事会或者监事的报告;

(5)审议批准公司的年度财务预算方案、决算方案;

(6)审议批准公司的利润分配方案和弥补亏损方案;

(7)对公司增加或者减少注册资本作出决议;

(8)对发行公司债券作出决议;

法条链接:
《公司法》第三十三条第一款规定:"股东有权查阅、复制公司章程、股东会会议记录、董事会会议决议、监事会会议决议和财务会计报告。"

(9)对公司合并、分立、解散、清算或者变更公司形式作出决议；

(10)修改公司章程；

(11)公司章程规定的其他职权。

对上述所列事项股东以书面形式一致表示同意的，可以不召开股东会会议，直接作出决定，并由全体股东在决定文件上签名、盖章。

3.股东会的召开

股东会会议分为定期会议和临时会议两种。定期会议应当依照公司章程的规定按时召开。代表十分之一以上表决权的股东、三分之一以上的董事、监事会或者不设监事会的公司的监事提议召开临时会议的，应当召开临时会议。

【例 4-2】 下列选项中有权提议召开有限责任公司临时股东会会议的有(　　)。

A.代表百分之八以上表决权的股东　　B.三分之一以上的董事

C.监事会主席　　D.董事长

【解析】 B。选项 A 代表表决权的股东不够十分之一；监事会主席没有权利单独提议召开临时股东会，选项 C 不正确；董事长并不代表三分之一以上的董事，所以 D 选项不正确。

首次股东会会议由出资最多的股东召集和主持，依照《公司法》规定行使职权。

有限责任公司设立董事会的，股东会会议由董事会召集，董事长主持；董事长不能履行职务或者不履行职务的，由副董事长主持；副董事长不能履行职务或者不履行职务的，由半数以上董事共同推举一名董事主持。

有限责任公司不设董事会的，股东会会议由执行董事召集和主持。董事会或者执行董事不能履行或者不履行召集股东会会议职责的，由监事会或者不设监事会的公司的监事召集和主持；监事会或者监事不召集和主持的，代表十分之一以上表决权的股东可以自行召集和主持。

召开股东会会议，应当于会议召开十五日前通知全体股东；但是，公司章程另有规定或者全体股东另有约定的除外。

股东会应当将所议事项的决定作成会议记录，出席会议的股东应当在会议记录上签名。

4.股东会的决议

股东会会议由股东按照出资比例行使表决权，但是，公司章程另有规定的除外。股东会的议事方式和表决程序，除《公司法》有规定的外，由公司章程规定。

股东会会议作出修改公司章程、增加或者减少注册资本的决议，以及公司合并、分立、解散或者变更公司形式的决议，必须经代表三分之二以上表决权的股东通过。

执行董事可以兼任公司经理。

法条链接：

《公司法》第四十三条规定："股东会的议事方式和表决程序，除本法有规定的外，由公司章程规定。股东会会议作出修改公司章程、增加或者减少注册资本的决议，以及公司合并、分立、解散或者变更公司形式的决议，必须经代表三分之二以上表决权的股东通过。"

微课
股东争议及预防

⚠ **特别提示 4-6** 有限责任公司和股份有限公司在重大事项的表决上所需要的表决比例都是三分之二以上,但其基数是完全不同的,有限责任公司的基数是总表决权,股份有限公司(上市公司)的基数是出席会议的表决权。

(二)董事会(执行董事)

1.董事会的性质和组成

董事会是股东会的执行机构。有限责任公司设董事会,其成员为三人至十三人。两个以上的国有企业或者两个以上的其他国有投资主体投资设立的有限责任公司,其董事会成员中应当有公司职工代表;其他有限责任公司董事会成员中可以有公司职工代表。董事会中的职工代表由公司职工通过职工代表大会、职工大会或者其他形式民主选举产生。

董事会设董事长一人,可以设副董事长。董事长、副董事长的产生办法由公司章程规定。股东人数较少或者规模较小的有限责任公司,可以设一名执行董事,不设董事会。执行董事可以兼任公司经理。

⚠ **特别提示 4-7** 执行董事兼任公司经理,可以避免公司机构的重复设置,提高公司的管理效率。

董事任期由公司章程规定,但每届任期不得超过三年。董事任期届满,连选可以连任。

2.董事会的职权

董事会对股东会负责,行使下列职权:
(1)召集股东会会议,并向股东会报告工作;
(2)执行股东会的决议;
(3)决定公司的经营计划和投资方案;
(4)制订公司的年度财务预算方案、决算方案;
(5)制订公司的利润分配方案和弥补亏损方案;
(6)制订公司增加或者减少注册资本以及发行公司债券的方案;
(7)制订公司合并、分立、解散或者变更公司形式的方案;
(8)决定公司内部管理机构的设置;
(9)决定聘任或者解聘公司经理及其报酬事项,并根据经理的提名决定聘任或者解聘公司副经理、财务负责人及其报酬事项;
(10)制定公司的基本管理制度;
(11)公司章程规定的其他职权。

3.董事会会议的召开和议事规则

董事会会议由董事长召集和主持;董事长不能履行职务或者不履行职务的,由副董事长召集和主持;副董事长不能履行职务或者不履行职务的,由半数以上董事共同推举一名董事召集和主持。

有限责任公司经理的职权

法条链接:
《公司法》第四十四条规定:"有限责任公司设董事会,其成员为三人至十三人;但是,本法第五十条另有规定的除外。

两个以上的国有企业或者两个以上的其他国有投资主体投资设立的有限责任公司,其董事会成员中应当有公司职工代表;其他有限责任公司董事会成员中可以有公司职工代表。董事会中的职工代表由公司职工通过职工代表大会、职工大会或者其他形式民主选举产生。

董事会设董事长一人,可以设副董事长。董事长、副董事长的产生办法由公司章程规定。"

董事会的议事方式和表决程序,除《公司法》有规定的外,由公司章程规定。董事会应当对所议事项的决定作成会议记录,出席会议的董事应当在会议记录上签名。董事会决议的表决,实行一人一票。

(三)经理

有限责任公司可以设经理,由董事会决定聘任或者解聘。经理对董事会负责。

经理列席董事会会议。

(四)监事会(监事)

1.监事会的性质和组成

监事会是公司内部的监督机构。

有限责任公司设监事会,其成员不得少于三人。股东人数较少或者规模较小的有限责任公司,可以设一至二名监事,不设监事会。监事会应当包括股东代表和适当比例的公司职工代表,其中职工代表的比例不得低于三分之一,具体比例由公司章程规定。监事会中的职工代表由公司职工通过职工代表大会、职工大会或者其他形式民主选举产生。

监事会设主席一人,由全体监事过半数选举产生。

董事、高级管理人员不得兼任监事。

> ⚠ **特别提示 4-8** 董事、高级管理人员不得兼任监事,原因是会使监督主体和被监督主体混同,从而导致监督机制的失效。

监事的任期每届为三年。监事任期届满,连选可以连任。

2.监事会(监事)的职权

监事会、不设监事会的公司的监事行使下列职权:

(1)检查公司财务;

(2)对董事、高级管理人员执行公司职务的行为进行监督,对违反法律、行政法规、公司章程或者股东会决议的董事、高级管理人员提出罢免的建议;

(3)当董事、高级管理人员的行为损害公司的利益时,要求董事、高级管理人员予以纠正;

(4)提议召开临时股东会会议,在董事会不履行本法规定的召集和主持股东会会议职责时召集和主持股东会会议;

(5)向股东会会议提出提案;

(6)依照《公司法》的规定,对董事、高级管理人员提起诉讼;

(7)公司章程规定的其他职权。

监事会、不设监事会的公司的监事行使职权所必需的费用由公司承担。

3.监事会会议的召开

监事会每年度至少召开一次会议,监事可以提议召开临时监事会会议。监事会的议事方式和表决程序,除《公司法》有规定的外,由公司章程规定。

法条链接:
《公司法》第五十四条第一款规定:"监事可以列席董事会会议,并对董事会决议事项提出质询或者建议。"

监事会主席召集和主持监事会会议;监事会主席不能履行职务或者不履行职务的,由半数以上监事共同推举一名监事召集和主持监事会会议。

监事会决议应当经半数以上监事通过。

监事会应当对所议事项的决定作成会议记录,出席会议的监事应当在会议记录上签名。

【例 4-3】 甲、乙、丙三人出资 10 万元设立一有限责任公司。其中甲出资 2 万元,乙出资 3 万元,丙出资 5 万元。公司成立后,召开了第一次股东会,会议由丙召集和主持。会议决定:不设董事会,由乙任执行董事兼总经理;公司设监事 1 名,由丙担任,任期 2 年。该股东会的哪些决定不符合《公司法》的规定?

【解析】 根据法律规定,股东会有权力选举和更换董事和监事,人数比较少和规模小的有限责任公司可以不设董事会,设一名执行董事,执行董事可以兼任经理,可以不设监事会,设一至二名监事。所以股东会决议不设董事会,由乙任执行董事兼总经理,公司设监事一名,由丙担任,这些决议是符合法律规定的。监事任期两年,此决议违反法律规定,法律规定监事任期每届为三年。

三、有限责任公司的股权转让

(一)股权转让的一般规则和手续

1.股东之间的转让

有限责任公司的股东之间可以相互转让其全部或者部分股权。

2.向股东以外的人转让

股东向股东以外的人转让股权,应当经其他股东过半数同意。股东应就其股权转让事项书面通知其他股东征求同意,其他股东自接到书面通知之日起满三十日未答复的,视为同意转让。其他股东半数以上不同意转让的,不同意的股东应当购买该转让的股权;不购买的,视为同意转让。

⚠️ **特别提示 4-9** 注意"过半数"不同于"半数以上",不包括本数。

经股东同意转让的股权,在同等条件下,其他股东有优先购买权。两个以上股东主张行使优先购买权的,协商确定各自的购买比例;协商不成的,按照转让时各自的出资比例行使优先购买权。公司章程对股权转让另有规定的,从其规定。

3.人民法院依法强制转让

人民法院依照法律规定的强制执行程序转让股东的股权时,应当通知公司及全体股东,其他股东在同等条件下有优先购买权。其他股东自人民法院通知之日起满二十日不行使优先购买权的,视为放弃优先购买权。

⚠️ **特别提示 4-10** 优先购买权的概念只存在于有限责任公司中,因为有限责任公司存在人合性质。

4. 转让股权后应当履行的手续

股东依法转让股权后,公司应当注销原股东的出资证明书,向新股东签发出资证明书,并相应修改公司章程和股东名册中有关股东及其出资额的记载。对公司章程的该项修改不需再由股东会表决。

(二)异议股东的股权回购请求权

有下列情形之一的,对股东会该项决议投反对票的股东可以请求公司按照合理的价格收购其股权:

(1)公司连续五年不向股东分配利润,而公司该五年连续盈利,并且符合《公司法》规定的分配利润条件的;

(2)公司合并、分立、转让主要财产的;

(3)公司章程规定的营业期限届满或者章程规定的其他解散事由出现,股东会会议通过决议修改章程使公司存续的。

自股东会会议决议通过之日起六十日内,股东与公司不能达成股权收购协议的,股东可以自股东会会议决议通过之日起九十日内向人民法院提起诉讼。

(三)自然人股东资格的继承

自然人股东死亡后,其合法继承人可以继承股东资格;但是,公司章程另有规定的除外。

四、特殊有限责任公司

(一)一人有限责任公司

1. 一人有限责任公司的概念

一人有限责任公司简称一人公司或独资公司或独股公司,是指由一名股东(自然人或法人)持有公司的全部出资的有限责任公司。

2. 一人有限责任公司的特别规定

(1)股东为一人。一人有限责任公司的出资人即股东只有一人。股东可以是自然人,也可以是法人。

(2)股东对公司债务承担有限责任。一人有限责任公司的本质特征同有限公司,即股东仅以其出资额为限对公司债务承担责任,公司以其全部财产独立承担责任,当公司财产不足以清偿其债务时,股东不承担连带责任。此系一人有限责任公司与个人独资企业的本质区别。

(3)组织机构的简化。一人有限责任公司由于只有一个出资人,因此不设股东会,《公司法》关于由股东会行使的职权在一人有限责任公司由股东独自一人行使。至于一人有限责任公司是否设立董事会、监事会,则由公司章程规定,法律未规定其必须设立。

3. 对一人有限责任公司的规制

(1)再投资的限制。此限制体现在两个方面:一方面,一个自然人只能投资设立一个一人有限责任公司,不能投资设立第二个一人有限责任公司;另一方面,由一个自然人投资设立的一人有限责任公司不能再作为

法条链接:
《公司法》第五十七条第二款规定:"本法所称一人有限责任公司,是指只有一个自然人股东或者一个法人股东的有限责任公司。"

股东投资设立一人有限责任公司。但此限制仅适用于自然人,不适用于法人。

(2)财务会计制度方面的要求。一人有限责任公司应当在每一会计年度终了时编制财务会计报告,并经会计师事务所审计。

(3)人格混同时的股东连带责任。一人有限责任公司的股东不能证明公司财产独立于股东自己的财产,即发生公司财产与股东个人财产的混同,进而发生公司人格与股东个人人格的混同,此时适用《公司法》人格否认制度,股东必须对公司债务承担连带责任,公司的债权人可以将公司和公司股东作为共同债务人进行追索。

法条链接：
《公司法》第六十三条规定:"一人有限责任公司的股东不能证明公司财产独立于股东自己财产的,应当对公司债务承担连带责任。"

【例4-4】 刘某准备设立一个一人有限责任公司。刘某的下列行为中,符合公司法律制度规定的是( )。
A.决定由其本人担任公司经理和法定代表人
B.决定用公司盈利再投资设立另一个一人有限责任公司
C.决定认缴5万元注册资本
D.决定不编制公司财务会计报告

一人有限责任公司和个人独资企业的区别

【解析】 A、C。A选项符合法律规定,一人有限责任公司的投资人可以担任公司的经理及法定代表人;B选项错误,一个自然人只能投资设立一个一人有限责任公司,不能投资设立第二个一人有限责任公司;C选项正确,一人有限责任公司没有注册资本的限制;D选项错误,一人有限责任公司应当在每一会计年度终了时编制财务会计报告,并经会计师事务所审计。

(二)国有独资公司

1.国有独资公司的概念

国有独资公司是指国家单独出资、由国务院或者地方人民政府授权本级人民政府国有资产监督管理机构履行出资人职责的有限责任公司。

国有独资公司性质上属于有限责任公司。全部资本由国家投入,股东只有一个。

2.国有独资公司的特别规定

(1)国有独资公司的章程。国有独资公司的章程由国有资产监督管理机构制定,或者由董事会制定报国有资产监督管理机构批准。

(2)股东权的行使。国有独资公司不设股东会,由国有资产监督管理机构行使股东会职权。

国有资产监督管理机构可以授权公司董事会行使股东会的部分职权,决定公司的重大事项,但公司的合并、分立、解散、申请破产,应当由国有资产监督管理机构决定。其中,重要的国有独资公司合并、分立、解散、申请破产的,应当由国有资产监督管理机构审核后,报本级人民政府批准。

(3)董事会与经理。国有独资公司设董事会,董事会的职权与普通有限责任公司的相同。

董事会每届任期不超过三年。董事任期届满,连选可以连任。

董事会成员中应当有公司职工代表。董事会成员由国有资产监督管

法条链接：
《公司法》第六十九条规定:"国有独资公司的董事长、副董事长、董事、高级管理人员,未经国有资产监督管理机构同意,不得在其他有限责任公司、股份有限公司或者其他经济组织兼职。"

理机构委派,董事会中的职工代表由职工代表大会选举产生。

董事会设董事长一人,可以设副董事长。董事长和副董事长由国有资产监督管理机构从董事会成员中指定。

国有独资公司设经理,由董事会聘任或者解聘。经理的职权与普通有限责任公司的相同。经国有资产监督管理机构同意,董事会成员可以兼任经理。

国有独资公司的董事长、副董事长、董事、高级管理人员,未经国有资产监督管理机构同意,不得在其他有限责任公司、股份有限公司或者其他经济组织兼职。

(4)监事会。国有独资公司的监事会成员不得少于五人,其中职工代表的比例不得低于三分之一,具体比例由公司章程规定。监事会成员由国有资产监督管理机构委派,但是,监事会成员中的职工代表由公司职工代表大会选举产生。

监事会主席由国有资产监督管理机构从监事会成员中指定。

监事会行使下列职权:检查公司财务;对董事、高级管理人员执行公司职务的行为进行监督;对违反法律、行政法规、公司章程或者股东会决议的董事、高级管理人员提出罢免建议;当董事、高级管理人员的行为损害公司的利益时,要求董事、高级管理人员予以纠正;国务院规定的其他职权。

第四节 股份有限公司

一、股份有限公司的设立

(一)股份有限公司设立的条件

(1)发起人符合法定人数。设立股份有限公司,应当有二人以上二百人以下为发起人,其中须有半数以上的发起人在中国境内有住所。

> ⚠ **特别提示 4-11** 须有半数以上的发起人在中国境内有住所,并不是要求发起人有半数以上是中国人。《民法典》第二十五条规定:"自然人以户籍登记或者其他有效身份登记记载的居所为住所;经常居所与住所不一致的,经常居所视为住所。"

(2)有符合公司章程规定的全体发起人认购的股本总额或者募集的实收股本总额。股份有限公司采取发起设立方式设立的,注册资本为在公司登记机关登记的全体发起人认购的股本总额。在发起人认购的股份缴足前,不得向他人募集股份。股份有限公司采取募集方式设立的,注册资本为在公司登记机关登记的实收股本总额。法律、行政法规以及国务院决定对股份有限公司注册资本实缴、注册资本最低限额另有规定的,从其规定。

法条链接:
《公司法》第七十七条第一款规定:"股份有限公司的设立,可以采取发起设立或者募集设立的方式。"

发起人的出资方式与有限责任公司股东出资方式的要求相同。

(3)股份发行、筹办事项符合法律规定。

(4)发起人制定公司章程,采用募集方式设立的经创立大会通过。

(5)有公司名称,建立符合股份有限公司要求的组织机构。

(6)有公司住所。

【例4-5】 下列关于股份有限公司设立条件的表述中,正确的是(　　)。

A.发起人应有5人以上,且半数以上的发起人是中国人

B.设立股份有限公司法定注册资本的最低限额为500万元

C.发起设立方式的,发起人认购的股份不得少于公司股份总数的35%

D.股份发行、筹办事项符合法律规定

【解析】 D。《公司法》第七十八条规定,股份有限公司半数以上的发起人在中国境内有住所,并不等于半数以上的发起人是中国人,所以A选项错误;股份有限公司的设立没有法定最低注册资本的限制,所以B选项错误;发起设立方式的,发起人应认购全部的股份,所以C选项错误。

(二)股份有限公司设立的程序

1.发起设立的程序

公司名称预先核准→认购股份→缴清股款→选举董事会、监事会→董事会申请设立登记→公告成立。

2.募集设立的程序

(1)办理公司名称预先核准。

(2)发起人认购股份。

(3)制作招股说明书。

(4)签订承销协议和代收股款协议。

(5)申请批准募股。发起人向社会公开募集股份时,必须向国务院证券监督管理机构递交募股申请,并报送下列主要文件:公司章程;发起人协议;发起人姓名或名称、发起人认购的股份数额、出资种类及验资证明;招股说明书;代收股款银行的名称及地址;承销机构名称及有关协议。法律、行政法规规定设立公司必须报经批准的,还应当提交相应的批准文件。

(6)公开募股。发起人获准募股后,应当公告招股说明书,并制作认股书。认股人按照所认股数缴纳股款。股款募足后,必须经法定验资机构验资并出具证明。

(7)召开创立大会。发行股份的股款缴足后,发起人应当自股款缴足之日起三十日内主持召开公司创立大会。创立大会由发起人、认股人组成。发起人应当在创立大会召开十五日前将会议日期通知各认股人或者予以公告。

创立大会应有代表股份总数过半数的发起人、认股人出席,方可举行。

创立大会行使下列职权:①审议发起人关于公司筹办情况的报告;②通过公司章程;③选举董事会成员;④选举监事会成员;⑤对公司的设立费用进行审核;⑥对发起人用于抵作股款的财产的作价进行审核;⑦发生不可抗力或者经营条件发生重大变化直接影响公司设立的,可以作出不设立公司的决议。

创立大会对前款所列事项作出决议,必须经出席会议的认股人所持表决权过半数通过。

(8)申请设立登记。董事会应于创立大会结束后三十日内,申请设立登记。经公司登记机关核准发给《企业法人营业执照》,公司即告成立。

(9)公告。股份有限公司应该在其设立登记被核准后三十日内发布公告,并应当将其募集股份的情况报国务院证券监督管理机构备案。

(三)股份有限公司发起人的义务和责任

1.发起人的出资义务与责任

(1)以发起设立方式设立股份有限公司的,发起人应当书面认足公司章程规定其认购的股份,并按照公司章程规定缴纳出资。以非货币资产出资的,应当依法办理其财产权的转移手续。发起人不依照前款规定缴纳出资的,应当按照发起人协议承担违约责任。发起人认足公司章程规定的出资后,应当选举董事会和监事会,由董事会向公司登记机关报送公司章程以及法律、行政法规规定的其他文件,申请设立登记。

(2)以募集设立方式设立股份有限公司的,发起人认购的股份不得少于公司股份总数的百分之三十五。但是,法律、行政法规另有规定的,从其规定。

(3)股份有限公司成立后,发起人未按照公司章程的规定缴足出资的,应当补缴;其他发起人承担连带责任。股份有限公司成立后,发现作为设立公司出资的非货币资产的实际价额显著低于公司章程所定价额的,应当由交付该出资的发起人补足其差额;其他发起人承担连带责任。

> **法条链接:**
> 《公司法》第八十四条规定:"以募集设立方式设立股份有限公司的,发起人认购的股份不得少于公司股份总数的百分之三十五;但是,法律、行政法规另有规定的,从其规定。"

2.发起人的其他责任

(1)公司不能成立时,对设立行为所产生的债务和费用负连带责任。

(2)公司不能成立时,对认股人已缴纳的股款,负返还股款并加算银行同期存款利息的连带责任。

(3)在公司设立过程中,由于发起人的过失致使公司利益受到损害的,应当对公司承担赔偿责任。

二、股份有限公司的组织机构

(一)股东大会

1.股东大会的性质和组成

股份有限公司的股东大会由全体股东组成,股东大会是公司的权力机构。

2.股东大会的职权

股份有限公司股东大会的职权同有限责任公司股东会的职权。

3.股东大会的召开

股东大会会议分为股东大会年会和股东大会临时会议。股东大会应当每年召开一次年会。有下列情形之一的,应当在两个月内召开临时股东大会:

(1)董事人数不足《公司法》规定人数或者公司章程所定人数的三分之二时;

(2)公司未弥补的亏损达实收股本总额的三分之一时;

(3)单独或者合计持有公司百分之十以上股份的股东请求时;

(4)董事会认为必要时;

> **法条链接:**
> 《公司法》第九十八条规定:"股份有限公司股东大会由全体股东组成。股东大会是公司的权力机构,依照本法行使职权。"

(5)监事会提议召开时；
(6)公司章程规定的其他情形。

4.股东大会的召集和主持
股东大会会议由董事会召集，董事长主持；董事长不能履行职务或者不履行职务的，由副董事长主持；副董事长不能履行职务或者不履行职务的，由半数以上董事共同推举一名董事主持。董事会不能履行或者不履行召集股东大会会议职责的，监事会应当及时召集和主持；监事会不召集和主持的，连续九十日以上单独或者合计持有公司百分之十以上股份的股东可以自行召集和主持。

5.股东大会的保障措施
召开股东大会会议，应当将会议召开的时间、地点和审议的事项于会议召开二十日前通知各股东；临时股东大会应当于会议召开十五日前通知各股东；发行无记名股票的，应当于会议召开三十日前公告会议召开的时间、地点和审议事项。

单独或者合计持有公司百分之三以上股份的股东，可以在股东大会召开十日前提出临时提案并书面提交董事会；董事会应当在收到提案后二日内通知其他股东，并将该临时提案提交股东大会审议。临时提案的内容应当属于股东大会职权范围，并有明确议题和具体决议事项。

股东大会不得对通知中未列明的事项作出决议。

无记名股票持有人出席股东大会会议的，应当于会议召开五日前至股东大会闭会时将股票交存于公司。

6.股东大会的决议
股东出席股东大会会议，所持每一股份有一表决权。但是，公司持有的本公司股份没有表决权。股东大会作出决议，必须经出席会议的股东所持表决权过半数通过。

股东大会作出修改公司章程、增加或者减少注册资本的决议，以及公司合并、分立、解散或者变更公司形式的决议，必须经出席会议的股东所持表决权的三分之二以上通过。

《公司法》和公司章程规定公司转让、受让重大资产或者对外提供担保等事项必须经股东大会作出决议的，董事会应当及时召集股东大会会议，由股东大会就上述事项进行表决。

股东大会选举董事、监事，可以依照公司章程的规定或者股东大会的决议，实行累积投票制。累积投票制，是指股东大会选举董事或者监事时，每一股份拥有与应选董事或者监事人数相同的表决权，股东拥有的表决权可以集中使用。

股东可以委托代理人出席股东大会会议，代理人应当向公司提交股东授权委托书，并在授权范围内行使表决权。

股东大会应当对所议事项的决定作成会议记录，主持人、出席会议的董事应当在会议记录上签名。会议记录应当与出席股东的签名册及代理出席的委托书一并保存。

法条链接：
《公司法》第一百零三条规定："股东出席股东大会会议，所持每一股份有一表决权。但是，公司持有的本公司股份没有表决权。股东大会作出决议，必须经出席会议的股东所持表决权过半数通过。但是，股东大会作出修改公司章程、增加或者减少注册资本的决议，以及公司合并、分立、解散或者变更公司形式的决议，必须经出席会议的股东所持表决权的三分之二以上通过。"

法条链接：
《公司法》第一百零五条第一款规定："股东大会选举董事、监事，可以根据公司章程的规定或者股东大会的决议实行累积投票制。"

⚠ **特别提示 4-12**　股东大会的签名主体是主持人、出席会议的董事。

(二) 董事会

1. 董事会的性质和组成

股份有限公司董事会是公司的经营决策和业务执行机构,依法对公司进行经营和管理。

股份有限公司设董事会,其成员为五人至十九人。董事会成员中可以有公司职工代表。董事会中的职工代表由公司职工通过职工代表大会、职工大会或者其他形式民主选举产生。

董事会设董事长一人,可以设副董事长。董事长和副董事长由董事会以全体董事的过半数选举产生。

董事任期每届不得超过三年。

2. 董事会的职权

股份有限公司董事会职权的规定同有限责任公司。

3. 董事会会议的召开

董事会每年度至少召开两次会议,每次会议应当于会议召开十日前通知全体董事和监事。代表十分之一以上表决权的股东、三分之一以上董事或者监事,可以提议召开董事会临时会议。董事长应当自接到提议后十日内,召集和主持董事会会议。董事会召开临时会议,可以另定召集董事会的通知方式和通知时限。

董事长召集和主持董事会会议,检查董事会决议的实施情况。副董事长协助董事长工作,董事长不能履行职务或者不履行职务的,由副董事长履行职务;副董事长不能履行职务或者不履行职务的,由半数以上董事共同推举一名董事履行职务。

4. 董事会会议的决议

董事会会议应有过半数的董事出席方可举行。董事会作出决议,必须经全体董事的过半数通过。

董事会决议的表决,实行一人一票。

董事会会议应由董事本人出席;董事因故不能出席,可以书面委托其他董事代为出席,委托书中应载明授权范围。

董事会应当对会议所议事项的决定作成会议记录,出席会议的董事应当在会议记录上签名。

董事应当对董事会的决议承担责任。

(三) 经理

股份有限公司设经理,由董事会决定聘任或解聘。

《公司法》关于有限责任公司经理职权的规定,适用于股份有限公司经理。

(四) 监事会

1. 监事会的性质和组成

监事会是股份有限公司的监督机构。

股份有限公司设监事会,其成员不得少于三人。监事会应当包括股东代表和适当比例的公司职工代表,其中职工代表的比例不得低于三分之一,具体比例由公司章程规定。监事会中的职工代表由公司职工通过职工代表大会、职工大会或者其他形式民主选举产生。

监事会设主席一人,可以设副主席。监事会主席和副主席由全体监事过半数选举产生。

2.监事会的职权

有限责任公司监事会职权的规定,适用于股份有限公司监事会。监事会行使职权所必需的费用由公司承担。

3.监事会会议的召开和议事规则

监事会每六个月至少召开一次会议。监事可以提议召开临时监事会会议。

监事会主席召集和主持监事会会议;监事会主席不能履行职务或者不履行职务的,由监事会副主席召集和主持监事会会议;监事会副主席不能履行职务或者不履行职务的,由半数以上监事共同推举一名监事召集和主持监事会会议。

董事、高级管理人员不得兼任监事。

【例4-6】 某市经济协作发展公司与长征汽车集团公司(私营)等3家公司订立了以募集方式设立某汽车配件股份有限公司的发起人协议,公司注册资本5 000万元。同年,省有关部门批准同意组建该公司。3家发起人公司按协议制定章程,认购部分股份,起草招股说明书,签订股票承销协议、代收股款协议,经国务院证券监督管理机构批准,向社会公开募股。因为该汽车配件股份有限公司发展前景光明,所以股份募集顺利,发行股份股款缴足后经约定的验资机构验资证明后,发起人认为已完成任务,迟迟不召开创立大会,经股民强烈要求才在2个月后召开创立大会,发起人为图省事,只通知了代表股份总数的1/3以上的发起人、认股人出席,会议决定了一些法定事项。

请分析:(1)该汽车配件股份有限公司的募集设立是否存在问题?

(2)本案中召开创立大会的程序存在什么问题?

【解析】 (1)《公司法》第七十八条规定,设立股份有限公司,应当有二人以上二百人以下为发起人,其中须有半数以上的发起人在中国境内有住所。本案中,发起人有三家公司,符合法定条件。

(2)关于创立大会,《公司法》第八十九条、第九十条规定,发起股份的股款缴足后,必须经法定的验资机构验资并出具证明,发起人应当在三十日内召开公司创立大会,创立大会由发起人、认股人组成。创立大会应有代表股份总数过半数的发起人、认股人出席,方可举行。本案中,该汽车配件股份有限公司的发起人在股款缴足并验资后不及时召开创立大会,拖延两个月,损害了股东与公司的利益。同时,创立大会的股东人数低于法定比例,创立大会的组成不合法。

法条链接:

《公司法》第一百二十五条规定:"股份有限公司的资本划分为股份,每一股的金额相等。公司的股份采取股票的形式。股票是公司签发的证明股东所持股份的凭证。"

三、股份有限公司股份的发行与转让

(一)股份有限公司股份的发行

1.股份和股票的概念

股份是指按照相等金额或者相同比例,平均划分公司资本的基本计量单位,它是股份有限公司资本的构成单位,是股东权利与义务的产生根据。

股份具有如下特征:①股份一律平等;②股份不可分割;③股份可以转让;④股份表现为有价证券,具有流通性。

股票是股份的表现形式,是股份有限公司签发的证明股东权利和义务的要式有价证券。股票与股份有密切联系,股份是股票的价值内容,股票是股份的存在形式。

2.股票的形式和种类

股票必须以一定的形式表现出来,明示股份的价值、股票种类等事项。《公司法》第一百二十八条规定,股票采用纸面形式或者国务院证券监督管理机构规定的其他形式。

股票作为一种要式有价证券,应当载明下列有关事项:①公司名称;②公司成立日期;③股票种类、票面金额及代表的股份数;④股票的编号。股票由法定代表人签名,公司盖章。发起人的股票,应当标明发起人股票字样。

法条链接:《公司法》第一百三十二条规定:"股份有限公司成立后,即向股东正式交付股票。公司成立前不得向股东交付股票。"

《公司法》第一百二十九条规定,公司发行的股票,可以为记名股票,也可以为无记名股票。

记名股票是指代表股份的股票明确记载了股东姓名和名称。公司向发起人、法人发行的股票,应当为记名股票,并应当记载该发起人、法人的姓名或名称,不得另立户名或者以代表人姓名记名。

无记名股票,是指股东姓名或名称不记载于股票票面的股份,持有股票者即享有股东权,较记名股票易于流通。

3.股份发行的原则

股份的发行,实行公平、公正的原则,同种类的每一股份应当具有同等权利。同次发行的同种类股份,每股的发行条件和价格应当相同;任何单位或者个人所认购的股份,每股应当支付相同价额。

4.股票发行的价格

股票发行价格可以按票面金额,也可以超过票面金额,但不得低于票面金额。

(二)股份有限公司股份的转让

1.股份的转让规则

《公司法》第一百三十七条规定,股东持有的股份可以依法转让,其主要体现在:

(1)转让场所。股东转让其股份,应当在依法设立的证券交易所进行或者按照国务院规定的其他方式进行。

(2)转让方式。记名股票由股东以背书方式或者法律、行政法规规定的其他方式转让;转让后由公司将受让人的姓名或者名称及住所记载于股东名册。股东大会召开前二十日内或者公司决定分配股利的基准日前五日内,不得进行前款规定的股东名册的变更登记。但是,法律对上市公司股东名册变更登记另有规定的,从其规定。

无记名股票的转让,由股东将该股票交付给受让人后即发生转让的效力。

2.对特殊主体转让股份的限制性规定

(1)发起人持有的本公司股份,自公司成立之日起一年内不得转让。公司公开发行股份前已发行的股份,自公司股票在证券交易所上市交易之日起一年内不得转让。

(2)公司董事、监事、高级管理人员应当向公司申报所持有的本公司的股份及其变动情况;在任职期间每年转让的股份不得超过其所持有本公司股份总数的百分之二十五;所持本公司股份自公司股票上市交易之日起一年内不得转让。上述人员离职后半年内,不得转让其所持有的本公司股份。公司章程可以对公司董事、监事、高级管理人员转让其所持有的本公司股份作出其他限制性规定。

(3)公司不得收购本公司股份。但是,有下列情形之一的除外:
①减少公司注册资本;
②与持有本公司股份的其他公司合并;
③将股份用于员工持股计划或者股权激励;
④股东因对股东大会作出的公司合并、分立决议持异议,要求公司收购其股份;
⑤将股份用于转换上市公司发行的可转换为股票的公司债券;
⑥上市公司为维护公司价值及股东权益所必需。

公司不得接受本公司的股票作为质押权的标的。

四、上市公司组织机构的特别规定

上市公司是指其股票在证券交易所上市交易的股份有限公司。为了规范上市公司,《公司法》对上市公司的组织机构作出了特别的规定。

(一)上市公司重大事项决策制度

上市公司在一年内购买、出售重大资产或者担保金额超过公司资产总额百分之三十的,应当由股东大会作出决议,并经出席会议的股东所持表决权的三分之二以上通过。

(二)独立董事制度

上市公司设立独立董事。上市公司独立董事是指不在公司担任除董事外的其他职务,并与其任职的上市公司及其主要股东不存在可能妨碍其进行独立客观判断的关系的董事。

(三)董事会秘书制度

上市公司设董事会秘书,负责公司股东大会和董事会会议的筹备、文件保管以及公司股东资料的管理、办理信息披露事务等事宜。

(四)关联董事的回避制度

上市公司董事与董事会会议决议事项所涉及的企业有关联关系的,不得对该项决议行使表决权,也不得代理其他董事行使表决权。该董事会会议由过半数的无关联关系董事出席即可举行,董事会会议所作决议须经无关联关系董事过半数通过。出席董事会的无关联关系董事人数不足三人的,应将该事项提交上市公司股东大会审议。

第五节 公司的董事、监事和高级管理人员

高级管理人员是指公司的经理、副经理、财务负责人,上市公司董事会秘书和公司章程规定的其他人员。

【例4-7】 下列属于公司高级管理人员的是( )。
A.财务部门经理　　　　　　　　B.会计
C.董事会秘书　　　　　　　　　D.董事长秘书

【解析】 A。A属于财务负责人,属于公司高级管理人员;B错误,会计不是财务部门负责人;C错误,上市公司的董事会秘书是高级管理人员,非上市公司的董事会秘书则不一定是高级管理人员;D错误,董事长秘书不是公司高级管理人员。

> ⚠ **特别提示4-13** 高级管理人员是和董事、监事并列的概念,没有包含的关系;财务负责人不可以是一般的财务工作人员。

公司的董事、监事和高级管理人员是公司业务的实际执行者,负责公司的经营与运作。为确保这些主体能够履行、忠实法律和公司交付的各项职责,并使其行为与公司的利益保持一致,《公司法》规定了这些人员的任职资格和忠实义务、勤勉义务。

一、公司的董事、监事和高级管理人员的资格

有下列情形之一的,不得担任公司的董事、监事和高级管理人员:

(1)无民事行为能力或者限制民事行为能力;

(2)因贪污、贿赂、侵占财产、挪用财产或者破坏社会主义市场经济秩序,被判处刑罚,执行期满未逾五年,或者因犯罪被剥夺政治权利,执行期满未逾五年;

(3)担任破产清算的公司、企业的董事或者厂长、经理,对该公司、企业的破产负有个人责任的,自该公司、企业破产清算完结之日起未逾三年;

(4)担任因违法被吊销营业执照、责令关闭的公司、企业的法定代表人,并负有个人责任的,自该公司、企业被吊销营业执照之日起未逾三年;

(5)个人所负数额较大的债务到期未清偿。

公司违反上述规定选举、委派董事、监事或者聘任高级管理人员的,该选举、委派或者聘任无效。董事、监事、高级管理人员在任职期间出现上述所列情形的,公司应当解除其职务。

二、公司的董事、监事和高级管理人员的义务

(一)董事、高级管理人员对公司的忠实义务

董事、高级管理人员不得有下列行为:
(1)挪用公司资金;
(2)将公司资金以其个人名义或者以其他个人名义开立账户存储;
(3)违反公司章程的规定,未经股东会、股东大会或者董事会同意,将公司资金借贷给他人或者以公司财产为他人提供担保;
(4)违反公司章程的规定或者未经股东会、股东大会同意,与本公司订立合同或者进行交易;
(5)未经股东会或者股东大会同意,利用职务便利为自己或者他人谋取属于公司的商业机会,自营或者为他人经营与所任职公司同类的业务;
(6)接受他人与公司交易的佣金归为己有;
(7)擅自披露公司秘密;
(8)违反对公司忠实义务的其他行为。
董事、高级管理人员违反上述规定所得的收入应当归公司所有。

【例4-8】 刘某是甲有限责任公司的董事兼总经理,该公司主要经营计算机销售业务。任职期间,刘某代理乙公司从国外进口的一批计算机并将其销售给丙公司,甲公司得知后提出异议。本案应如何认定和处理?

【解析】《公司法》规定,董事、高级管理人员未经股东会或者股东大会同意,不得自营或者为他人经营与所任职公司同类的业务,其违反上述规定所得的收入应当归公司所有。

(二)董事、监事、高级管理人员对公司的特别忠实义务

公司不得直接或通过子公司向董事、监事、高级管理人员提供借款。公司应当定期向股东披露董事、监事、高级管理人员从公司获得报酬的情况。

(三)董事、监事、高级管理人员对公司的赔偿责任

董事、监事、高级管理人员执行公司职务时违反法律、行政法规或者公司章程的规定,给公司造成损失的,应当承担赔偿责任。

(四)董事、监事、高级管理人员对公司的其他义务和责任

股东会或者股东大会要求董事、监事、高级管理人员列席会议的,董事、监事、高级管理人员应当列席并接受股东的质询。董事、高级管理人员应当如实向监事会或者不设监事会的有限责任公司的监事提供有关情况和资料,不得妨碍监事会或者监事行使职权。

法条链接:
《公司法》第一百四十九条规定:"董事、监事、高级管理人员执行公司职务时违反法律、行政法规或者公司章程的规定,给公司造成损失的,应当承担赔偿责任。"

三、股东诉讼

为保护股东权益,《公司法》第二十二条规定,公司股东会或者股东大会、董事会的决议内容违反法律、行政法规的无效。股东会或者股东大会、董事会的召集程序、表决方式违反法律、行政法规或者公司章程,或者决议内容违反公司章程的,股东可以自决议作出之日起六十日内,请求人民法院撤销。股东据此规定提起诉讼的,人民法院可以应公司的请求,要求股东提供相应担保。

1.通过监事会或监事提起诉讼维权

董事、高级管理人员执行公司职务时违反法律、行政法规或公司章程的规定,给公司造成损失的,有限责任公司的股东、股份有限公司连续一百八十日以上单独或者合计持有公司百分之一以上股份的股东,可以书面请求监事会或者不设监事会的有限责任公司的监事向人民法院提起诉讼。

2.通过董事会或董事提起诉讼维权

监事执行公司职务时违反法律、行政法规或公司章程的规定,给公司造成损失的,有限责任公司的股东、股份有限公司连续一百八十日以上单独或者合计持有公司百分之一以上股份的股东,可以书面请求董事会或者不设董事会的有限责任公司的执行董事向人民法院提起诉讼。

3.股东直接维权

监事会、不设监事会的有限责任公司的监事,或者董事会、执行董事收到有限责任公司的股东、股份有限公司连续一百八十日以上单独或者合计持有公司百分之一以上股份的股东的书面请求后拒绝提起诉讼,或者自收到请求之日起三十日内未提起诉讼,或者情况紧急、不立即提起诉讼将会使公司利益受到难以弥补的损害的,上述规定的股东有权为了公司的利益以自己的名义直接向人民法院提起诉讼。

他人侵犯公司合法权益,给公司造成损失的,有限责任公司的股东、股份有限公司连续一百八十日以上单独或者合计持有公司百分之一以上股份的股东可以按照前文规定向人民法院提起诉讼。

第六节 公司债券和公司财务会计制度

一、公司债券

(一)公司债券的概念

公司债券是指公司依照法定条件和程序发行的,约定在一定期限还本付息的有价证券。

(二)公司债券的种类

1.记名债券和无记名债券

以是否在公司债券上记载持有人的姓名或名称为标准,将公司债券划分为记名债券和无记名债券。记名债券的登记结算机构应当建立债券登记、存管、付息、兑付等相关制度。

2. 转换公司债券和非转换公司债券

以能否转换成股票为标准,将公司债券划分为转换公司债券和非转换公司债券。

上市公司经股东大会决议可以发行可转换为股票的公司债券,并在公司债券募集办法中规定具体的转换办法。上市公司发行可转换为股票的公司债券,应当报国务院证券监督管理机构核准。发行可转换为股票的公司债券,应当在债券上标明可转换公司债券字样,并在公司债券存根簿上载明可转换公司债券的数额。发行可转换为股票的公司债券的,公司应当按照其转换办法向债券持有人换发股票,但债券持有人对转换股票或者不转换股票有选择权。

法条链接:
《公司法》第一百五十五条规定:"公司以实物券方式发行公司债券的,必须在债券上载明公司名称、债券票面金额、利率、偿还期限等事项,并由法定代表人签名,公司盖章。"

(三)公司债券发行的条件

(1)股份有限公司的净资产不低于人民币三千万元,有限责任公司的净资产不低于人民币六千万元。

(2)累计债券余额不超过公司净资产的百分之四十。

> ⚠ **特别提示 4-14** 净资产是指公司以其总资产减去其负债的余额。

(3)最近三年平均可分配利润足以支付公司债券一年的利息。
(4)筹集的资金投向符合国家产业政策。
(5)债券的利率不超过国务院限定的利率水平。
(6)国务院规定的其他条件。

公开发行公司债券筹集的资金,必须用于核准的用途,不得用于弥补亏损和非生产性支出。

知识拓展
不得再次发行公司债券的情形

(四)公司债券发行的程序

(1)由公司的权力机关作出决议。
(2)报请国务院有关部门批准。
(3)公告公司债券募集办法。
(4)公司债券的承销。
(5)认购并缴纳公司债券债款。
(6)置备公司债券存根簿。

二、公司财务会计制度

公司应当依照法律、行政法规和国务院财政部门的规定建立本公司的财务会计制度。

法条链接:
《公司法》第一百七十条规定:"公司应当向聘用的会计师事务所提供真实、完整的会计凭证、会计账簿、财务会计报告及其他会计资料,不得拒绝、隐匿、谎报。"

(一)财务会计报告制度

公司应当在每一会计年度终了时编制财务会计报告,并依法经会计师事务所审计。财务会计报告应当依照法律、行政法规和国务院财政部门的规定制作。有限责任公司应当依照公司章程规定的期限将财务会计报告送交各股东。股份有限公司的财务会计报告应当在召开股东大会年会的二十日前置备于本公司,供股东查阅;公开发行股票的股份有限公司必须公告其财务会计报告。

(二)公积金制度

公积金是指企业根据法律和企业章程的规定提留备用,不作为股利分配的部分所得和收益。

根据公积金的来源不同,可将其分为盈余公积金和资本公积金。根据公积金的提留是否为法律上的强制性规定,可将其分为法定公积金和任意公积金。

1.公积金的提取

公司分配当年税后利润时,应当提取利润的百分之十列入法定公积金。法定公积金累计额为公司注册资本百分之五十以上的,可以不再提取。

公司的法定公积金不足以弥补以前年度亏损的,在依照上述规定提取法定公积金之前,应当先用当年利润弥补亏损。

公司从税后利润中提取法定公积金后,经股东会或者股东大会决议,还可以从税后利润中提取任意公积金。

2.资本公积金的构成

股份有限公司以超过股票票面金额的发行价格发行股份所得的溢价款以及国务院财政部门规定列入资本公积金的其他收入,应当列为公司资本公积金。

3.公积金的用途

公司的公积金用于弥补公司的亏损、扩大公司生产经营或者转为增加公司资本。但是,资本公积金不得用于弥补公司的亏损。

法定公积金转为资本时,所留存的该项公积金不得少于转增前公司注册资本的百分之二十五。

(三)公司与中介机构的关系

1.聘请程序

公司聘用、解聘承办公司审计业务的会计师事务所,依照公司章程的规定,由股东会、股东大会或者董事会决定。

2.赔偿责任

承担资产评估、验资或验证的机构因其出具的评估结果、验资或者验证证明不实,给公司债权人造成损失的,除能够证明自己没有过错的外,在其评估或者证明不实的金额范围内承担赔偿责任。

第七节　公司合并、分立、解散和清算

一、公司合并

(一)公司合并的概念

公司合并是指两个以上的公司依照法定程序变更为一个公司的法律行为。

公司合并可以采取吸收合并或者新设合并。一个公司吸收其他公司为吸收合并，被吸收的公司解散。两个以上公司合并设立一个新的公司为新设合并，原合并各方解散，取消原法人资格。

(二)公司合并的程序

1.合并协议和决议

公司合并，应当由合并各方签订合并协议，并编制资产负债表及财产清单，然后由股东大会(或股东会)作出批准与否的决议。

2.通知和公告

公司应当自作出合并决议之日起十日内通知债权人，并于三十日内在报纸上公告。

3.清偿债务或提供担保

债权人自接到通知书之日起三十日内，未接到通知书的债权人自公告之日起四十五日内，可以要求公司清偿债务或者提供相应的担保。

4.登记

公司的合并完成以上程序后，应当向公司登记机关办理变更、注销或设立登记。

5.债务承担

公司合并时，合并各方的债权、债务，应当由合并后存续的公司或者新设的公司承继。

【例 4-9】 A 有限责任公司由甲、乙股东投资设立，B 有限责任公司由丙、丁投资设立。2018 年，A 有限责任公司被 B 有限责任公司合并，股东为甲、乙、丙、丁。合并前，A 有限责任公司尚有六百万元债务未偿还。合并完成后，该债务应由谁偿还？

【解析】 公司合并时，合并各方的债权、债务，应当由合并后存续的公司或者新设的公司承继。所以该债务应当由 B 有限责任公司偿还。

二、公司分立

(一)公司分立的概念

公司分立是指一个公司依法分为两个或两个以上的公司。

法条链接：

《公司法》第一百七十二条规定："公司合并可以采取吸收合并或者新设合并。一个公司吸收其他公司为吸收合并，被吸收的公司解散。两个以上公司合并设立一个新的公司为新设合并，合并各方解散。"

公司分立的方式一般有两种：一是派生分立，即公司以其部分财产和业务另设立新的公司，原公司存续；二是新设分立，即公司的全部财产分别归入两个或两个以上新设立的公司，原公司解散。

(二)公司分立的程序

1.分立协议与决议

公司分立应当编制资产负债表及财产清单，然后由股东大会(或股东会)作出批准与否的决议。

2.通知和公告

公司应当自作出分立决议之日起十日内通知债权人，并于三十日内在报纸上公告。

3.登记

公司的分立完成以上程序后，应当向公司登记机关办理登记。

4.债务承担

公司分立前的债务由分立后的公司承担连带责任。但是，公司在分立前与债权人就债务清偿达成的书面协议另有约定的除外。

三、公司解散

(一)公司解散的概念

公司解散是指公司因发生章程规定或法律规定的解散事由而停止业务活动，最终失去法律人格的法律行为。

(二)公司解散的原因

(1)公司章程规定的营业期限届满或者公司章程规定的其他解散事由出现。

(2)股东会或者股东大会决议解散。

(3)因公司合并或者分立需要解散。

(4)依法被吊销营业执照、责令关闭或者被撤销。

(5)股东请求法院解散公司。公司经营管理发生严重困难，继续存续会使股东利益受到重大损失，通过其他途径不能解决的，持有公司全部股东表决权百分之十以上的股东，可以请求人民法院解散公司。

(三)公司免于解散而存续

公司章程规定的营业期限届满或者公司章程规定的其他解散事由出现时，可以通过修改公司章程而使公司存续。对此种章程的修改，有限责任公司须经持有三分之二以上表决权的股东通过，股份有限公司须经出席股东大会会议的股东所持表决权的三分之二以上通过。

四、公司清算

公司清算是指解散的公司清理债权债务、分配剩余财产、了结公司的法律关系，从而使公司法人资格归于消灭的程序。除公司合并、分立外,其他公司解散的情形都需要清算。

(一)成立清算组

应当在解散事由出现之日起十五日内成立清算组,开始清算。

有限责任公司的清算组由股东组成,股份有限公司的清算组由董事或者股东大会确定的人员组成。逾期不成立清算组进行清算的,债权人可以申请人民法院指定有关人员组成清算组进行清算。人民法院应当受理该申请,并及时组织清算组进行清算。

(二)清算组的职权

(1)清理公司财产,分别编制资产负债表和财产清单。
(2)通知、公告债权人。
(3)处理与清算有关的公司未了结的业务。
(4)清缴所欠税款以及清算过程中产生的税款。
(5)清理债权、债务。
(6)处理公司清偿债务后的剩余财产。
(7)代表公司参与民事诉讼活动。

(三)清算程序

1.通知和公告

清算组应当自成立之日起十日内通知债权人,并于六十日内在报纸上公告。债权人应当自接到通知书之日起三十日内,未接到通知书的自公告之日起四十五日内,向清算组申报其债权。

2.制订清算方案和处分公司财产

清算组在清理公司财产、编制资产负债表和财产清单后,应当制订清算方案,并报股东会、股东大会或者人民法院确认。

公司财产在分别支付清算费用、职工的工资、社会保险费用和法定补偿金,缴纳所欠税款,清偿公司债务后的剩余财产,有限责任公司按照股东的出资比例分配,股份有限公司按照股东持有的股份比例分配。

3.申请注销

公司清算结束后,清算组应当制作清算报告,报股东会、股东大会或者人民法院确认,并报送公司登记机关,申请注销公司登记,公告公司终止。

课后思考题

1.简述有限责任公司设立的条件及其组织机构的构成。
2.什么是一人有限责任公司?其风险防范措施有哪些?
3.简述股份有限公司设立的条件及其组织机构的构成。
4.比较股份有限公司和有限责任公司的法律特征。
5.公司董事、监事、高级管理人员的资格和义务有哪些具体规定?
6.什么是公司债券?公司债券有哪些种类?发行公司债券的主体和条件是什么?
7.简述上市公司的特别法律规定。

课后案例

【背景资料】 单某为某市电器商场股份有限公司董事兼总经理。2020年11月,单某以本市百货公司名义从国外进口一批家电产品,共计价值80多万元。之后,单某将该批家电产品销售给了本市五金交化公司。电器商场董事会得知此事后,认为单某身为本公司董事兼总经理,负有竞业禁止义务,不得经营与本公司同类的业务,单某的行为违反了有关法律规定,该销售行为应属无效。于是,决议责成单某取消该销售合同,而将该批家电产品由电器商场买下。五金交化公司认为,该批家电产品的买卖,是在本公司与百货公司之间进行的,与电器商场无关。合同的成立基于双方当事人意思表示一致,而且合同的内容不违法,所以是有效的。至于单某作为电器商场董事而经营与电器商场相同的业务,属于电器商场的内部事务,与百货公司和五金交化公司无关。双方争执不下,电器商场遂诉至人民法院。法院查明,单某曾于2019年12月以电器商场一幢楼房为电器商场的第四大股东——本市建筑工程公司的债务提供担保;于2019年10月将自己的一辆小轿车卖给电器商场。

【问题】
1. 单某买卖家电的行为是否合法?为什么?
2. 电器商场的主张有依据吗?为什么?
3. 对单某买卖家电的行为应如何处理?
4. 对单某为建筑工程公司提供担保的行为,电器商场可能作出哪些处理?
5. 单某卖小轿车给电器商场的行为是否有效?为什么?

企业破产法

内容提示

1. 企业破产法的适用范围
2. 破产申请和受理
3. 破产管理人
4. 债务人财产
5. 破产费用和共益债务
6. 债权申报和债权人会议
7. 重整与和解
8. 破产清算

学习目标

【掌握】 破产界限;破产的申请与受理;破产管理人的职责;破产财产;破产费用与共益债务;债权申报的要求;债权人会议的职权和决议;重整计划的制订和执行;和解的效力和终止;破产财产的分配。

【了解】 破产管理人的组成;债权人会议的组成;破产宣告;破产程序的终结。

思政目标

引导学生自觉弘扬和践行企业破产法所倡导的诚信、公平等社会主义核心价值观,培养学生维护社会公平正义之心,引导社会风尚。

课前案例导入

【背景资料】 H市A化工厂是一家国有企业法人,主要生产化肥,其拥有固定资产3 000多万元,现有职工近千人。由于化肥市场竞争激烈,自2017年以来,A化工厂连续亏损。虽然采取一系列挽救措施,但由于企业设备老化,产品单一,加上管理方面的原因,没有收到预期的效果,最终被迫停产。至2021年A化工厂累计负债22 000万元,企业无力清偿到期债务,无力生存下去。在这种情况下,A化工厂向H市中级人民法院申请破产。

【问题】
1. A化工厂的破产原因是什么?
2. A化工厂要申请破产,哪个法院有管辖权?
3. A化工厂需要向人民法院提交哪些材料?
4. 除了A化工厂外,还有哪些主体可以向法院申请A化工厂破产?

第一节 企业破产法概述

一、破产的概念

破产是在债务人不能清偿到期债务,并且资产不足以清偿全部债务或者明显缺乏清偿能力的情况下,由人民法院主持强制执行其全部财产公平清偿全体债权人的法律制度。

二、企业破产法的概念

企业破产法是指在企业法人不能清偿到期债务,并且资产不足以清偿全部债务或者明显缺乏清偿能力的情况下,人民法院强制对其全部财产清算分配,公平清偿债权人,或通过和解、整顿延缓清偿债务,避免企业法人破产的法律规范的总称。

企业破产法有广义和狭义之分。狭义的企业破产法仅指2006年8月27日第十届全国人民代表大会常务委员会第二十三次会议通过的《中华人民共和国企业破产法》(以下简称《企业破产法》),该法自2007年6月1日起实施。广义的企业破产法还包括以避免企业法人破产为主要目的的各种和解与重整方面的法律规范。现代意义上的企业破产法均指广义而言。

法条链接:
《企业破产法》第一条规定:"为规范企业破产程序,公平清理债权债务,保护债权人和债务人的合法权益,维护社会主义市场经济秩序,制定本法。"

三、企业破产法的适用范围

企业破产法适用于所有的企业法人,不论是国有企业、私有企业,还是外资企业;不论是有限责任公司,还是股份有限公司。依照企业破产法开始的破产程序,对债务人在中华人民共和国领域外的财产发生效力。

第二节　破产申请和受理

一、破产界限

破产界限是指人民法院据以宣告债务人破产的法律标准,亦称破产原因。

企业法人不能清偿到期债务,并且资产不足以清偿全部债务或者明显缺乏清偿能力的,依照企业破产法的规定清理债务。企业法人有上述规定情形的,或者有明显丧失清偿能力可能的,可以依照企业破产法的规定进行重整。

> **法条链接:**
> 《企业破产法》第二条规定:"企业法人不能清偿到期债务,并且资产不足以清偿全部债务或者明显缺乏清偿能力的,依照本法规定清理债务。企业法人有前款规定情形,或者有明显丧失清偿能力可能的,可以依照本法规定进行重整。"

二、破产申请

(一)破产申请的主体

只有债权人和债务人才是合格的破产申请人。因此,破产案件的申请分为三类:一是债权人申请;二是债务人申请;三是依法负有清算责任的人申请。

> ⚠ **特别提示 5-1**　在企业破产法中,如无特殊指明,债务人指的就是破产企业;所谓依法负有清算责任的人,如银监会对某些金融机构的破产负有相应的清算责任。

(二)破产案件的管辖

破产申请应向对破产案件有管辖权的人民法院提出。企业破产案件由债务人住所地人民法院管辖。

(三)破产申请的形式

破产申请应当采用书面形式。

债务人提出破产申请时,应当向人民法院提交破产申请书并提交财产状况说明、债务清册、债权清册、有关财务会计报告、职工安置预案及职工工资的支付和社会保险费用的缴纳情况等。

三、破产受理

债权人提出破产申请的,人民法院应当自收到申请之日起五日内通知债务人。债务人对申请有异议的,应当自收到人民法院通知之日起七日内向人民法院提出。人民法院应当自异议期满之日起十日内裁定是否受理。

人民法院受理破产申请的,应当自裁定作出之日起五日内送达申请人。债权人提出申请的,人民法院应当自裁定作出之日起五日内送达债务人。债务人应当自裁定送达之日起十五日内,向人民法院提交财产状况说明、债务清册、债权清册、有关财务会计报告以及职工工资的支付和社会保险费用的缴纳情况。人民法院裁定受理破产申请的,应当同时指定管理人。

第三节 破产管理人

一、管理人的概念

管理人也称破产管理人,是人民法院依法受理破产申请的同时指定的全面接管破产企业并负责破产财产的保管、清理、估价、处理和分配,总管破产事务的人。

二、管理人的产生和组成

(一)管理人的产生

《企业破产法》第二十二条规定,管理人由人民法院指定。债权人会议认为管理人不能依法、公正地执行职务或者有其他不能胜任职务情形的,可以申请人民法院予以更换。管理人没有正当理由不得辞去职务。管理人辞去职务应当经人民法院许可。管理人的报酬由人民法院确定。

【例 5-1】 根据《企业破产法》的规定,下列关于管理人产生的表述中,正确的是( )。
A.人民法院指定　　　　　　B.债权人会议选举
C.债权人会议聘请　　　　　D.市场监督管理部门组织成立

【解析】 A。《企业破产法》第二十二条规定,管理人由人民法院指定。

(二)管理人的组成

《企业破产法》第二十四条规定,管理人可以由有关部门、机构的人员组成的清算组或者依法设立的律师事务所、会计师事务所、破产清算事务所等社会中介机构担任。管理人除了可以由有关组织担任外,也可以由自然人担任。

⚠️ **特别提示 5-2**　清算组就是管理人中的一种,管理人也可以由自然人担任,小企业的破产由一个人担任管理人是完全可以的。

三、管理人的职责

《企业破产法》第二十五条规定,管理人履行下列职责:
(1)接管债务人的财产、印章和账簿、文书等资料;
(2)调查债务人财产状况,制作财产状况报告;
(3)决定债务人的内部管理事务;
(4)决定债务人的日常开支和其他必要开支;

管理人履行职责的限制

(5)在第一次债权人会议召开之前,决定继续或者停止债务人的营业;
(6)管理和处分债务人的财产;
(7)代表债务人参加诉讼、仲裁或者其他法律程序;
(8)提议召开债权人会议;
(9)人民法院认为管理人应当履行的其他职责。
《企业破产法》对管理人的职责另有规定的,适用其规定。

【例5-2】 根据《企业破产法》的规定,决定继续或者停止债务人营业的是( )。
A.人民法院　　　　B.债权人会议　　　　C.管理人　　　　D.工商行政管理部门
【解析】 A。《企业破产法》第二十五条规定,在第一次债权人会议召开之前,管理人决定继续或者停止债务人的营业。

第四节　债务人财产

一、债务人财产的概念及范围

债务人财产是指破产申请受理时属于债务人的全部财产,以及破产申请受理后至破产程序终结前债务人取得的财产。

以人民法院受理破产申请为标准,债务人财产包括以下三个部分:
(1)破产申请受理时属于债务人的全部财产,包括动产、不动产、财产权利。
(2)破产申请受理后至破产程序终结前债务人取得的财产,包括动产、不动产、财产权利。
(3)应当由破产企业行使的其他财产权利。

二、破产撤销权

(一)破产撤销权的概念

破产撤销权是指因债务人实施的减少其财产的行为危及债权人的债权时,管理人可以请求人民法院撤销该行为的权利。设立破产撤销权制度的目的在于恢复债务人财产,防止因债务人对财产的不当处理损害债权人的利益,最大限度地确保债权人债权的实现。

(二)可撤销行为

《企业破产法》第三十一规定,人民法院受理破产申请前一年内,涉及债务人财产的下列行为,管理人有权请求人民法院予以撤销:
(1)无偿转让财产的;
(2)以明显不合理的价格进行交易的;
(3)对没有财产担保的债务提供财产担保的;
(4)对未到期的债务提前清偿的;
(5)放弃债权的。

(三)破产撤销权的行使

破产撤销权的行使应当符合下列要求:
(1)必须由管理人行使破产撤销权;

(2)可撤销的行为必须发生在人民法院受理破产申请前一年内,超过一年的,债务人即使发生上述行为,也不属于可撤销的行为。

经管理人的请求,被人民法院撤销的行为即归于消灭。如果据此取得财产,管理人有权予以追回。对于已领受债务人财产的第三人,应负有返还财产的义务,原物不存在时,应折价赔偿。

(四)个别清偿的撤销

人民法院受理破产申请前六个月内,债务人有不能清偿到期债务,并且资产不足以清偿全部债务或者明显缺乏清偿能力,仍对个别债权人进行清偿的,管理人有权请求人民法院予以撤销。但是,个别清偿使债务人财产受益的除外。

【例 5-3】 假设法院于 2020 年 9 月 10 日受理某企业法人破产案件,12 月 10 日作出破产宣告裁定。在破产企业清算时,下列选项中,管理人可依法行使破产撤销权的有( )。

A.该企业于 2019 年 3 月 1 日对应于同年 10 月 1 日到期的债务提前予以清偿

B.该企业上级主管部门于 2019 年 4 月 1 日从该企业无偿调出价值 10 万元的机器设备一套

C.该企业于 2020 年 5 月 8 日与其债务人签订协议,放弃其 15 万元的债权

D.该企业于 2019 年 9 月 1 日将价值 25 万元的车辆作价 8 万元转让他人

【解析】 C。A、B、D 选项中企业行为发生的时间均不在人民法院受理破产申请前 1 年内。

三、债务人的无效行为

《企业破产法》第三十三条规定,涉及债务人财产的下列行为无效:
(1)为逃避债务而隐匿、转移财产的;
(2)虚构债务或者承认不真实的债务的。

四、破产抵销权

破产抵销权是指当事人双方互负债务,又互享债权,各自以自己的债权充抵对方所负债务,使自己的债务与对方的债务在等额内消灭的制度。

《企业破产法》第四十条规定,有下列情形之一的,不得抵销:
(1)债务人的债务人在破产申请受理后取得他人对债务人的债权的;
(2)债权人已知债务人有不能清偿到期债务或者破产申请的事实,对债务人负担债务的;但是,债权人因为法律规定或者有破产申请一年前所发生的原因而负担债务的除外;
(3)债务人的债务人已知债务人有不能清偿到期债务或者破产申请的事实,对债务人取得债权的;但是,债务人的债务人因为法律规定或者有破产申请一年前所发生的原因而取得债权的除外。

法条链接:
《企业破产法》第四十条规定:"债权人在破产申请受理前对债务人负有债务的,可以向管理人主张抵销。"

五、其他由管理人依法处理的债务人财产

（1）人民法院受理破产申请后，债务人的出资人尚未完全履行出资义务的，管理人应当要求该出资人缴纳所认缴的出资，而不受出资期限的限制。

（2）债务人的董事、监事和高级管理人员利用职权从企业获取的非正常收入和侵占的企业财产，管理人应当追回。

（3）人民法院受理破产申请后，管理人可以通过清偿债务或者提供为债权人接受的担保，取回质物、留置物。

（4）人民法院受理破产申请后，债务人占有的不属于债务人的财产，该财产的权利人可以通过管理人取回。但是，《企业破产法》另有规定的除外。

（5）人民法院受理破产申请时，出卖人已将买卖标的物向作为买受人的债务人发运，债务人尚未收到且未付清全部价款的，出卖人可以取回在运途中的标的物。但是，管理人可以支付全部价款，请求出卖人交付标的物。

第五节　破产费用和共益债务

一、破产费用

破产费用是指人民法院受理破产申请后，为破产程序的顺利进行及对债务人财产的管理、变价、分配过程中，必须支付的且用债务人财产优先支付的费用。

人民法院受理破产申请后发生的下列费用为破产费用：
(1)破产案件的诉讼费用。包括调查费、公告送达费、财产保全费、鉴定费等；
(2)管理、变价和分配债务人财产的费用；
(3)管理人执行职务的费用、报酬和聘用工作人员的费用。

二、共益债务

共益债务是指人民法院受理破产申请后，管理人为全体债权人的共同利益，管理债务人财产时所负担或产生的债务，以及因债务人财产而产生的、以债务人财产优先支付的债务。

> ⚠ **特别提示 5-3**　上述事项若发生在案件受理之前，则只能按照普通债权来清偿，就是最后清偿；因此，上述事项发生的时间必须在破产案件受理之后，才能属于共益债务，获得最优先清偿的待遇。

三、破产费用和共益债务的清偿

《企业破产法》第四十三条规定,破产费用和共益债务的清偿,按照下列原则进行:

(1)破产费用和共益债务由债务人财产随时清偿;

(2)债务人财产不足以清偿所有破产费用和共益债务的,先行清偿破产费用;

(3)债务人财产不足以清偿所有破产费用或者共益债务的,按照比例清偿;

(4)债务人财产不足以清偿破产费用的,管理人应当提请人民法院终结破产程序。人民法院应当自收到请求之日起十五日内裁定终结破产程序,并予以公告。

第六节 债权申报

一、债权申报的概念

债权申报是指债权人在接到人民法院的破产申请受理裁定通知或者公告后,在法定期限内向人民法院申请登记债权,以取得破产债权人地位的行为。债权人在法定期限内申报了债权即成为破产债权人,因而享有破产债权人的权利,但是如未在法定期限内申报债权,则视为放弃债权。

二、债权申报的期限

债权申报期限自人民法院发布受理破产申请公告之日起计算,最短不得少于三十日,最长不得超过三个月。对于案件较为简单、债权人较少的,可以确定较短的申报期限,但不得短于三十日;对于案件较为复杂、债权人数较多且涉及金额巨大的,可以确定较长的申报期限,但不得长于三个月。

债权人也可以在破产最后分配前补充申报。

三、债权申报的要求

债权人申报债权时,应当按照下列要求进行:

(1)未到期的债权,在破产申请受理时视为到期。附利息的债权自破产申请受理时起停止计息。

(2)附条件、附期限的债权和诉讼、仲裁未决的债权,债权人可以申报。

(3)债权人应当在人民法院确定的债权申报期限内向管理人申报债权。

(4)债权人申报债权时,应当书面说明债权的数额和有无财产担保,并提交有关证据。申报的债权是连带债权的,应当说明。

(5)连带债权人可以由其中一人代表全体连带债权人申报债权,也可以共同申报债权。

知识拓展
债权人不必申报的债权

(6)债务人的保证人或其他连带债务人已经代替债务人清偿债务的,以其对债务人的求偿权申报债权。债务人的保证人或其他连带债务人尚未代替债务人清偿债务的,以其对债务人的将来求偿权申报债权。但是,债权人已经向管理人申报全部债权的除外。

(7)连带债务人数人被裁定适用企业破产法规定程序的,其债权人有权就全部债权分别在各破产案件中申报债权。

(8)管理人或者债务人依照企业破产法规定解除合同的,对方当事人以因合同解除所产生的损害赔偿请求权申报债权。

(9)债务人是委托合同的委托人,被裁定适用企业破产法规定的程序,受托人不知该事实,继续处理委托事务的,受托人以由此产生的请求权申报债权。

(10)债务人是票据的出票人,被裁定适用企业破产法规定的程序,该票据的付款人继续付款或者承兑的,付款人以由此产生的请求权申报债权。

【例5-4】 下列有关债权申报的表述中,符合企业破产法规定的有( )。

A.债务人所欠职工的工资和医疗、伤残补助、抚恤费用不必申报,由管理人调查后列出清单并予以公告

B.债务人的保证人或其他连带债务人已经代替债务人清偿债务的,以其对债务人的求偿权申报债权

C.管理人或者债务人依照规定解除合同的,对方当事人以因合同解除所产生的损害赔偿请求权申报债权

D.债务人是票据的出票人,被裁定适用企业破产法规定的程序,该票据的付款人继续付款或者承兑的,付款人以由此产生的请求权申报债权

【解析】 A、B、C、D。四个选项均符合企业破产法中债权人申报债权的要求。

第七节 债权人会议

一、债权人会议的性质

债权人会议是破产程序中全体债权人的自治性组织,以维护债权人共同利益为目的,讨论决定有关破产事宜,是表达债权人意志的机构。

二、债权人会议的组成

《企业破产法》第五十九条规定,依法申报债权的债权人为债权人会议的成员,有权参加债权人会议,享有表决权。债权人会议设主席一人,由人民法院从有表决权的债权人中指定,债权人会议主席主持债权人会议。

三、债权人会议的召集

第一次债权人会议由人民法院召集,自债权申报期限届满之日起十五日内召开,由人民

法院主持。第一次债权人会议以后的债权人会议,在人民法院认为必要时,或者管理人、债权人委员会、占债权总额四分之一以上的债权人向债权人会议主席提议时召开。

召开债权人会议,管理人应当提前十五日将会议的时间、地点、内容、目的等事项通知已知的债权人。

四、债权人会议的职权

《企业破产法》第六十一条规定,债权人会议行使下列职权:
(1)核查债权;
(2)申请人民法院更换管理人,审查管理人的费用和报酬;
(3)监督管理人;
(4)选任和更换债权人委员会成员;
(5)决定继续或者停止债务人的营业;
(6)通过重整计划;
(7)通过和解协议;
(8)通过债务人财产的管理方案;
(9)通过破产财产的变价方案;
(10)通过破产财产的分配方案;
(11)人民法院认为应当由债权人会议行使的其他职权。

债权人会议所议事项都是破产程序中的重大事项,应当对所议事项的决议作成会议记录,以备今后查阅。

五、债权人会议的决议

债权人会议的决议,由出席会议的有表决权的债权人过半数通过,并且其所代表的债权额占无财产担保债权总额的二分之一以上。但企业破产法另有规定的除外。债权人会议的决议,对全体债权人均有法律约束力。

《企业破产法》第八十四条和第九十七条还规定了特殊情况下的决议:
(1)通过重整计划草案的决议,按债权类型分组进行表决,由出席会议同一表决组的债权人过半数同意,并且其所代表的债权额占该组债权总额的三分之二以上的,为该组通过。各表决组均通过时,重整计划即通过。
(2)通过和解协议草案的决议,由出席会议的有表决权的债权人过半数通过,并且其所代表的债权额占无财产担保债权总额的三分之二以上。

六、债权人委员会

债权人会议可以决定设立债权人委员会。由于债权人会议是债权人的非常设机构,在闭会期间无法行使其权利,不足以保护全体债权人的利益。因此债权人会议可以根据实际情况决定设立债权人委员会,专门行使日常监督权。

第八节 重整与和解

一、重整

(一)重整的概念

重整是指当企业法人不能清偿到期债务时,不立即进行破产清算,而是在人民法院的主持下,由债务人与债权人达成协议,制订债务人重整计划,债务人继续营业,并在一定期限内全部或部分清偿债务的制度。

(二)重整计划草案的制订、决议、批准和执行

1.重整计划草案的制订

(1)重整计划草案由债务人或管理人制订。

(2)重整计划草案应当在法定期限内制订。债务人或者管理人应当自人民法院裁定债务人重整之日起六个月内,同时向人民法院和债权人会议提交重整计划草案。上述规定的期限届满后,经债务人或者管理人请求,有正当理由的,人民法院可以裁定延期三个月。

债务人或者管理人未按期提出重整计划草案的,人民法院应当裁定终止重整程序,并宣告债务人破产。

(3)重整计划草案的内容。重整计划草案应当包括下列内容:①债务人的经营方案;②债权分类;③债权调整方案;④债权受偿方案;⑤重整计划的执行期限;⑥重整计划执行的监督期限;⑦有利于债务人重整的其他方案。

2.重整计划草案的决议和批准

人民法院应当自收到重整计划草案之日起三十日内召开债权人会议,对重整计划草案进行表决。出席会议的同一表决组的债权人过半数同意重整计划草案,并且其所代表的债权额占该组债权总额的三分之二以上的,即为该组通过重整计划草案,各表决组均通过重整计划草案时,重整计划即通过。此外,人民法院在必要时可以决定在普通债权组中设大、小额债权组对重整计划草案进行表决。重整计划草案未获得通过且未依照《企业破产法》的规定获得批准,或者已通过的重整计划未获得批准的,人民法院应当裁定终止重整程序,并宣告债务人破产。

债权人对重整计划草案进行表决的依据

⚠️ **特别提示 5-4** 重整期间的限制性规范,可以总结为:限制别除权(有担保债权)、取回权、分红权和股权转让权,而且可以设定新担保。

(三)重整计划的执行

1.重整计划由债务人负责执行

重整计划由债务人负责执行的主要原因是债务人最了解企业的经营和财务状况,更易于执行重整计划。

2.重整计划的执行由管理人监督

《企业破产法》第九十条规定,自人民法院裁定批准重整计划之日起,在重整计划规定的监督期内,由管理人监督重整计划的执行。

3.重整计划执行的终止

债务人不能执行或者不执行重整计划的,人民法院经管理人或者利害关系人请求,应当裁定终止重整计划的执行,并宣告债务人破产。

按照重整计划减免的债务,自重整计划执行完毕时起,债务人不再承担清偿责任。

二、和解

(一)和解的概念

和解是指具备破产原因的债务人,为了避免破产清算,而与债权人会议达成协商解决债务的协议的制度。

和解并非人民法院作出破产宣告的必经程序,是否和解完全依债务双方当事人意思而定。

(二)和解申请

债务人可以依照《企业破产法》的规定,直接向人民法院申请和解;也可以在人民法院受理破产申请后、宣告债务人破产前,向人民法院申请和解。债务人申请和解,应当提出和解协议草案。

【例5-5】 关于和解的申请,下列说法正确的是( )。
A.债务人不能直接向人民法院申请和解
B.债务人可以直接向人民法院申请和解
C.债务人可以在人民法院受理破产申请后、宣告债务人破产前,向人民法院申请和解
D.债务人在人民法院受理破产申请后不能向人民法院申请和解

【解析】 B、C。《企业破产法》第九十五条规定,债务人可以依照本法规定,直接向人民法院申请和解;也可以在人民法院受理破产申请后、宣告债务人破产前,向人民法院申请和解。

(三)和解协议的效力

和解协议的法律效力体现在以下几个方面:

(1)经人民法院裁定认可的和解协议,对债务人和全体和解债权人均有约束力。

(2)和解债权人对债务人的保证人和其他连带债务人所享有的权利,不受和解协议的影响。

(3)债务人应当按照和解协议规定的条件清偿债务。

(4)和解协议无强制执行效力。如债务人不履行协议,债权人不能请求人民法院强制执行,只能请求人民法院终止和解协议的执行,宣告其破产。

知识拓展
债务人不能执行或者不执行和解协议的行为

(四)和解协议的终止

(1)因债务人的欺诈或者其他违法行为而成立的和解协议,人民法院应

当裁定无效,并宣告债务人破产。

(2)债务人不能执行或者不执行和解协议的,人民法院经和解债权人请求,应当裁定终止和解协议的执行,并宣告债务人破产。

按照和解协议减免的债务,自和解协议执行完毕时起,债务人不再承担清偿责任。

人民法院受理破产申请后,债务人与全体债权人就债权、债务的处理自行达成协议的,可以请求人民法院裁定认可,并终结破产程序。

第九节 破产清算

一、破产宣告

破产宣告是人民法院依据当事人的申请或法定职权裁定宣告债务人破产以清偿债务的活动。

有下列情形之一的,人民法院应当以书面裁定宣告债务人企业破产:

(1)企业不能清偿到期债务,又不具备法律规定的不予宣告破产条件的;

(2)企业被人民法院依法裁定终止重整程序的;

(3)企业被人民法院依法裁定终止和解协议执行的。

人民法院依法宣告债务人破产的,应当自裁定作出之日起五日内送达债务人和管理人,自裁定作出之日起十日内通知已知债权人,并予以公告。

债务人被宣告破产后,债务人称为破产人,债务人财产称为破产财产,人民法院受理破产申请时对债务人享有的债权称为破产债权。

《企业破产法》第一百零八条规定,破产宣告前,有下列情形之一的,人民法院应当裁定终结破产程序,并予以公告:

(1)第三人为债务人提供足额担保或者为债务人清偿全部到期债务的;

(2)债务人已清偿全部到期债务的。

二、破产财产的变价

(一)由管理人及时拟订破产财产变价方案

《企业破产法》第一百一十一条规定,管理人应当及时拟订破产财产变价方案。但是破产财产变价方案关系破产案件当事人,尤其是债权人的利益,因此,管理人拟订的破产财产变价方案,应提交债权人会议讨论。

(二)破产财产变价方案的执行

管理人应当按照债权人会议通过的或者人民法院依法裁定的破产财产变价方案,适时变价出售破产财产。

(三)破产财产变价出售的方式

《企业破产法》第一百一十二条对破产财产变价出售作出如下规定:

(1)变价出售破产财产应当通过拍卖进行;

(2)破产企业可以全部或者部分变价出售;

(3)按照国家规定不能拍卖或者限制转让的财产,应当按照国家规定的方式处理。

三、破产财产的分配

(一)破产财产的分配顺序

1.破产财产优先清偿破产费用和共益债务

破产费用可随时用破产财产支付,破产财产不足以支付破产费用的,人民法院根据管理人的申请裁定终结破产程序。

2.破产财产在清偿破产费用和共益债务后的清偿顺序

(1)破产人所欠职工的工资和医疗、伤残补助、抚恤费用,所欠的应当划入职工个人账户的基本养老保险、基本医疗保险费用,以及法律、行政法规规定应当支付给职工的补偿金。

(2)破产人欠缴的除前项规定以外的社会保险费用和破产人所欠税款。

(3)普通破产债权。

破产财产不足以清偿同一顺序的清偿要求的,按照比例分配。

(二)破产财产的分配方案

管理人应当及时拟订破产财产分配方案,破产财产分配方案应当载明下列事项:

(1)参加破产财产分配的债权人名称或者姓名、住所;

(2)参加破产财产分配的债权额;

(3)可供分配的破产财产数额;

(4)破产财产分配的顺序、比例及数额;

(5)实施破产财产分配的方法。

(三)破产财产分配方案的实施

破产财产分配方案经人民法院裁定认可后,由管理人执行。管理人按照破产财产分配方案实施多次分配的,应当公告本次分配的财产额和债权额。管理人实施最后分配的,应当在公告中指明。

四、破产程序的终结

破产程序的终结又称破产程序的终止,是指人民法院受理破产案件后,在出现法定事由时,由人民法院依法裁定终结破产程序,结束破产案件的审理。

(一)破产程序终结的事由

(1)债务人财产不足以清偿破产费用的,管理人应当提请人民法院终结破产程序。

(2)人民法院受理破产申请后,债务人与全体债权人就债权、债务的处理自行达成协议的,可以请求人民法院裁定认可,并终结破产程序。

(3)破产人无财产可供分配的,管理人应当请求人民法院裁定终结破产程序。

(4)破产财产分配完毕。

(二)破产程序终结的裁定

破产程序的终结必须由人民法院依法作出裁定。人民法院应当自收到管理人终结破产程序的请求之日起十五日内作出是否终结破产程序的裁定。裁定终结的,应当予以公告。

管理人应当自破产程序终结之日起十日内,持人民法院终结破产程序的裁定,向破产人的原登记机关办理注销登记。管理人于办理注销登记完毕的次日终止执行职务。但是,存在诉讼或者仲裁未决情况的除外。

(三)破产财产的追加分配

破产程序终结后,债权人通过破产分配未能得到清偿的债权不再予以清偿,破产企业未偿清余债的责任依法免除。但是,自破产程序依法终结之日起二年内,有下列情形之一的,债权人可以请求人民法院按照破产财产分配方案进行追加分配:

(1)发现有依照规定应当追回的财产的。
(2)发现破产人有应当供分配的其他财产的。

有上述规定情形,但财产数量不足以支付分配费用的,不再进行追加分配,由人民法院将其上交国库。

破产人的保证人和其他连带债务人,在破产程序终结后,对债权人依照破产清算程序未受清偿的债权,依法继续承担清偿责任。

知识拓展

企业破产程序终结后应当追回的财产

课后思考题

1. 如何理解《企业破产法》规定的破产界限?
2. 债权人和债务人在什么情况下可以依法向人民法院提出破产申请?
3. 什么是撤销权和抵销权?在什么情况下可以依法行使撤销权和抵销权?
4. 债权人会议如何通过重整计划?
5. 和解协议的效力表现在哪些方面?
6. 破产企业的财产如何进行分配?

课后案例

【背景资料】 甲国有企业被人民法院宣告破产,有关清算情况如下:企业资产总额400万元,其中已经作为债务担保的厂房可以变现价值80万元,该厂房所担保的债务金额50万元。企业负债总额800万元,其中,应缴税金15万元,应付职工工资15万元、社会保险费5万元,应缴工商部门罚款5万元。破产费用共计20万元。

【问题】
1. 该企业的破产财产是多少?
2. 破产债权是多少?
3. 应如何对破产财产进行分配?

第六章

合同法律制度

内容提示

1. 合同的概念、特征和分类
2. 合同法律制度的基本原则
3. 合同的订立
4. 合同的效力
5. 合同的履行
6. 合同的变更、转让与终止
7. 违约责任
8. 几种具体合同

学习目标

【掌握】合同法律制度的基本原则;合同的基本内容;合同的订立程序;合同的效力;合同履行的规则;合同的抗辩权、代位权、撤销权;赠与合同、借款合同、买卖合同等具体合同的法律规定。

【了解】合同的概念;缔约过失责任;合同违约承担的法律责任;合同的变更、合同权利义务的终止。

思政目标

1. 引导学生自觉弘扬和践行合同法律制度所体现的平等、公正、法治、诚信、敬业等社会主义核心价值观,成为德法兼备的人才。

2. 使学生继承和发扬合同法律制度所体现的"仁""义""信"等中华传统美德,增强文化自信。

3. 培养学生爱岗敬业、诚实守信的职业道德品质以及积极进取、甘于奉献、服务社会的良好职业道德风尚。

课前案例导入

【背景资料】 A公司为大型棉毛制品公司,有两个下属公司:一个为B制衣公司(独立法人),为A公司的子公司;另一个为C制衣公司,为A公司的分公司,已由王某承包,承包协议书明确规定,在承包期间债权债务由王某负责。2020年6月,在某市经贸洽谈会上,A公司董事长李某遇到了某棉纺厂厂长孙某。孙某对李某说其工厂有一批质地良好的棉布待销。李某想到两个下属公司正需要棉布,于是就给孙某牵线介绍。2020年7月该棉纺厂与B、C两个公司分别签订了一份购销合同。该棉纺厂供应各种棉布240包,价值98万元。B公司和C公司为共同需方,各提货120包,价款各为49万元。合同规定货到一个月后付款。但是棉纺厂发货后三个月,B、C两个公司以各种借口拒不付款。于是该棉纺厂以A、B、C三个公司为共同被告起诉至法院,要求其承担违约责任,并支付货款。

【问题】
1. 该合同是否有效?
2. B公司应承担什么责任?与A公司有何关系?
3. C公司应承担什么责任?与A公司有何关系?
4. 法院应如何判决?

第一节 合同法律制度概述

一、合同的概念和特征

合同是民事主体之间设立、变更、终止民事法律关系的协议。
合同具有以下特征:

1.合同一般是双方行为
合同是两个或两个以上民事主体的意思表示一致的产物。

2.合同是民事法律行为
合同是民事主体设立、变更、终止民事权利和义务关系的民事法律行为。

二、合同的分类

(一)有名合同和无名合同

依法律对合同名称是否作出明确规定为标准,将合同分为有名合同与无名合同。由法律作出规定并赋予特定名称的合同,是有名合同。反之,法律未作规定的合同,是无名合同。《中华人民共和国民法典》(以下简称《民法典》)规定了买卖合同等19种有名合同。除法律明文规定的合同种类以外的其他合同,属于无名合同。有名合同与无名合同的区别主要是法律的适用性不同。前者法律有专门的规定,直接适用。而后者没有专门的规定,可以参照适用。

法条链接: 《民法典》第四百六十三条规定:"本编调整因合同产生的民事关系。"

法条链接: 《民法典》第四百六十四条规定:"合同是民事主体之间设立、变更、终止民事法律关系的协议。

婚姻、收养、监护等有关身份关系的协议,适用有关该身份关系的法律规定;没有规定的,可以根据其性质参照适用本编规定。"

(二) 诺成合同和实践合同

除双方意思表示一致外,依是否需交付标的物才能成立为标准,将合同分为诺成合同和实践合同。诺成合同是指合同当事人意思表示一致时合同即告成立。实践合同是指合同当事人达成合意之外,还需交付标的物或完成其他给付才能成立的合同。合同大多是诺成合同,只有少数是实践合同。诺成合同与实践合同的区别主要是合同成立的条件和时间上的不同。

(三) 要式合同和不要式合同

依法律、法规是否要求必须具备特定形式为标准,将合同分为要式合同和不要式合同。法律要求具备一定的形式才成立的合同,称为要式合同。反之,法律不要求必须具备一定的形式就成立的合同,称为不要式合同。我国法律规定,要式合同包括法律要求采用书面形式的合同,以及要求鉴证或公证的合同,另有少数合同法律要求必须经过国家有关机关审批或者登记。要式合同和不要式合同的区别主要是合同成立的要件不同。

(四) 双务合同和单务合同

依双方是否互负义务,将合同分为双务合同和单务合同。双务合同是当事人双方相互享有权利、负有义务的合同。单务合同是一方只负有义务而不享有权利,另一方只享有权利而不负有义务的合同。双务合同和单务合同的区别主要是确定履行义务的顺序不同。

(五) 有偿合同和无偿合同

依当事人权利的获得是否支付代价为标准,将合同分为有偿合同和无偿合同。双方当事人取得权利互为对价给付的合同为有偿合同。反之,双方当事人取得权利不给付对价的合同为无偿合同。有偿合同和无偿合同的区别主要是当事人的责任不同以及在善意取得的意义上不同。

依不同的划分标准,还可以将合同分为:主合同与从合同;单边合同与双边合同;有效合同、无效合同、可撤销合同和效力待定合同等。

三、合同法律制度及其基本原则

(一) 合同法律制度的概念

合同法律制度是规范市场交易的基本法律制度。2020年5月28日,十三届全国人民代表大会第三次会议表决通过了《中华人民共和国民法典》,自2021年1月1日起施行,《民法典》第三编为合同编,原《中华人民共和国合同法》废止。

(二) 合同法律制度的基本原则

合同法律制度的基本原则是合同当事人在合同活动中应当遵守的基本准则,同时,也是人民法院、仲裁机构在审理、仲裁合同纠纷时应当遵循的原则。

合同法律制度的基本原则包括:自愿原则、公平原则、诚实信用原则、守法原则、不得损害社会公共利益原则。

第二节 合同的订立

一、合同的形式与主要条款

(一)合同的形式

合同的形式是当事人协商一致的表现形式。《民法典》第四百六十九条规定,当事人订立合同,可以采用书面形式、口头形式或者其他形式。书面形式是合同书、信件、电报、电传、传真等可以有形地表现所载内容的形式。以电子数据交换、电子邮件等方式能够有形地表现所载内容,并可以随时调取查用的数据电文,视为书面形式。

(二)合同的主要条款

合同的主要条款即合同的主要内容,它要符合法律的规定。《民法典》第四百七十条规定,合同的内容由当事人约定,一般包括下列条款:①当事人的名称或者姓名和住所;②标的;③数量;④质量;⑤价款或者报酬;⑥履行期限、地点和方式;⑦违约责任;⑧解决争议的方法。当事人可以参照各类合同的示范文本订立合同。根据此规定,合同的这些内容不是所有合同必须有的条款,不是法律的强制性规定。

二、合同的订立程序

合同的订立是指合同当事人之间就合同的主要条款经过协商达成一致的过程。当事人订立合同,可以采取要约、承诺方式或者其他方式。

(一)要约

1.要约与要约邀请

要约是希望和他人订立合同的意思表示。发出要约的当事人称要约人,接受要约的当事人称受要约人。

要约应具备的条件:①要约必须是特定人以订立合同为目的的意思表示;②该意思表示的内容具体确定;③该意思表示应表明经受要约人承诺,要约人即受该意思表示约束。

《民法典》第四百七十三条规定,要约邀请是希望他人向自己发出要约的表示。拍卖公告、招标公告、招股说明书、债券募集办法、基金招募说明书、商业广告和宣传、寄送的价目表等为要约邀请。商业广告和宣传的内容符合要约条件的,构成要约。

2.要约生效的时间

要约生效的时间是指要约从何时开始发生法律效力。以对话方式作出的意思表示,相对人知道其内容时生效。以非对话方式作出的意思表示,到达相对人时生效。以非对话方式作出的采用数据电文形式的意思

法条链接:
《民法典》第四百七十二条规定:"要约是希望和他人订立合同的意思表示,该意思表示应当符合下列条件:
(一)内容具体确定;
(二)表明经受要约人承诺,要约人即受该意思表示约束。"

表示,相对人指定特定系统接收数据电文的,该数据电文进入该特定系统时生效;未指定特定系统的,相对人知道或者应当知道该数据电文进入其系统时生效。当事人对采用数据电文形式的意思表示的生效时间另有约定的,按照其约定。无相对人的意思表示,表示完成时生效。法律另有规定的,依照其规定。

以公告方式作出的意思表示,公告发布时生效。

3.要约的撤回与撤销

要约的撤回是指要约在发生法律效力之前,要约人对要约取消的意思表示。要约的撤销是指要约在发生法律效力之后,受要约人承诺之前,要约人对要约取消的意思表示。要约可以撤回,但撤回要约的通知应当在要约到达受要约人之前到达或者同时到达受要约人。要约可以撤销,《民法典》第四百七十七条规定,撤销要约的意思表示以对话方式作出的,该意思表示的内容应当在受要约人作出承诺之前为受要约人所知道;撤销要约的意思表示以非对话方式作出的,应当在受要约人作出承诺之前到达受要约人。

> ⚠ **特别提示 6-1**　要约可以撤销,但有下列情形之一的除外:①要约人以确定承诺期限或者其他形式明示要约不可撤销;②受要约人有理由认为要约是不可撤销的,并且已经为履行合同做了合理准备工作。

> ⚠ **特别提示 6-2**　要约的撤回与要约的撤销主要区别是:要约的撤回是针对没有生效的要约来讲的;而要约的撤销是针对已经生效的要约来说的。

4.要约的失效

要约的失效是指要约依法丧失法律效力。《民法典》第四百七十八条规定了要约失效的情形:①要约被拒绝;②要约被依法撤销;③承诺期限届满,受要约人未作出承诺;④受要约人对要约的内容作出实质性变更。

(二)承诺

承诺是受要约人同意要约的意思表示。

1.承诺的有效要件

(1)承诺应以明示的方式作出。《民法典》第四百八十条规定,承诺应当以通知的方式作出,但是,根据交易习惯或者要约表明可以通过行为作出承诺的除外。

(2)承诺的内容应当与要约的内容一致。受要约人对要约的内容作出实质性变更的,为新要约。有关合同标的、数量、质量、价格或者报酬、履行期限、履行地点和方式、违约责任和解决争议的方法等内容的变更,是对要约内容的实质性变更。

法条链接:
《民法典》第一百四十条规定:"行为人可以明示或者默示作出意思表示。

沉默只有在有法律规定、当事人约定或者符合当事人之间的交易习惯时,才可以视为意思表示。"

(3)承诺必须由受要约人向要约人发出。
(4)承诺必须在要约确定的期限到达要约人。

2.承诺的生效

以通知方式作出的承诺,生效的时间适用《民法典》第一百三十七条规定。即以对话方式作出的意思表示,相对人知道其内容时生效。以非对话方式作出的意思表示,到达相对人时生效。以非对话方式作出的采用数据电文形式的意思表示,相对人指定特定系统接收数据电文的,该数据电文进入该特定系统时生效;未指定特定系统的,相对人知道或者应当知道该数据电文进入其系统时生效。当事人对采用数据电文形式的意思表示的生效时间另有约定的,按照其约定。

3.承诺的撤回

承诺可以撤回。撤回承诺的通知应当在承诺到达要约人之前或者与承诺通知同时到达要约人时。承诺的撤回,是对没有生效的承诺予以取消。

> **特别提示 6-3** 与要约不同的是:要约可以撤回,也可以撤销,但承诺只能撤回,而不能撤销。因为承诺生效时,合同即告成立。

三、合同成立的要件、时间和地点

(一)合同成立的要件

(1)有订立合同的当事人。
(2)对合同的主要内容达成合意。
(3)经过要约和承诺的订立阶段。

(二)合同成立的时间

由于要约、承诺是合同成立的两个阶段,因此从一般意义上讲,承诺生效的时间就是合同成立的时间。但对于合同成立的时间,《民法典》又作出如下具体的规定:

(1)承诺通知到达要约人时合同成立。
(2)当事人采用合同书形式订立合同的,自当事人均签名、盖章或者按指印时合同成立。
(3)当事人采用信件、数据电文等形式订立合同要求签订确认书的,签订确认书时合同成立。当事人一方通过互联网等信息网络发布的商品或者服务信息符合要约条件的,对方选择该商品或者服务并提交订单成功时合同成立,但是当事人另有约定的除外。
(4)法律、行政法规规定采用书面形式或当事人约定合同应当采用书面形式订立合同,当事人未采用书面形式但一方已经履行主要义务,对方接受时,该合同成立。

法条链接:
《民法典》第四百八十三条规定:"承诺生效时合同成立,但是法律另有规定或者当事人另有约定的除外。"

(5)采用合同书形式订立合同的,签名、盖章或者按指印之前,当事人已经履行主要义务,对方接受时,该合同成立。

(三)合同成立的地点

承诺生效的地点为合同成立的地点。采用数据电文的形式订立合同的,收件人的主营业地为合同成立的地点;没有主营业地的,其所在地为合同成立的地点。当事人另有约定的,按照其约定。当事人采用合同书形式订立合同的,当事人最后签名、盖章或者按指印地点为合同成立的地点。但是当事人另有约定的除外。

(四)实际履行与合同成立的关系

一般来讲,合同成立了才有合同的实际履行。但是,在《民法典》中却规定了两种特殊的情况:

(1)当事人采用合同书形式订立合同的,自当事人均签名、盖章或者按指印时合同成立。在签名、盖章或者按指印之前,当事人一方已经履行主要义务,对方接受时,该合同成立。

(2)法律、行政法规规定或者当事人约定合同应当采用书面形式订立,当事人未采用书面形式但是一方已经履行主要义务,对方接受时,该合同成立。

【例6-1】 甲商场(公司)在广告中称:"我公司现有某型号、某品牌的彩电1 000台,每台优惠售价2 100元,先来先买,欲购从速,售完为止(优惠期10天)。"张某得知此广告后(广告发布后第3天),给甲公司发了一函件称:贵公司的所有彩电,本人均同意购买,其他条件可以商量。该合同是否成立?为什么?

【解析】 关于承诺的方式,《民法典》第四百八十八条规定,承诺的内容应当与要约的内容一致。受要约人对要约的内容作出实质性变更的,为新要约。有关合同标的、数量、质量、价款或者报酬、履行期限、履行地点和方式、违约责任和解决争议方法等的变更,是对要约内容的实质性变更。所以要注意,承诺的方式应当符合要约的要求,否则,承诺成为反要约。

(五)预约合同

当事人约定在将来一定期限内订立合同的认购书、订购书、预订书等,构成预约合同。

当事人一方不履行预约合同约定的订立合同义务的,对方可以请求其承担预约合同的违约责任。

(六)特殊规定

国家根据抢险救灾、疫情防控或者其他需要下达国家订货任务、指令性任务的,有关民事主体之间应当依照有关法律、行政法规规定的权利和义务订立合同。

依照法律、行政法规的规定负有发出要约义务的当事人,应当及时发出合理的要约。

依照法律、行政法规的规定负有作出承诺义务的当事人,不得拒绝对方合理的订立合同要求。

四、缔约过失责任

(一)缔约过失责任的概念

缔约过失责任是指当事人在订立合同过程中,一方当事人因违背其依据诚实信用原则所应负有的义务,而给对方造成损失时,依法应承担的损害赔偿责任。

(二)缔约过失责任的构成要件

1.损失的存在

缔约过失行为使一方当事人遭受了损失。这种损失有两种形态：

(1)信赖利益的损失；

(2)一方在缔约过程中没有尽到照顾、保护义务而造成他方损失。

2.有缔约过失行为

我国法律规定,缔约过失责任是一种过错责任。缔约过失责任中的"过失"包括故意和过失。这种过失表现为违背诚实信用原则。

3.缔约过失行为与损失之间有因果关系

所谓因果关系,即损失是由缔约过失行为造成的,而不是由违约行为或侵权行为造成的。

(三)缔约过失责任的承担

当事人在订立合同过程中有下列情形之一,造成对方损失的,应当承担赔偿责任：

(1)假借订立合同,恶意进行磋商；

(2)故意隐瞒与订立合同有关的重要事实或者提供虚假情况；

(3)有其他违背诚信原则的行为。

法条链接：
《民法典》第五百条规定："当事人在订立合同过程中有下列情形之一,造成对方损失的,应当承担赔偿责任：
(一)假借订立合同,恶意进行磋商；
(二)故意隐瞒与订立合同有关的重要事实或者提供虚假情况；
(三)有其他违背诚实信用原则的行为。"

法条链接：
《民法典》第五百零二条规定："依法成立的合同,自成立时生效,但是法律另有规定或者当事人另有约定的除外。

依照法律、行政法规的规定,合同应当办理批准等手续的,依照其规定。未办理批准等手续影响合同生效的,不影响合同中履行报批等义务条款以及相关条款的效力。应当办理申请批准等手续的当事人未履行义务的,对方可以请求其承担违反该义务的责任。

依照法律、行政法规的规定,合同的变更、转让、解除等情形应当办理批准等手续的,适用前款规定。"

第三节　合同的效力

一、合同效力的概念

合同效力是指合同依法成立之后,对当事人具有的法律约束力。合同作为一种民事法律行为,在其成立之后,其效力通常有生效、无效、可撤销(可变更)、效力待定四种情况。

二、合同生效

(一)合同生效的含义

合同生效是指已经成立的合同在当事人之间产生法律约束力。

(二)合同生效的要件

具备下列条件的民事法律行为有效：

(1)行为人具有相应的民事行为能力；

(2)意思表示真实；

(3)不违反法律、行政法规的强制性规定,不违反公序良俗。

(三)合同成立与合同生效的关系

合同成立是合同生效的前提。合同成立是事实问题,合同生效是法律问题。二者具体关系主要有:

(1)成立时生效。依法成立的合同,自成立时生效。

(2)经批准、登记后生效。如中外合资经营企业合同。

(3)附条件生效。当事人对合同的效力可以约定附条件。附生效条件的合同,自条件成就时生效。附解除条件的合同,自条件成就时失效。当事人为自己的利益不正当地阻止条件成就的,视为条件已经成就;不正当地促成条件成就的,视为条件不成就。

(4)附期限生效。当事人对合同的效力可以约定附期限。附生效期限的合同,自期限届至时生效。附终止期限的合同,自期限届满时失效。

附期限与附条件的区别是:附期限是将来一定能发生的事实;附条件是将来不一定能发生的事实。

三、无效合同

(一)无效合同的概念

无效合同是指虽然成立但违反法律强制性规定而自始不发生法律效力的合同。无效合同具有违法性,是不被法律保护的。

在以下情况下订立的合同为无效合同:

1.虚假意思表示合同

行为人与相对人以虚假的意思表示实施的民事法律行为无效。以虚假的意思表示隐藏的民事法律行为的效力,依照有关法律规定处理。

> ⚠ **特别提示 6-4** 民事法律行为部分无效,不影响其他部分效力的,其他部分仍然有效。

2.恶意串通,损害他人合法权益的合同

行为人与相对人恶意串通,损害他人合法权益的民事法律行为无效。

3.违反法律、法规强制性规定合同

违反法律、行政法规的强制性规定的民事法律行为无效。但是,该强制性规定不导致该民事法律行为无效的除外。

4.违背公序良俗的合同

《民法典》第一百五十三条规定,违背公序良俗的民事法律行为无效。

5.无民事行为能力人订立的合同

《民法典》第一百四十四条规定,无民事行为能力人实施的民事法律行为无效。

法条链接:

《民法典》第一百五十三条规定:"违反法律、行政法规的强制性规定的民事法律行为无效。但是,该强制性规定不导致该民事法律行为无效的除外。

违背公序良俗的民事法律行为无效。"

【例6-2】 甲与乙约定,由甲向乙提供1支"五四"式手枪,价格1 000元,乙于10天后到甲住所提货,货款当面交清。甲、乙双方的约定是否有效?

【解析】 甲、乙双方的约定是无效合同。合同的内容违反了《中华人民共和国刑法》的规定,如果他们实施了约定的行为,则构成危害公共安全罪。

(二)免责条款无效

《民法典》第五百零六条规定,合同中的下列免责条款无效:①造成对方人身伤害的;②因故意或者重大过失造成对方财产损失的。合同当事人在合同中可以约定免责条款,但不得违反上述规定。此规定表明,在合同中当事人可以约定免责条款,而且其遵循的原则应是:免责条款以有效为原则,以无效为例外。

四、可撤销(可变更)合同

(一)可撤销(可变更)合同的概念

可撤销(可变更)的合同是指合同已经成立,但合同当事人的意思表示不真实,可以通过权利人请求,人民法院或者仲裁机构确定后予以变更或者撤销的合同。

(二)可撤销(可变更)合同的类型

1.因重大误解订立的合同

重大误解是指合同当事人一方因自己的过错而对合同的重要内容发生误解。误解既可以是单方面的误解,又可以是双方的误解,其结果是直接影响当事人所应享有的权利和承担的义务。《民法典》第一百四十七条规定,基于重大误解实施的民事法律行为,行为人有权请求人民法院或者仲裁机构予以撤销。

撤销权的消灭

2.在订立合同时显失公平的合同

《民法典》第一百五十一条规定,一方利用对方处于危困状态、缺乏判断能力等情形,致使民事法律行为成立时显失公平的,受损害方有权请求人民法院或者仲裁机构予以撤销。

3.因欺诈、胁迫手段订立的合同

一方以欺诈手段,使对方在违背真实意思的情况下实施的民事法律行为,受欺诈方有权请求人民法院或者仲裁机构予以撤销。

第三人实施欺诈行为,使一方在违背真实意思的情况下实施的民事法律行为,对方知道或者应当知道该欺诈行为的,受欺诈方有权请求人民法院或者仲裁机构予以撤销。

一方或者第三人以胁迫手段,使对方在违背真实意思的情况下实施的民事法律行为,受胁迫方有权请求人民法院或者仲裁机构予以撤销。

⚠ **特别提示6-5** 当事人自民事法律行为发生三日起五年内没有行使撤销权的,撤销权消灭。

五、效力待定合同

(一)效力待定合同的概念

效力待定合同是指虽已成立但欠缺生效要件而使效力处于不确定状态的合同。一般须经权利人追认合同才能生效。

(二)效力待定合同的类型

1.限制民事行为能力人订立的合同

合同作为一种民事法律行为,要求合同当事人必须具有相应的民事行为能力。由于限制民事行为能力人只能独立进行与其年龄、智力、精神状况相应的民事活动,所以其独立签订的合同在主体资格上不符合法律规定,要想使限制民事行为能力人签订的合同具有法律效力,必须经过其法定代理人的同意或追认。

但并非所有限制民事行为能力人签订的合同都必须经过法定代理人的追认才具有法律效力。限制民事行为能力人签订的纯获利益的合同或者与其年龄、智力、精神健康状况相适应而订立的合同,不必经法定代理人追认即具有法律效力。如限制民事行为能力人接受赠与、物质奖励等。

相对人的催告权

2.无权代理人订立的合同

无权代理人订立的合同是指不具有代理权的行为人以被代理人的名义与合同相对人订立的合同。无权代理包括行为人没有代理权的代理、超越代理权的代理或者代理权终止后以被代理人名义实施的代理三种情形。上述三种情形订立的合同是一种效力不确定的合同,而不是绝对无效的合同。虽然行为人的代理权存在瑕疵,但这种瑕疵是可以补正的,可因被代理人的追认而使无权代理行为有效。未经被代理人追认的,对被代理人不发生效力,由行为人承担责任。

> ⚠ **特别提示 6-6** 无处分权人订立的合同,合同法只规定了合同的效力问题,而没有规定所有权的取得问题。

(三)表见代理和越权行为

1.表见代理

表见代理是指代理人虽不具有代理权,但具有代理关系的某些表面要件,这些表面要件足以使无过错的相对人相信其有代理权,从而法律规定该无权代理行为有效。

表见代理的法律后果是被代理人对第三人承担授权责任。表见代理一旦成立,在效果上如同有权代理。

法条链接:

《民法典》第五百零四条规定:"法人的法定代表人或者非法人组织的负责人超越权限订立的合同,除相对人知道或者应当知道其超越权限外,该代表行为有效,订立的合同对法人或者非法人组织发生效力。"

2.越权行为

越权行为也称表见代表,是指法人的法定代表人或者非法人组织的负责人超越权限订立的合同,除相对人知道或者应当知道其超越权限以外,该代表行为有效,订立的合同对法人或者非法人组织发生效力。

越权行为的法律后果是如果合同没有其他无效事由,则表见代表产生的合同有效。

【例6-3】 甲委托乙购买100台电视机,但是,乙未经甲同意,擅自与丙签订了购买200台电视机的合同。乙与丙签订的合同属于什么性质的合同?

【解析】 要结合甲向乙签发的委托书来分析。如果委托书中只写"甲委托乙购买电视机,未写明具体购买台数",则乙向丙购买200台电视机的行为可能构成表见代理,因为丙有理由相信乙有充分的代理权。那么这200台电视机都应该由甲付款,当然,甲付款后可以根据委托合同向乙追偿多买的100台电视机的费用。若委托书中明确写明"只委托乙购买100台电视机",此时另外100台构成无权代理,则甲只需支付100台电视机的费用,多出的100台电视机的费用由乙自己承担。

六、合同无效或被撤销的法律后果

合同被确认无效或被撤销以后,将导致合同自始无效,即从合同成立时起无效。合同无效、被撤销或确定不发生效力后,因该合同取得的财产,应当予以返还;不能返还或者没有必要返还的,应当折价补偿。有过错的一方应当赔偿对方因此所受到的损失,双方都有过错的,应当各自承担相应的责任。法律另有规定的按照其规定。

第四节 合同的履行

一、合同履行的概念和原则

(一)合同履行的概念

合同履行是指当事人应当按照约定全面履行自己的合同义务。合同履行的原则,即按照合同约定全面履行义务并且在履行中要遵守诚信原则。

(二)合同履行的原则

1.全面履行原则

全面履行原则也称适当履行原则或正确履行原则,是当事人依照合同规定的标的及其质量、数量,由适当的主体在适当的履行期限、履行地

法条链接:
《民法典》第五百零九条规定:"当事人应当按照约定全面履行自己的义务。

当事人应当遵循诚信原则,根据合同的性质、目的和交易习惯履行通知、协助、保密等义务。

当事人在履行合同过程中,应当避免浪费资源、污染环境和破坏生态。"

点,以适当的履行方式,全面完成合同义务的履行原则。按照全面履行原则,当事人既要全面履行合同义务,又要正确适当地履行合同义务。

2.诚信原则

诚信原则是指民事主体在从事经济活动时,应诚实守信,以善意的方式履行其义务,不得滥用权力及规避法律或者合同规定的义务。当事人要遵循诚信原则,根据合同的性质、目的和交易习惯履行通知、协助、保密等义务。当事人在履行合同过程中,应当避免浪费资源、污染环境和破坏生态。

二、合同履行的规则

合同履行中债务人的选择权

(一)当事人就合同内容没有约定或约定不明确时的履行规则

(1)质量要求不明确的,按照强制性国家标准履行;没有强制性国家标准的,按照推荐性国家标准履行;没有推荐性国家标准的,按照行业标准履行;没有国家标准、行业标准的,按照通常标准或者符合合同目的的特定标准履行。

(2)价款或者报酬不明确的,按照订立合同时履行地的市场价格履行;依法应当执行政府定价或者政府指导价的,依照规定履行。

(3)履行地点不明确,给付货币的,在接受货币一方所在地履行;交付不动产的,在不动产所在地履行;其他标的,在履行义务一方所在地履行。

(4)履行期限不明确的,债务人可以随时履行,债权人也可以随时请求履行,但是应当给对方必要的准备时间。

(5)履行方式不明确的,按照有利于实现合同目的的方式履行。

(6)履行费用的负担不明确的,由履行义务一方负担;因债权人原因增加的履行费用,由债权人负担。

法条链接:
《民法典》第五百一十条规定:"合同生效后,当事人就质量、价款或者报酬、履行地点等内容没有约定或者约定不明确的,可以协议补充;不能达成补充协议的,按照合同相关条款或者交易习惯确定。"

(二)执行政府定价或者政府指导价的合同的履行规则

执行政府定价或者政府指导价的,在合同约定的交付期限内政府价格调整时,按照交付时的价格计价。逾期交付标的物的,遇价格上涨时,按照原价格执行;价格下降时,按照新价格执行。逾期提取标的物或者逾期付款的,遇价格上涨时,按照新价格执行;价格下降时,按照原价格执行。

(三)涉及第三人的合同履行

(1)当事人约定由债务人向第三人履行债务,债务人未向第三人履行债务或者履行债务不符合约定的,应当向债权人承担违约责任。法律规定或者当事人约定第三人可以直接请求债务人向其履行债务,第三人未在合理期限内明确拒绝,债务人未向第三人履行债务或者履行债务不符合约定的,第三人可以请求债务人承担违约责任;债务人对债权人的抗辩,可以向第三人主张。

(2)当事人约定由第三人向债权人履行债务,第三人不履行债务或者履行债务不符合约定的,债务人应当向债权人承担违约责任。

(3)债务人不履行债务,第三人对履行该债务具有合法利益的,第三人有权向债权人代为履行;但是,根据债务性质、按照当事人约定或者依照法律规定只能由债务人履行的除外。

债权人接受第三人履行后,其对债务人的债权转让给第三人,但是债务人和第三人另有约定的除外。

(四)电子合同的履行

通过互联网等信息网络订立的电子合同的标的为交付商品并采用快递物流方式交付的,收货人的签收时间为交付时间。电子合同的标的为提供服务的,生成的电子凭证或者实物凭证中载明的时间为提供服务时间;前述凭证没有载明时间或者载明时间与实际提供服务时间不一致的,以实际提供服务的时间为准。

电子合同的标的物为采用在线传输方式交付的,合同标的物进入对方当事人指定的特定系统且能够检索识别的时间为交付时间。

电子合同当事人对交付商品或者提供服务的方式、时间另有约定的,按照其约定。

三、合同履行中的抗辩权

(一)同时履行抗辩权

同时履行抗辩权是指没有先后履行顺序的双务合同当事人,一方在对方未为对待给付之前,拒绝履行的权利。

同时履行抗辩权的行使必须符合下列条件:①合同是同一双务合同,当事人双方因同一双务合同互负债务;②当事人没有约定合同履行的先后顺序;③双方债务已届清偿期;④一方当事人有证据证明应同时履行义务的对方当事人未履行或者未适当履行合同;⑤对方的对待给付是可能履行的。

> ⚠ **特别提示 6-7** 同时履行抗辩权只是暂时阻止对方当事人请求权的行使,非永久性的抗辩权。当对方当事人履行了合同义务,同时履行抗辩权就消灭,主张抗辩权的当事人就应当履行自己的义务。

(二)后履行抗辩权

后履行抗辩权是指合同当事人互负债务,有先后履行顺序,先履行一方未履行,后履行一方有权拒绝其履行请求;或者先履行的一方履行债务不符合合同的约定,后履行一方也有权拒绝其相应的履行请求。

后履行抗辩权的行使必须符合下列条件:①合同是同一双务合同产生互负债务;②当事人明确约定履行先后顺序;③先履行方未履行债务或者履行债务不符合约定。

> ⚠ **特别提示 6-8** 后履行抗辩权属于后履行义务方所享有的,所以也有人称之为"先履行抗辩权"。

(三) 不安抗辩权

不安抗辩权是指双务合同当事人一方依据合同规定须先为履行,在后履行方难以作出对待履行以前可以拒绝履行的权利。

不安抗辩权的行使应具备以下条件:①双方当事人因同一双务合同互负债务;②当事人明确约定履行先后顺序;③后履行义务的当事人履行能力明显下降,丧失或可能丧失履行债务的能力;④后履行义务的当事人未提供适当担保。

《民法典》第五百二十七条对不安抗辩权的行使作出了严格的限制,应当先履行债务的当事人,有确切证据证明对方有下列情形之一的,可以中止履行:①经营状况严重恶化;②转移财产、抽逃资金,以逃避债务;③丧失商业信誉;④有丧失或者可能丧失履行债务能力的其他情形。

从上述规定可以看出,应当先履行义务的当事人只有在确切证据证明对方丧失或可能丧失履约能力时,才能中止履行合同。没有确切证据而中止履行的,应当承担违约责任。在诉讼或仲裁中,主张不安抗辩权一方应负举证责任。

当事人行使不安抗辩权依法中止合同履行的,应当及时通知对方。对方提供适当担保时,应当恢复履行。中止履行后,对方在合理期限内未恢复履行能力,也未提供适当担保的,视为以自己的行为表明不履行主要债务,中止履行的一方可以解除合同,并可以要求对方承担违约责任。

【例6-4】 甲企业与乙企业订立一份买卖合同,双方约定由甲企业向乙企业提供一批生产用原材料,总货款为50万元,货到付款。甲企业最迟于6月底之前发货。5月份,甲企业在报纸上得知乙企业为逃避债务,私自转移财产,被法院依法查封并扣押财产的消息,于是甲企业通知乙企业,在乙企业付款或提供担保前中止履行合同。甲企业行使的是什么权利?

【解析】 本例考核不安抗辩权的行使。当事人互负债务,有先后履行顺序的,先履行的一方在有确切证据证明另一方丧失履行债务能力时,在对方没有履行或者没有提供担保之前,有权中止合同履行。

四、合同履行中的保全

合同保全是指法律为防止因债务人的财产不当减少而给债权人带来的损害,允许债权人对债务人或第三人的行为行使撤销权或代位权,以保护其债权。合同保全是保护债权人利益的重要制度。合同保全的基本方式有两种:债权人代位权和撤销权。

(一) 债权人代位权

1. 债权人代位权的概念

债权人代位权是指因债务人怠于行使其债权或者与该债权有关的从权利,影响债权人的到期债权实现的,债权人可以向人民法院请求以自己的名义代位行使债务人对相对人的权利,但是该权利专属于债务人自身的除外。

法条链接:

《民法典》第五百二十七条规定:"应当先履行债务的当事人,有确切证据证明对方有下列情形之一的,可以中止履行:

(一)经营状况严重恶化;

(二)转移财产、抽逃资金,以逃避债务;

(三)丧失商业信誉;

(四)有丧失或者可能丧失履行债务能力的其他情形。

当事人没有确切证据中止履行的,应当承担违约责任。"

法条链接:

《民法典》第五百三十六条规定:"债权人的债权到期前,债务人的债权或者与该债权有关的从权利存在诉讼时效期间即将届满或者未及时申报破产债权等情形,影响债权人的债权实现的,债权人可以代位向债务人的相对人请求其向债务人履行、向破产管理人申报或者作出其他必要的行为。"

2.债权人代位权的行使
(1)债权人代位权行使的条件:
①债权人对债务人的债权合法且已到期;
②债务人对相对人享有到期债权;
③债务人怠于行使其债权或者与该债权有关的从权利,影响债权人的到期债权的实现;
④债务人的债权不是专属于债务人自身的债权。
(2)债权人代位权的提前行使:
债权人的债权到期前,债务人的债权或者与该债权有关的从权利存在诉讼时效期间即将届满或者未及时申报破产债权等情形,影响债权人的债权实现的,债权人可以代位向债务人的相对人请求其向债务人履行、向破产管理人申报或者作出其他必要的行为。
(3)债权人代位权行使的范围:
债权人代位权行使的范围以债权人的到期债权为限。债权人行使代位权的必要费用,由债务人负担。
相对人对债务人的抗辩,可以向债权人主张。
(4)债权人代位权行使的法律后果:
人民法院认定代位权成立的,由债务人的相对人向债权人履行义务,债权人接受履行后,债权人与债务人、债务人与相对人之间相应的权利义务终止。债务人对相对人的债权或者与该债权有关的从权利被采取保全、执行措施,或者债务人破产的,依照相关法律的规定处理。

(二)债权人撤销权
1.债权人撤销权的概念
债权人撤销权是指债务人以放弃其债权、放弃债权担保、无偿转让财产等方式无偿处分财产权益,或者恶意延长其到期债权的履行期限,或者债务人以明显不合理的低价转让财产、以明显不合理的高价受让他人财产或者为他人的债务提供担保,影响债权人的债权实现的,债权人可以请求人民法院撤销债务人的行为。

2.债权人撤销权的行使
(1)债权人撤销权行使的条件:
①债务人实施了一定的无偿处分财产、不合理价格交易的行为,或者实施了恶意延长其到期债权的履行期限的行为。
②债务人实施的无偿处分财产、不合理价格交易的行为,或者恶意延长其到期债权的履行期限的行为已经发生法律效力。
③债务无偿人处分财产、不合理价格交易,或者恶意延长其到期债权的履行期限已经对债权人债权的实现造成影响。
(2)债权人撤销权行使的范围和行使费用
债权人撤销权行使的范围以债权人的债权为限。债权人行使撤销权的必要费用,由债务人负担。
(3)债权人撤销权除斥期间:
撤销权自债权人知道或者应当知道撤销事由之日起一年内行使。自债务人的行为发生之日起五年内,债权人没有行使撤销权的,该撤销权消灭。

(4)债权人撤销权行使的效果：

债务人影响债权人的债权实现的行为被撤销的，自始没有法律约束力。

第五节　合同的变更、转让与终止

一、合同的变更

(一)合同变更的概念

合同变更包括合同内容和合同主体的变化。前者是指不改变合同主体，而仅改变合同的内容；后者是指在合同内容不变的情况下，债权或债务由第三人承受。债权人变更的，称为债权转让或债权转移；债务人变更的，称为债务转移。合同主体的变更实际是合同的转让。《民法典》所称的变更仅指合同内容的变更。

法条链接：
《民法典》第五百四十三条规定："当事人协商一致，可以变更合同。"

(二)合同变更的后果

合同变更是合同部分权利义务的变化，未变更的部分继续有效。如果没有特别的约定，变更只向将来发生效力，未变更的部分保持效力。标的是合同法律关系的客体。如果标的发生变化，等于成立了新的法律关系，也就是说成立了新的合同。

法条链接：
《民法典》第五百四十四条规定："当事人对合同变更的内容约定不明确的，推定为未变更。"

二、合同的转让

合同转让是指合同当事人一方依法将其合同的权利和义务全部或部分转让给第三人。合同转让按照其转让的权利、义务的不同，可分为合同权利转让、合同义务转让及合同权利义务一并转让三种。

(一)合同权利转让

合同权利转让又称债权转让，是指债权人将债权全部或部分地转让给第三人的行为。

1.合同权利转让的限制性规定

《民法典》第五百四十五条规定，债权人可以将债权全部或者部分转让给第三人，有下列情形之一的除外：①根据债权性质不得转让；②按照当事人约定不得转让；③依照法律规定不得转让。当事人约定非金钱债权不得转让的，不得对抗善意第三人。当事人约定金钱债权不得转让的，不得对抗第三人。

【例6-5】　中国公民甲与乙依法签订了一份买卖合同，甲将其依法继承的文物转让给乙。乙为了牟取暴利将自己的合同权利转让给了外国公民丙，该转让行为是否有效？

【解析】　该转让行为无效。根据《中华人民共和国文物保护法》的规定,私人收藏的文物其所有权受法律保护,其所有权的转让必须严格遵守国家法律规定,转让的渠道要受法律的限制,因此,乙将文物买卖合同权利转让给外国人,其转让行为是无效的。

2.债权转让人的通知义务

债权人转让债权,未经通知,该转让对债务人不发生效力。即债权人转让其债权,无须取得债务人的同意,但应当履行通知义务。而且债权人转让权利的通知一经送达债务人,则不得撤销,除非经受让人同意。债权人转让债权的,受让人取得与债权有关的从权利,但是该从权利专属于债权人自身的除外。

受让人取得从权利不因该从权利未办理转移登记手续或者未转移占有而受到影响。

另外,债务人接到债权转让通知时,债务人对让与人的抗辩,可以向受让人主张;有下列情形之一的,债务人可以向受让人主张抵销:

(1)债务人接到债权转让通知时,债务人对让与人享有债权,且债务人的债权先于转让的债权到期或者同时到期;

(2)债务人的债权与转让的债权是基于同一合同产生。

法条链接:
《民法典》第五百四十六条规定:"债权人转让债权,未通知债务人的,该转让对债务人不发生效力。

债权转让的通知不得撤销,但是经受让人同意的除外。"

(二)合同义务转让

合同义务转让又称债务转移,是指债务人将合同的义务全部或者部分转移给第三人。《民法典》第五百五十一条规定,债务转移应当经债权人同意。即债务人与第三人之间达成转移债务的协议,一经债权人同意,即发生法律效力。债务人或者第三人可以催告债权人在合理期限内予以同意,债权人未作表示的,视为不同意。

第三人与债务人约定加入债务并通知债权人,或者第三人向债权人表示愿意加入债务,债权人未在合理期限内明确拒绝的,债权人可以请求第三人在其愿意承担的债务范围内和债务人承担连带债务。

在债权人作出同意表示后,债务转移将发生如下效力:①债务人转移义务的,新债务人将全部或部分地取代原债务人的地位而成为合同当事人;②债务人转移义务的,新债务人可以主张原债务人对债权人的抗辩;③债务人转移义务的,新债务人应当承担与主债务有关的从债务,但是该从债务专属于原债务人自身的除外。

(三)合同权利义务一并转让

合同权利义务一并转让又称债权债务概括转让,是指合同当事人一方将其合同中的债权债务一并转移给第三人。债权债务概括转让可基于当事人之间的合同发生,称之为合同继受;也可基于法律的规定而发生,此种情形最典型的表现是法人或者其他组织的合并、分立所引起的债权债务转让。合同一方当事人在与第三人就债权债务转让达成一致后,应征得合同对方当事人的同意。如果未经同意,合同继受不发生效力。其原因在于:在合同继受情形下,所转让的内容中除了债权还有债务,而债务转移必须取得合同另一方当事人的同意。

法条链接:
《民法典》第五百五十五条规定:"当事人一方经对方同意,可以将自己在合同中的权利和义务一并转让给第三人。"

(四)法人或其他组织合并或分立后债权债务关系的处理

当事人订立合同后合并的,由合并后的法人或其他组织行使合同权利,履行合同义务。当事人订立合同后分立的,除债权人和债务人另有约定外,由分立的法人或者其他组织对合同的权利和义务享有连带债权,承担连带债务。

三、合同权利义务的终止

(一)合同权利义务终止的概念

合同权利义务终止是指依法生效的合同,因具备法定情形和当事人约定的情形,合同债权、债务归于消灭,债权人不再享有合同权利,债务人也不必再履行合同义务,合同当事人双方终止合同关系,合同的效力随之消灭。

(二)合同权利义务终止的具体情形

1.债务已经按照约定履行

债务已经按照约定履行是指债务人按照约定的标的、数量、质量、价款或报酬、履行期限、履行地点和方式全面履行。

2.合同解除

合同解除是指合同有效成立后,在没有履行或没有完全履行之前,当事人通过双方协议或单方行使解除权的方式,使合同的权利义务终止的行为。合同解除分为约定解除和法定解除两种。

(1)约定解除。合同当事人享有解除合同的权利,可以通过约定或行使约定的解除权解除合同。

约定解除分为两种情况:①协议解除,当事人协商一致,可以解除合同。②约定解除权的行使,当事人可以约定解除合同的条件。解除合同的事由发生时,解除权人可以解除合同。需要注意的是,解除合同的事由发生时,只有解除权人行使解除权后,合同才能解除。否则,合同仍然有效。

(2)法定解除。法定解除是指在合同成立以后,没有履行或没有完全履行以前,符合法定的解除条件,通过行使法定解除权而使合同权利义务终止的行为。

《民法典》第五百六十三条规定,有下列情形之一的,当事人可以解除合同:①因不可抗力致使不能实现合同目的;②在履行期限届满前,当事人一方明确表示或者以自己的行为表明不履行主要债务;③当事人一方迟延履行主要债务,经催告后在合理期限内仍未履行;④当事人一方迟延履行债务或者有其他违约行为致使不能实现合同目的;⑤法律规定的其他情形。以持续履行的债务为内容的不定期合同,当事人可以随时解除合同,但是应当在合理期限之前通知对方。

法条链接:
《民法典》第五百六十七条规定:"合同的权利义务关系终止,不影响合同中结算和清理条款的效力。"

(3)解除权的行使。法律规定或者当事人约定解除权行使期限,期限届满当事人不行使的,该权利消灭。

法律没有规定或者当事人没有约定解除权行使期限,自解除权人知道或者应当知道解除事由之日起一年内不行使,或者经对方催告后在合理期限内不行使的,该权利消灭。

当事人一方依法主张解除合同的,应当通知对方。合同自通知到达对方时解除;通知载明债务人在一定期限内不履行债务则合同自动解除,债务人在该期限内未履行债务的,合同自通知载明的期限届满时解除。对方对解除合同有异议的,任何一方当事人均可以请求人民法院或者仲裁机构确认解除行为的效力。

当事人一方未通知对方,直接以提起诉讼或者申请仲裁的方式依法主张解除合同,人民法院或者仲裁机构确认该主张的,合同自起诉状副本或者仲裁申请书副本送达对方时解除。

合同解除后,尚未履行的,终止履行;已经履行的,根据履行情况和合同性质,当事人可以请求恢复原状或者采取其他补救措施,并有权请求赔偿损失。

合同因违约解除的,解除权人可以请求违约方承担违约责任,但是当事人另有约定的除外。

主合同解除后,担保人对债务人应当承担的民事责任仍应当承担担保责任,但是担保合同另有约定的除外。

3.债务相互抵销

债务相互抵销是指合同当事人互负债务时,各以其债权充抵债务,而使其债务与对方的债务在对等额内相互消灭。抵销分为法定抵销和协议抵销两种。法定抵销是当事人互负债务,该债务的标的物种类、品质相同的,任何一方可以将自己的债务与对方的债务抵销,但是,根据债务性质,按照当事人约定或者依照法律规定不得抵销的除外。在法定抵销的情况下,当事人主张抵销的,应当通知对方。通知自到达对方时生效。抵销不得附条件或附期限。协议抵销是当事人互负债务,标的物种类、品质不相同的,经双方协商一致,可以抵销。

4.提存

提存指债务已到履行期限,由于债权人的原因而使债务人无法向债权人交付标的物时,债务人将该标的物交给提存机关保存,则合同权利义务终止的行为。

提存的目的是保护债务人的利益,因此要对债务人提存权利的行使加以限制。在债务人因下列原因难以履行债务的,债务人可以将标的物提存:①债权人无正当理由拒绝受领;②债权人下落不明;③债权人死亡未确定继承人、遗产管理人或者丧失民事行为能力未确定监护人;④法律规定的其他情形。

【例6-6】 甲向乙定做了一套西服,但甲迟迟不来取西服,乙无法找到甲向其交付订货,于是半年后乙将该套西服变卖,将所得价款扣除了报酬和保管费用后,以甲的名义存入了银行。乙的行为属于什么性质?是否合法?

【解析】 乙的行为属于依法将标的物提存,是合法的。法律规定,由于债权人的原因使债务人无法向其履行债务的,债务人可以将标的物提存,从而消灭债务。

5.免除

免除是指债权人放弃债权,以解除债务人的债务,导致债权债务部分或者全部终止。但是债务人在合理期限内拒绝的除外。

6.混同

互有债权债务,在债权债务同归于一人时,合同的权利义务终止,但损害第三人利益的除外,这种情形称为混同。

7. 法律规定或当事人约定终止的其他情形

有法律规定或当事人约定终止的其他情形,合同权利义务终止。

(三)合同权利义务终止的法律后果

合同权利义务的终止不影响结算和清理条款的效力。结算和清理条款是指当事人在合同中约定的关于经济往来或财务的结算以及合同终止后处理遗留财产问题的条款。应当说,结算和清理条款是为合同终止而事先约定的,具有相对独立的效力,不以合同的终止而失去效力。

第六节 违约责任

一、违约责任的概念

违约责任是指合同当事人不履行合同义务或者履行合同义务不符合约定所应承担的民事责任。违约责任制度是保障债权实现和债务履行的重要措施,在合同法律制度中处于十分重要的地位。

二、违约行为的形态

违约行为是指合同当事人违反合同义务的行为。违约行为可以分为实际违约和预期违约两种形态。

(一)实际违约

实际违约分为不履行合同义务和履行合同义务不符合约定两种形态。不履行也称拒绝履行合同义务,是指履行期限到来之后,债务人无正当理由拒绝履行债务的行为;履行合同义务不符合约定包括迟延履行、瑕疵履行、部分履行、履行地点不当和履行方式不当等。

(二)预期违约

预期违约是指合同当事人一方在履行期限届满前,明确表示或者以自己的行为表明不履行合同义务。预期违约包括明示毁约和默示毁约两种。

三、承担违约责任的形式

(一)继续履行

继续履行是指一方在不履行合同义务时,另一方有权要求人民法院强制违约方按合同规定的标的履行义务,而不得以支付违约金和赔偿损失的办法代替履行。

继续履行作为违约补救办法,具有其他补救方法所不可替代的作用,但这种补救办法也是受限制的。

继续履行合同的限制

法条链接:
《民法典》第五百七十七条规定:"当事人一方不履行合同义务或者履行合同义务不符合约定的,应当承担继续履行、采取补救措施或者赔偿损失等违约责任。"

(二)采取补救措施

《民法典》第五百七十七条规定,履行合同义务不符合约定的,应当按照当事人的约定承担违约责任。对违约责任没有约定或者约定不明确的,当事人可以协议补充或者按照合同有关条款或者交易习惯确定,仍不确定的,受损害方根据标的的性质以及损失的大小,可以合理选择请求对方承担修理、重做、更换、退货、减少价款或者报酬等违约责任。

(三)赔偿损失

赔偿损失是指违约方因不履行合同义务或者履行合同义务不符合约定而给对方造成损失,依法或根据合同规定所应承担的损害赔偿责任。它是违约责任中最常见的责任形式。损害赔偿的范围包括直接损失和间接损失。

损害赔偿额不得超过违约一方订立合同时预见到或者应当预见到的因违约可能造成的损失,也就是说应当赔偿的损失是订立合同时合理预见的损失。

(四)支付违约金

违约金是指由当事人通过协商预先确定的,在违约后生效的独立于履行行为以外的给付,是合同中最常见的一种责任形式。《民法典》对违约金规定如下:

1.约定违约金

当事人可以约定一方违约时应当根据违约情况向对方支付一定数额的违约金,也可以约定因违约产生的损失赔偿额的计算方法。

2.对违约金的调控

违约金既具有补偿性,又具有惩罚性。约定的违约金低于造成的损失的,人民法院或仲裁机构可以根据当事人的请求予以增加;约定的违约金过分高于造成的损失的,人民法院或仲裁机构可以根据当事人的请求予以适当减少。

当事人就迟延履行约定违约金的,违约方支付违约金后,还应当履行债务。

(五)给付或双倍返还定金

当事人既约定违约金又约定定金的,一方违约时,对方可以选择适用违约金条款或定金条款,但二者不能并用。定金不足以弥补一方违约造成的损失的,对方可以请求赔偿超过定金数额的损失。

四、违约责任的免除

(一)违约责任免除的法定事由

《民法典》第五百九十条规定,当事人一方因不可抗力不能履行合同的,根据不可抗力的影响,部分或者全部免除责任,但法

法条链接:
《民法典》第五百九十一条规定:"当事人一方违约后,对方应当采取适当措施防止损失的扩大;没有采取适当措施致使损失扩大的,不得就扩大的损失请求赔偿。

当事人因防止损失扩大而支出的合理费用,由违约方负担。"

律另有规定的除外。当事人迟延履行后发生不可抗力的,不能免除责任。当事人可以在合同中约定不可抗力的范围。当事人一方因发生不可抗力不能履行合同的,应当及时通知对方,以减轻可能给对方造成的损失,并且应当在合理期限内提供有关机构出具的证明。不可抗力是指不能预见、不能避免并不能克服的客观情况。

(二)免责条款

免责条款是指合同双方当事人在合同中约定,当出现一定的事由或条件时,可免除违约方的违约责任。

(三)法律的特别规定

在法律有特别规定的情况下,可以免除当事人的违约责任。如《民法典》第八百三十二条规定,承运人对运输过程中货物的毁损、灭失承担赔偿责任。但是,承运人证明货物的毁损、灭失是因不可抗力、货物本身的自然性质或者合理损耗以及托运人、收货人的过错造成的,不承担赔偿责任。

第七节 几种具体的合同

一、买卖合同

(一)买卖合同的概念和内容

买卖合同是出卖人转移标的物的所有权于买受人,买受人支付价款的合同。买卖关系的主体是出卖人和买受人,交付财产、取得价款的一方称为出卖人,接受财产、支付价款的一方称为买受人。买卖合同是最基本、最典型的有偿合同。

买卖合同一般包括标的物名称、数量、质量、价款、履行期限、履行地点和方式、包装方式、检验标准和方法、结算方式、合同使用的文字及其效力等条款。

(二)买卖合同的标的物

在买卖合同中,买和卖的物就是标的,称为标的物。因出卖人未取得处分权致使标的物所有权不能转移的,买受人可以解除合同,并请求出卖人承担违约责任。法律、法规禁止或者限制转让的标的物,依照其规定。

标的物的所有权自标的物交付时起转移。但法律另有规定或者当事人另有约定的除外。

当事人可以在买卖合同中约定,买受人未履行支付价款或者其他义务时,标的物的所有权属于出卖人。出卖人对标的物保留的所有权,未经登记,不得对抗善意第三人。

法条链接:
《民法典》第六百零一条规定:"出卖人应当按照约定的时间交付标的物。约定交付期限的,出卖人可以在该交付期限内的任何时间交付。"

（三）当事人的权利义务

买卖合同双方当事人的权利义务相互对应、互为条件，买卖合同依法成立后当事人双方应当按照约定履行各自的合同义务，借此实现彼此的权利。

1.出卖人的权利和义务

（1）出卖人应当履行向买受人交付标的物或者交付提取标的物的单证，并转移标的物的所有权的义务。出卖人还应当按照约定或交易习惯向买受人交付提取标的物单证以外的有关单证和资料。

（2）出卖人应当按照约定的时间、地点、质量要求、包装方式交付标的物。

2.买受人的权利和义务

（1）支付价款。支付价款是买受人的主要义务，买受人支付价款应按照合同约定的数额以及支付方式、地点和时间支付。

（2）受领标的物。买受人有依照合同约定或者交易惯例受领标的物的权利和义务。若出卖人不按合同约定的条件交付标的物，如多交付、提前交付、交付的标的物有瑕疵等，则买受人有权拒绝接受。

（3）及时检验出卖人交付的标的物。买受人收到标的物时，有及时检验义务。当事人约定检验期限的，买受人应当在约定期限内检验。没有约定检验期限的，应当及时检验。

（4）暂时保管及应急处置拒绝受领的标的物。在特定情况下，买受人对于出卖人所交付的标的物，虽可作拒绝接受的意思表示，但有暂时保管并应急处置标的物的义务。该项义务是买受人应负担的附随义务。

（四）标的物毁损、灭失风险的承担

标的物的风险在标的物交付之前由出卖人承担，交付之后由买受人承担，但是法律另有规定或者当事人另有约定的除外。

因买受人的原因致使标的物不能按照约定的期限交付的，买受人应当自违反约定之日起承担标的物的风险。

出卖人出卖交由承运人运输的在途标的物，除当事人另有约定外，买受人应自合同成立时起承担标的物的风险。

（五）买卖合同价款的支付

买卖合同中，买受人应当按照约定的数额和支付方式支付价款。对价款的数额和支付方式没有约定或约定不明的，可以协议补充；不能达成协议的，除依法由政府定价的以外，按照订立合同时履行地的市场价格履行。

买受人支付价款的地点规则和时间规则

分期付款的买受人未支付到期价款的数额达到全部价款的五分之一，经催告后在合理期限内仍未支付到期价款的，出卖人可以请求买受人支付全部价款或者解除合同。出卖人解除合同的，可以向买受人请求支付该标的物的使用费。

二、借款合同

（一）借款合同的概念和内容

借款合同是借款人向贷款人借款,到期返还借款并支付利息的合同。

借款合同的内容一般包括借款种类、币种、用途、数额、利率、期限和还款方式等条款。借款合同应当采用书面形式,但是自然人之间的借款另有约定的除外。

（二）当事人的权利义务

(1)贷款人应该按约定的日期提供借款。贷款人未按照约定的日期、数额提供借款,造成借款人损失的,应当赔偿损失。

(2)贷款人按照约定可以检查、监督借款的使用情况。借款人未按照约定的贷款用途使用借款的,贷款人可以停止发放借款、提前收回借款或者解除合同。

(3)借款人应当按照贷款人的要求提供与借款有关的业务活动和财务状况的真实情况。

(4)借款人应当按照约定的期限支付利息并返还借款。

（三）借款利息的规定

借款的利息不得预先在本金中扣除。利息预先在本金中扣除的,应当按照实际借款数额返还借款并计算利息。

借款人应当按照约定的期限支付利息。对支付利息的期限没有约定或者约定不明的,当事人可以协议补充。不能协议补充的,借款期间不满一年的,应当在返还借款时一并支付;借款期限一年以上的,应当在每届满一年时支付,剩余期间不满一年的,应当在返还借款时一并支付。

禁止高利放贷,借款的利率不得违反国家有关规定。

借款合同对支付利息没有约定的,视为没有利息。

借款合同对支付利息约定不明确,当事人不能达成补充协议的,按照当地或者当事人的交易方式、交易习惯、市场利率等因素确定利息;自然人之间借款的,视为没有利息。

办理贷款业务的金融机构贷款的利率,应当按照中国人民银行规定的贷款利率的上下限确定。

法条链接：
《民法典》第六百七十一条规定:"贷款人未按照约定的日期、数额提供借款,造成借款人损失的,应当赔偿损失。

借款人未按照约定的日期、数额收取借款的,应当按照约定的日期、数额支付利息。"

三、赠与合同

（一）赠与合同的概念

赠与合同是赠与人将自己的财产无偿给予受赠人,受赠人表示接受赠与的合同。赠与合同是无偿合同。赠与合同属诺成合同,当事人意思表示一致,合同即告成立。

微课
这类民间借贷合同无效,还可能触犯刑法

（二）当事人的权利义务

因赠与人故意或重大过失使赠与的财产毁损、灭失的,赠与人应当承担赔偿责任。

赠与财产有瑕疵的,赠与人不承担责任。附义务的赠与,赠与的财产有瑕疵的,赠与人在附义务的限度内承担与出卖人相同的责任。

赠与人故意不告知瑕疵或者保证无瑕疵,造成受赠人损失的,应当承担赔偿责任。

赠与可以附义务。赠与附义务的,受赠人应当按照约定履行义务。

赠与合同成立后,赠与人的经济状况显著恶化,严重影响其生产经营或者家庭生活的,可以不再履行赠与义务。

（三）赠与的撤销

赠与人在赠与财产的权利转移之前可以撤销赠与。经过公证的赠与合同或者依法不得撤销的具有救灾、扶贫助残等公益、道德义务性质的赠与合同,不得撤销赠与。赠与人不交付赠与财产的,受赠人可以请求交付。

法条链接：
《民法典》第六百条六十六条规定："赠与人的经济状况显著恶化,严重影响其生产经营或者家庭生活的,可以不再履行赠与义务。"

课后思考题

1. 合同法律制度的基本原则有哪些？
2. 合同应包括哪些基本内容？
3. 订立合同应履行哪些程序？
4. 合同生效的要件有哪些？
5. 合同履行抗辩权的种类有哪些？
6. 合同履行中的保全种类及内容是什么？

课后案例

【背景资料】 甲向乙发出传真订货,该传真列明了货物的种类、数量、质量、供货时间、交货方式等,并要求乙在10日内报价。乙接受甲传真中列明的条件并按期报价,同时要求甲在10日内回复,甲按期回复并同意其价格,并要求签订书面合同。乙在未签订书面合同的情况下按照甲提出的条件发货,甲收货后未提出异议,也没有支付货款。后来因为市场发生变化,该货物价格下降。甲向乙提出由于未签订书面合同,买卖关系不能成立,所以乙应该尽快取回货物。乙不同意甲的意见,要求其支付货款。随后,乙发现甲放弃其关联企业的到期债权,并向其关联企业无偿转让财产,可能使自己的货款无法得到清偿,于是向人民法院提起诉讼。

【问题】
1. 甲发出传真订货、乙报价、甲回复报价行为的性质是什么？
2. 买卖合同是否成立？请说明理由。
3. 对甲放弃债权的行为,乙应该如何维护自己的权益？

第七章 担保法律制度

内容提示

1. 担保的概念、特征和方式
2. 担保合同的无效
3. 保证、抵押、质押、留置、定金五种担保方式的具体法律规定

学习目标

【掌握】 保证责任;保证期间;抵押财产;抵押合同,抵押物登记;动产质押、权利质押的范围;留置的适用;定金的数额及定金罚则。

【了解】 担保方式;担保的特征;保证和保证人;抵押的概念;担保的概念;保证方式。

思政目标

1. 引导学生深刻领会担保法律制度中体现的诚信、公平、平等的社会主义核心价值观,坚定价值观立场,遵守社会有序运行、良性发展的价值准则。

2. 使学生自觉弘扬社会主义道德,坚持以集体主义为原则,正确处理个人与社会、经济效益与社会效益的关系,引领社会风尚。

课前案例导入

【背景资料】 张某以自己的一台机床做抵押,获得乙银行贷款30万元,办理了抵押登记。由于张某的机床价值50万元,所以张某又将其抵押给丙银行,获得贷款20万元,办理了抵押登记。后张某又将该机床抵押给丁,获得丁的借款10万元,但未办理抵押登记。后来张某生意亏本,导致无法清偿银行贷款及丁的借款。于是三个债权人同时要求实现其抵押权。但抵押物仅拍卖55万元。

【问题】 本案中,乙银行、丙银行、丁的债权应按照什么顺序清偿?有何法律依据?

第一节　担保法律制度概述

一、担保的概念和特征

(一)担保的概念

担保是指依照法律规定,或由当事人双方协商一致而约定的,为保障合同债权实现而采取的法律措施。担保是民商法领域的一个重要部分,也是横跨《民法典》物权编、合同编的一项极其重要的内容。

(二)担保的特征

1. 从属性

担保的从属性是指担保从属于主债,即担保的成立、变更和终止均依附于主债。担保合同是从属于主合同的从合同,主合同无效,担保合同无效。当然这种从属性也有例外。

2. 补充性

担保合同的补充性是指合同债权人所享有的担保权或者担保利益。担保合同的补充性体现在两方面:

(1)责任财产的补充,即担保合同一经有效成立,就在主合同关系的基础上补充了某种权利与义务关系;

(2)效力的补充,即在主合同关系因适当履行而正常终止时,担保合同中担保人的义务并不实际履行,只有在主债务不履行时,担保合同中担保人的义务才履行,使主债权得以实现。

3. 相对独立性

担保合同的相对独立性是指担保合同尽管属于从合同,但也具有相对独立的地位,即担保合同能够相对独立于被担保的合同债权而发生或者存在。担保合同也是一种独立的法律关系。

> ⚠ **特别提示 7-1**　当事人在担保合同中约定担保合同的效力独立于主合同,或者约定担保人对主合同无效的法律后果承担担保责任,该有关担保独立性的约定无效。主合同有效的,有关担保独立性的约定无效不影响担保合同的效力;主合同无效的,人民法院应当认定担保合同无效,但是法律另有规定的除外。

二、担保的方式和担保物权的适用范围

(一)担保的方式

根据《民法典》的规定,合同担保的方式主要包括保证、抵押、质押、留置和定金。

(二)担保物权的适用范围

根据《民法典》第三百八十七条规定,债权人在借贷、买卖等民事活动中,为保障实现其债权,需要担保的,可以依照本法和其他法律的规定设立担保物权。第三人为债务人向债权

人提供担保的,可以要求债务人提供反担保。反担保适用本法和其他法律的规定。

传统的典型担保如保证、抵押、质押等已不能完全适应经济社会发展的需要,《民法典》为此扩大了担保合同范围,增加了所有权保留买卖、融资租赁、保理等具有担保功能的合同。

第二节 保　证

一、保证和保证人

(一)保证

保证是指第三人为债务人的债务履行作担保,由保证人和债权人约定,当债务人不履行债务或发生当事人约定的情形时,保证人按照约定履行债务或者承担责任的行为。和其他担保方式相比,保证属于人的担保,保证人以自身的信誉和不特定的财产为债务人的债务履行作担保。

(二)保证人

1.保证人资格

具有代为清偿债务能力的法人、其他组织或者公民,可以作为保证人。

2.保证人禁止性规定

《民法典》第六百八十三条对不得作为保证人的主体范围进行了明确规定,即机关法人不得为保证人,但是经国务院批准为使用外国政府或者国际经济组织贷款进行转贷的除外。以公益为目的的非营利法人、非法人组织不得为保证人。

《最高人民法院关于适用〈中华人民共和国民法典〉有关担保制度的解释》对保证人的限制规定如下:

(1)机关法人提供担保的,人民法院应当认定担保合同无效,但是经国务院批准为使用外国政府或者国际经济组织贷款进行转贷的除外。

居民委员会、村民委员会提供担保的,人民法院应当认定担保合同无效,但是依法代行村集体经济组织职能的村民委员会,依照村民委员会组织法规定的讨论决定程序对外提供担保的除外。首次对居民委员会、村民委员会提供担保作出规定。

(2)以公益为目的的非营利性学校、幼儿园、医疗机构、养老机构等提供担保的,人民法院应当认定担保合同无效,但是有下列情形之一的除外:

①在购入或者以融资租赁方式承租教育设施、医疗卫生设施、养老服务设施和其他公益设施时,出卖人、出租人为担保价款或者租金实现而在该公益设施上保留所有权;

②以教育设施、医疗卫生设施、养老服务设施和其他公益设施以外的不动产、动产或者财产权利设立担保物权。

登记为营利法人的学校、幼儿园、医疗机构、养老机构等提供担保,当事人以其不具有担保资格为由主张担保合同无效的,人民法院不予支持。

⚠ **特别提示 7-2** 私立医院、幼儿园、养老机构等属于营利性机构，与一般民事主体无异，并不禁止其抵押。另外，以公益性设施设置担保物权，不需要特别限制为自身债务，是为自身债务还是第三人债务，属民事主体自行决策范围，故非营利法人、非法人组织担保有效情况删除"为自身债务"的限制。

（3）公司的分支机构未经公司的股东（大）会或者董事会的决议以自己的名义对外提供担保，相对人请求公司或者其分支机构承担担保责任的，人民法院不予支持，但是相对人不知道且不应该知道分支机构对外提供担保未经公司决议的程序除外。

（4）公司的法定代表人违反公司法关于公司对外担保决议程序的规定，超越权限代表公司与相对人订立担保合同，相对人善意的，担保合同对公司发生效力；相对人请求公司承担担保责任的，人民法院应予支持。相对人非善意的，担保合同对公司不发生效力；相对人请求公司承担赔偿责任的，按照各自过错承担。

法定代表人超越权限提供担保造成公司损失，公司请求法定代表人承担赔偿责任的，人民法院应予支持。

二、保证合同和保证方式

（一）保证合同

保证合同是为保障债权的实现，保证人和债权人约定，当债务人不履行到期债务或者发生当事人约定的情形时，保证人履行债务或者承担责任的合同。

《民法典》第六百八十二规定，保证合同是主债权债务合同的从合同。主债权债务合同无效的，保证合同无效，但是法律另有规定的除外。

保证合同被确认无效后，债务人、保证人、债权人有过错的，应当根据其过错各自承担相应的民事责任。

保证合同可以是单独订立的书面合同，也可以是主债权债务合同中的保证条款，一般包括以下内容：

(1) 被保证的主债权种类、数额。
(2) 债务人履行债务的期限。
(3) 保证的方式。
(4) 保证担保的范围。
(5) 保证的期间。
(6) 双方认为需要约定的其他事项。

保证合同不完全具备前款规定内容的，可以补正。

法条链接：
《民法典》第六百八十五条规定："保证合同可以是单独订立的书面合同，也可以是主债权债务合同中的保证条款。

第三人单方以书面形式向债权人作出保证，债权人接收且未提出异议的，保证合同成立。"

(二)保证方式

1.一般保证

当事人在保证合同中约定,在债务人不能履行债务时,由保证人承担保证责任的,为一般保证。一般保证的保证人在主合同纠纷未经审判或者仲裁,并就债务人财产依法强制执行仍不能履行债务前,有权拒绝向债权人承担保证责任。但是有下列情形之一的除外:

(1)债务人下落不明,且无财产可供执行;
(2)人民法院已经受理债务人破产案件;
(3)债权人有证据证明债务人的财产不足以履行全部债务或者丧失履行债务能力;
(4)保证人书面表示放弃本款规定的权利。

2.连带责任保证

当事人在保证合同中约定保证人和债务人对债务承担连带责任的,为连带责任保证。连带责任保证的债务人在主合同规定的债务履行期届满没有履行债务的或者发生当事人约定的情形时,债权人可以请求债务人履行债务,也可以请求保证人在其保证范围内承担保证责任。

> ⚠ **特别提示7-3** 当事人对保证方式没有约定或者约定不明确的,按照一般保证承担保证责任。

保证人可以主张债务人对债权人的抗辩权。债务人放弃对债务的抗辩权的,保证人仍有权向债权人主张抗辩。

法条链接:
《民法典》第六百八十六条规定:"保证的方式包括一般保证和连带责任保证。
当事人在保证合同中对保证方式没有约定或者约定不明确的,按照一般保证承担保证责任。"

三、保证责任

保证责任是指当债务人在债务履行期限届满不履行债务或者发生当事人约定的情形时,保证人依合同约定或者法律规定所承担的代为履行或代为赔偿损失的义务。

(一)保证担保的范围

保证人在约定的担保范围内承担保证责任。担保的范围包括主债权及其利息、违约金、损害赔偿金和实现债权的费用。当事人另有约定的,按照其约定。

> ⚠ **特别提示7-4** 债权人可以要求债务人提供反担保。

保证人与债权人可以协商订立最高额保证的合同,约定在最高债权额限度内就一定期间连续发生的债权提供保证。

法条链接:
《民法典》第七百条规定:"保证人承担保证责任后,除当事人另有约定外,有权在其承担保证责任的范围内向债务人追偿,享有债权人对债务人的权利,但是不得损害债权人的利益。"

(二)保证责任

1.共同担保的保证责任

同一债权既有保证又有物的担保的,属于共同担保。《民法典》第三百九十二条规定,被担保的债权既有物的担保又有人的担保的,债务人不履行到期债务或者发生当事人约定的实现担保物权的情形,债权人应当按照约定实现债权;没有约定或者约定不明确,债务人自己提供物的担保的,债权人应当先就该物的担保实现债权;第三人提供物的担保的,债权人可以就物的担保实现债权,也可以请求保证人承担保证责任。提供担保的第三人承担担保责任后,有权向债务人追偿。

债权人放弃物的担保的,保证人在债权人放弃权利的范围内免除保证责任。

2.共同保证的保证责任

> ⚠ **特别提示 7-5** 保证人承担保证责任后,除当事人另有约定外,有权在其承担保证责任的范围内向债务人追偿,享有债权人对债务人的权利,但是不得损害债权人的利益。

同一债务有两个以上保证人的,保证人应当按照保证合同约定的保证份额,承担保证责任;没有约定保证份额的,债权人可以请求任何一个保证人在其保证范围内承担保证责任。

四、保证期间

保证期间是确定保证人承担保证责任的期间。保证期间不发生中止、中断和延长。

民法典时代保证人不承担保证责任的情形(上)

(1)债权人与保证人可以约定保证期间,但是约定的保证期间早于主债务履行期限或者与主债务履行期限同时届满的,视为没有约定;没有约定或者约定不明确的,保证期间为主债务履行期限届满之日起六个月。

债权人与债务人对主债务履行期限没有约定或者约定不明确的,保证期间自债权人请求债务人履行债务的宽限期届满之日起计算。

民法典时代保证人不承担保证责任的情形(下)

【例7-1】 甲于2020年3月5日向乙借款10万元,由丙作为一般保证人。三方约定:甲应于2021年3月5日之前偿还该借款。若本案中的当事人约定,保证期间至2021年2月1日,那么,丙承担保证责任期间应至何时?

【解析】 本例考查的是保证期间。根据规定,保证合同约定的保证期间早于或者等于主债务履行期限的,视为没有约定,保证期间为主债务履行期届满之日起6个月。

(2)最高额保证合同对保证期间的计算方式、起算时间等有约定的,按照其约定。最高额保证合同对保证期间的计算方式、起算时间等没有约定或者约定不明,被担保债权的履行期限均已届满的,保证期间自债权确定之日起开始计算;被担保债权的履行期限尚未届满的,保证期间自最后到期债权的履行期限届满之日起开始计算。

主合同变更对保证责任的影响

(3)一般保证的债权人未在保证期间对债务人提起诉讼或者申请仲裁的,保证人不再承担保证责任。连带责任保证的债权人未在保证期间请求保证人承担保证责任的,保证人不再承担保证责任。

第三节 抵 押

一、抵押的概念

抵押是指债务人或者第三人不转移财产的占有,将该财产作为债权的担保,债务人不履行到期债务或者发生当事人约定的实现抵押权的情形时,债权人有权就该财产折价或者拍卖、变卖该财产的价款优先受偿。

债务人或者第三人为抵押人,债权人为抵押权人,提供担保的财产为抵押财产。

二、抵押财产

抵押人只能以法律规定可以抵押的财产提供担保;法律规定不可以抵押的财产,抵押人不得用于提供担保。

(一)可以抵押的财产

《民法典》第三百九十五条规定,债务人或者第三人有权处分的下列财产可以抵押:①建筑物和其他土地附着物;②建设用地使用权;③海域使用权;④生产设备、原材料、半成品、产品;⑤正在建造的建筑物、船舶、航空器;⑥交通运输工具;⑦法律、行政法规未禁止抵押的其他财产。抵押人可以将上述所列财产一并抵押。

经当事人书面协议,企业、个体工商户、农业生产经营者可以将现有的以及将有的生产设备、原材料、半成品、产品抵押,债务人不履行到期债务或者发生当事人约定的实现抵押权的情形,债权人有权就抵押财产确定时的动产优先受偿。

以建筑物抵押的,该建筑物占用范围内的建设用地使用权一并抵押。以建设用地使用权抵押的,该土地上的建筑物一并抵押。抵押人未依据上述规定一并抵押的,未抵押的财产视为一并抵押。

乡镇、村企业的建设用地使用权不得单独抵押。以乡镇、村企业的厂房等建筑物抵押的,其占用范围内的建设用地使用权一并抵押。

(二)不得抵押的财产

《民法典》第三百九十九条规定,下列财产不得抵押:①土地所有权;②宅基地、自留地、自留山等集体所有的土地使用权,但是法律规定可以抵押的除外;③学校、幼儿园、医疗机构等为公益目的成立的非营利法人的教育设施、医疗卫生设施和其他社会公益设施;④所有权、使用权不明或者有争议的财产;⑤依法被查封、扣押、监管的财产;⑥法律、行政法规规定不得抵押的其他财产。

⚠ **特别提示 7-6**　学校、幼儿园、医疗机构等为公益目的成立的非营利法人的教育设施、医疗卫生设施和其他社会公益设施以外的财产为自身债务设定抵押的,人民法院可以认定抵押有效。

三、抵押合同和抵押物登记

(一)抵押合同

设立抵押权,当事人应当采用书面形式订立抵押合同。抵押合同一般包括下列条款:①被担保债权的种类和数额;②债务人履行债务的期限;③抵押财产的名称、数量等情况;④担保的范围。

抵押权人在债务履行期届满前,与抵押人约定债务人不履行到期债务时抵押财产归债权人所有的,只能依法就抵押财产优先受偿。

(二)抵押物登记

以动产抵押的,抵押权自抵押合同生效时设立;未经登记不得对抗善意第三人。以动产抵押的,不得对抗正常经营活动中已经支付合理价款并取得抵押财产的买受人。

以建筑物和其他土地附着物、建设用地使用权以及以招标、拍卖、公开协商等方式取得的荒地等土地承包经营权,或者以正在建造的建筑物抵押的,应当办理抵押登记。抵押权自登记时设立。

办理抵押物登记的部门如下:

(1)以无地上定着物的土地使用权抵押的,为核发土地使用权证书的土地管理部门。

(2)以城市房地产或者乡(镇)、村企业的厂房等建筑物抵押的,为县级以上地方人民政府规定的部门。

(3)以林木抵押的,为县级以上林木主管部门。

(4)以航空器、船舶、车辆抵押的,为运输工具的登记部门。

(5)以企业的设备和其他动产抵押的,为财产所在地的工商行政管理部门。

法条链接:《民法典》第四百零一条规定:"抵押权人在债务履行期限届满前,与抵押人约定债务人不履行到期债务时抵押财产归债权人所有的,只能依法就抵押财产优先受偿。"

⚠ **特别提示 7-7**　抵押物登记记载的内容与抵押合同约定的内容不一致的,以登记记载的内容为准。

四、抵押的效力

抵押担保的范围包括主债权及其利息、违约金、损害赔偿金、保管担保财产和实现抵押权的费用。抵押合同另有约定的,按照约定。

订立抵押合同前抵押财产已经出租并转移占有的,原租赁关系不受该抵押权的影响。

抵押期间,抵押人可以转让抵押财产。当事人另有约定的,按照其约定。抵押财产转让的,抵押权不受影响。

抵押人转让抵押财产的,应当及时通知抵押权人。抵押权人能够证明抵押财产转让可能损害抵押权的,可以请求抵押人将转让所得的价款向抵押权人提前清偿债务或者提存。转让的价款超过债权数额的部分归抵押人所有,不足部分由债务人清偿。

抵押人的行为足以使抵押财产价值减少的,抵押权人有权请求抵押人停止其行为;抵押财产价值减少的,抵押权人有权请求恢复抵押财产的价值,或者提供与减少的价值相应的担保。抵押人不恢复抵押财产的价值,也不提供担保的,抵押权人有权请求债务人提前清偿债务。

法条链接:《民法典》第四百零七条规定:"抵押权不得与债权分离而单独转让或者作为其他债权的担保。债权转让的,担保该债权的抵押权一并转让,但是法律另有规定或者当事人另有约定的除外。"

> ⚠ **特别提示 7-8** 当事人以依法被查封或者扣押的财产抵押,抵押权人请求行使抵押权,经审查查封或者扣押措施已经解约的,人民法院应予支持。抵押人以抵押权设立时财产被查封或者扣押为由主张,抵押合同无效的,人民法院不予支持。

【例 7-2】 书面房屋抵押合同未经登记机关登记是否有效?抵押人是否承担抵押担保责任?

【解析】 房屋抵押必须签订书面合同,并且该合同自登记时生效。未经登记机关登记的房屋抵押合同无效,抵押人不承担抵押担保责任。但要视其在抵押合同未登记生效过程中是否有过错,推定其是否应承担其他民事责任。

五、抵押权的实现

(一)抵押权实现的方式

债务人不履行到期债务或者发生当事人约定的实现抵押权的情形,抵押权人可以与抵押人协议以抵押财产折价或者以拍卖、变卖该抵押财产所得的价款优先受偿。协议损害其他债权人利益的,其他债权人可以请求人民法院撤销该协议。

抵押权人与抵押人未就抵押权实现方式达成协议的,抵押权人可以请求人民法院拍卖、变卖抵押财产。

抵押财产折价或者变卖的,应当参照市场价格。

抵押财产折价或者拍卖、变卖后,其价款超过债权数额的部分归抵押人所有,不足部分由债务人清偿。

(二)抵押权实现的顺序

同一财产向两个以上债权人抵押的,拍卖、变卖抵押财产所得的价款依照下列规定清偿:

(1)抵押权已经登记的,按照登记的时间先后清偿顺序。
(2)抵押权已经登记的先于未登记的受偿。
(3)抵押权未登记的,按照债权比例清偿。

其他可以登记的担保物权,清偿顺序参照适用上述规定。

抵押权因抵押物灭失而消失。因灭失所得的赔偿金,应当作抵押财产。

(三)抵押权与质权、留置权竞合的实现的顺序

同一财产既设立抵押权又设立质权的,拍卖、变卖该财产所得的价款按照登记、交付的时间先后确定清偿顺序。

动产抵押担保的主债权是抵押物的价款,标的物交付后10日内办理抵押登记的,该抵押权人优先于抵押物买受人的其他担保物权人受偿,但是留置权人除外。

同一动产已经设立抵押权或者质权,该动产又被留置的,留置权人优先受偿。

六、最高额抵押

最高额抵押是指抵押人与抵押权人协议,在最高债权额限度内,以抵押物对一定期间内连续发生的债权做担保。为担保债务的履行,债务人或者第三人对一定期间内将要连续发生的债权提供担保财产的,债务人不履行到期债务或者发生当事人约定的实现抵押权的情形,抵押权人有权在最高债权额限度内就该担保财产优先受偿。

最高额抵押权设立前已经存在的债权,经当事人同意,可以转入最高额抵押担保的债权范围。

最高额抵押担保的债权确定前,部分债权转让的,最高额抵押权不得转让,但是当事人另有约定的除外。

最高额抵押担保的债权确定前,抵押权人与抵押人可以通过协议变更债权确定的期间、债权范围以及最高债权额,但是变更的内容不得对其他抵押权人产生不利影响。

抵押权人实现最高额抵押权时,如果实际发生的债权余额高于最高限额的,以最高限额为限,超过部分不具有优先受偿的效力;如果实际发生的债权余额低于最高限额的,以实际发生的债权余额为限对抵押物优先受偿。

登记的最高债权额与当事人约定的最高债权额不一致的,人民法院应当依据登记的最高债权额确定债权人优先受偿的范围。

【例7-3】 A公司将市值200万元的房屋抵押给B公司并进行了抵押登记,并取得借款200万元,之后A公司又将该房屋抵押给了C公司并欲取得借款100万元。A公司与C公司签订的合同是否有效?

【解析】 A公司与C公司签订的合同无效。房屋抵押需要办理登记才能生效,A公司已将价值200万元的房屋抵押给B公司,并办理了抵押登记。法律规定超过抵押物价值部分的抵押无效,再用该房屋抵押是不可能得到登记的,不登记的房屋抵押合同是无效的。

第四节 质 押

一、质押的概念和特征

(一)质押的概念

质押是指债务人或者第三人将其动产或权利交债权人占有,作为债权的担保,在债务人不履行到期债务或者发生当事人约定的实现质权的情形时,债权人有权依照法律规定,将该动产或权利折价或以拍卖、变卖所得的价款优先受偿的行为。

在质押关系中,用作担保并转移、占有的动产称为质物;提供质物的债务人或者第三人称为出质人;债权人占有债务人或第三人提供的质物,并就其动产或权利折价或拍卖、变卖所得的价款优先受偿的权利称为质权;对质物享有质权的债权人称为质权人。

质押包括动产质押和权利质押两种。

(二)质押与抵押的区别

质押与抵押具有不同的法律特征。

(1)质物主要是动产和权利;抵押物则主要是不动产。

(2)质权的设定须转移质物的占有,并以占有公示;抵押权的设定则不转移抵押物的占有,且以登记的方式公示。

(3)同一质物上只能设立一个质押权;而同一抵押物上可以设立数个抵押权,且存在受偿的先后顺序问题。

二、动产质押

(一)动产质押的概念

动产质押是指债务人或者第三人将其动产移交债权人占有,将该动产作为债权的担保。债务人不履行到期债务或发生当事人约定的实现质权的情形时,债权人有权依法将该动产折价或者以拍卖、变卖该动产的价款优先受偿。

其中债务人或者第三人为出质人,债权人为质权人,交付的动产为质押财产。

(二)质押合同

出质人和质权人设立动产质权关系应当以书面形式订立质押合同,并转移质物的占有权。质权自出质人交付质押财产时设立。

质押合同应当包括以下内容:

(1)被担保债权的种类和数额;

(2)债务人履行债务的期限;

(3)质物的名称、数量等情况;

(4)担保的范围;

(5)质物移交的时间、方式。

质押合同不完全具备前款规定内容的,可以补正。

(三)动产质押的效力

1.质押担保的债权范围

质押担保的一般范围包括主债权及其利息、违约金、损害赔偿金、质物保管费用和实现质权的费用。与抵押担保的债权范围相比,质押担保增加了质物的保管费用,这是由质押转移质物占有的特性决定的。

2.动产质权所及标的物范围

动产质权的效力不仅及于质物的本身,还及于质物的从物、孳息、代位物和添附物等。

(1)动产质权的效力及于质物的从物。但是,从物未随同质物移交质权人占有的,质权的效力不及于从物。

(2)质权人有权收取质物所生的孳息。质押合同另有约定的,按照约定。收取孳息应当先充抵收取孳息的费用。依此规定,除质押合同另有约定外,质权的效力及于质物的孳息。这里的孳息既包括天然孳息,又包括法定孳息。

(3)在质物因灭失等原因,出质人受有质物的代位物时,质权的效力及于代位物。

(4)添附物。在质物因附合、混合、加工而发生添附时,若质物所有人取得添附物所有权,则质权效力及于添附物。

3.质权人对质物的责任

(1)质权人在质权存续期间,未经出质人同意,擅自使用、处分质押财产,造成出质人损害的,应当承担赔偿责任。

(2)质权人负有妥善保管质押财产的义务。

(3)因不可归责于质权人的事由可能使质押财产毁损或者价值明显减少,足以危害质权人权利的,质权人有权请求出质人提供相应的担保;出质人不提供的,质权人可以拍卖、变卖质押财产,并与出质人通过协议将拍卖、变卖所得的价款提前清偿债务或者提存。

(4)质权人在质权存续期间,未经出质人同意转质,造成质押财产毁损、灭失的,应当承担赔偿责任。

(5)质权人可以放弃质权。债务人以自己的财产出质,质权人放弃该质权的,其他担保人在质权人丧失优先受偿权益的范围内免除担保责任,但其他担保人承诺仍然提供担保的除外。

4.动产质权对出质人和质权人的效力

动产质权是债权人在债务人不履行债务时,以其占有的出质人的动产折价或者以出卖的价款优先受偿的权利。

动产质权对于出质人的效力表现为出质人在质押时享有如下权利:质物的处分权;按约定对质物孳息的收取权;排除权利侵害和返还质物请求权;对质权人的抗辩权;出质人代为清偿或质权实现后向债务人的追偿权等。

法条链接:
《民法典》第四百三十三条规定:"因不可归责于质权人的事由可能使质押财产毁损或者价值明显减少,足以危害质权人权利的,质权人有权请求出质人提供相应的担保;出质人不提供的,质权人可以拍卖、变卖质押财产,并与出质人协议将拍卖、变卖所得的价款提前清偿债务或者提存。"

动产质权对于质权人的效力表现为质权人所享有的如下权利：质物占有权；质物孳息的收取权；保管费用偿还请求权；质物的变价权和优先受偿权等。质权人同时负有妥善保管质物的义务，并应在其不能妥善保管质物时根据质押人的要求提存质物。

（四）动产质权的实现

动产质权的实现是指质权人于其债权清偿期届满而未受清偿时，处分质物，以质物变价并优先受偿的行为。

《民法典》第四百三十六条规定，债务人履行债务或者出质人提前清偿所担保的债权的，质权人应当返还质押财产。债务人不履行到期债务或者发生当事人约定的实现质权的情形，质权人可以与出质人协议以质押财产折价，也可以就拍卖、变卖质押财产所得的价款优先受偿。质押财产折价或者变卖的，应当参照市场价格。

质押财产折价或者拍卖、变卖后，其价款超过债权数额的部分归出质人所有，不足部分由债务人清偿。

三、权利质押

（一）权利质押的概念

权利质押是以出质人提供的财产权利为标的设定的质押。权利质押中质权人对出质人提供的财产权利所享有的担保权称为权利质权。在债务人不履行债务时，质权人有权对质押的财产权利进行变价而优先受偿。

（二）权利质押的法定范围

《民法典》第四百四十条规定，债务人或者第三人有权处分的下列权利可以出质：①汇票、本票、支票；②债券、存款单；③仓单、提单；④可以转让的基金份额、股权；⑤可以转让的注册商标专用权、专利权、著作权等知识产权中的财产权；⑥现有的以及将有的应收账款；⑦法律、行政法规规定可以出质的其他财产权利。

（三）不同种类权利出质的法律规定

（1）以汇票、本票、支票、债券、存款单、仓单、提单出质的，当事人应当订立书面合同。质权自权利凭证交付质权人时设立；没有权利凭证的，质权自办理出质登记时设立。法律另有规定的依照其规定。汇票、本票、支票、债券、存款单、仓单、提单的兑现日期或者提货日期先于主债权到期的，质权人可以兑现或者提货，并与出质人协议将兑现的价款或者提取的货物提前清偿债务或者提存。

（2）以基金份额、股权出质的，质权自办理出质登记时设立。基金份额、股权出质后，不得转让，但是经出质人与质权人协商同意的除外。出质人转让基金份额、股权所得的价款，应当向质权人提前清偿债务或者提存。

（3）以注册商标专用权、专利权、著作权等知识产权中的财产权出质的，质权自办理出质登记时设立。知识产权中的财产权出质后，出质人不得转让或者许可他人使用，但是经出质人与质权人协商同意的除外。出质人转让或者许可他人使用出质的知识产权中的财产权所得的价款，应当向质权人提前清偿债务或者提存。

(4)以应收账款出质的,质权自办理出质登记时设立。应收账款出质后,不得转让,但是经出质人与质权人协商同意的除外。出质人转让应收账款所得的价款,应当向质权人提前清偿债务或者提存。

【例7-4】 甲于5月12日向银行借款10 000元,以其在该银行的11 000元1年期定期存单出质。8月20日,10 000元借款到期,甲无力偿还,银行支取了存单金额11 000元及利息300元。甲存单上的本息是否应全部归银行所有?

【解析】 这是一个实现质权的问题。如果质押合同中没有特别约定,应就全部债务承担质押保证责任,包括主债务及其利息、违约金、损害赔偿金、质物保管费用和实现质权的费用。银行支取的11 000元本金和300元利息,应扣除银行的10 000元借款及其利息、违约金,如有剩余应返还给甲。

第五节 留 置

一、留置的概念

(一)留置的概念和特征

留置是指债权人按照合同的约定占有债务人的动产,债务人不按照合同约定的期限履行债务的,债权人有权依照法律留置该财产,以该财产折价或者以拍卖、变卖该财产的价款优先受偿的行为。在留置关系中,享有留置权的债权人为留置权人,留置权人留置的财产为留置物。债权人依法留置因履行合同而占有的债务人的财产,并以处分该财产的价款优先受偿的权利称为留置权。

(二)留置权的适用范围

根据《民法典》第四百四十八条规定,债权人留置的动产,应当与债权属于同一法律关系,但是企业之间留置的除外。

法律规定或者当事人约定不得留置的动产,不得留置。

留置权属于担保物权,具有物权乃至担保物权的共同属性,也具有显著的特征:①成立的法定性;②占有的事先性;③留置物与债权的关联性。

二、留置权的效力

(一)留置担保的范围

留置担保的范围包括主债权及利息、违约金、损害赔偿金、留置物保管费用和实现留置权的费用。留置权所涉及的标的物的范围,包括主物、从物、孳息以及留置物的代位物。

(二)留置权对留置权人的效力

留置财产为可分物的,留置财产的价值应当相当于债务的金额。

留置权人负有妥善保管留置财产的义务；因保管不善致使留置财产毁损、灭失的，应当承担赔偿责任。留置权人有权收取留置财产的孳息。孳息应当先充抵收取孳息的费用。

（三）留置权对留置物所有人的效力

留置权对留置物所有人的效力包括两方面：一是留置物所有人不丧失对留置物的所有权。但在行使所有权时，不得排斥留置权。二是留置权存续期间，留置物所有人的权利行使受到限制，他不仅不能对留置物进行占有、使用、收取收益，还不能将留置物用于抵押、质押和出租。

【例 7-5】 下列（　　）中，债权人无权行使留置权。

A.保管合同　　　　　　　　　　B.运输合同
C.加工承揽合同　　　　　　　　D.购销合同

【解析】 D。法律规定因保管合同、运输合同、加工承揽合同发生的债权，债务人不履行债务的，债权人有留置权。

法条链接：
《民法典》第四百五十条规定："留置财产为可分物的，留置财产的价值应当相当于债务的金额。"

三、留置权的实现

留置权人与债务人应当约定留置财产后的债务履行期限；没有约定或者约定不明确的，留置权人应当给债务人六十日以上履行债务的期限，但是鲜活易腐等不易保管的动产除外。

债务人逾期未履行的，留置权人可以与债务人协议以留置财产折价，也可以就拍卖、变卖留置财产所得的价款优先受偿。留置财产折价或者变卖的，应当参照市场价格。

债务人可以请求留置权人在债务履行期限届满后行使留置权；留置权人不行使的，债务人可以请求人民法院拍卖、变卖留置财产。留置财产折价或者拍卖、变卖后，其价款超过债权数额的部分归债务人所有，不足部分由债务人清偿。

同一动产上已经设立抵押权或者质权，该动产又被留置的，留置权人优先受偿。

留置权人对留置财产丧失占有或者留置权人接受债务人另行提供担保的，留置权消灭。

第六节　定　金

一、定金的概念

定金是由合同一方当事人预先向对方当事人交付一定数额的货币，以保障合同履行的担保方式。

二、定金合同

设立定金应当签订定金合同。定金合同是当事人为担保债务的履行而约定定金的协议。定金合同应采用书面形式，既可以单独订立合同，又可以在主合同中约定定金条款。

定金合同一般应包括以下主要内容：

(1)定金的交付期限。当事人可以约定定金的交付期限，但须在主合同履行之前交付。

(2)定金的数额。定金的数额由当事人约定，但是不得超过主合同标的额的百分之二十。超过部分不产生定金的效力。实际交付的定金数额多于或者少于约定数额的，视为变更约定的定金数额。

(3)明确约定适用定金罚则，以区别于预付款。

定金合同自实际交付定金时成立。

三、定金的效力

《民法典》第五百八十七条规定，债务人履行债务的，定金应当抵作价款或者收回。给付定金的一方不履行债务或者履行债务不符合约定，致使不能实现合同目的的，无权请求返还定金；收受定金的一方不履行债务或者履行债务不符合约定，致使不能实现合同目的的，应当双倍返还定金。

当事人既约定违约金，又约定定金的，一方违约时，对方可以选择适用违约金或者定金条款。

定金不足以弥补一方违约造成的损失的，对方可以请求赔偿超过定金数额的损失。

交付定金后，交付定金的一方可以按照合同的约定以丧失定金为代价而解除主合同，收受定金的一方可以以双倍返还定金为代价而解除主合同。

因不可抗力、意外事件致使主合同不能履行的，不适用定金罚则。因合同关系以外第三人的过错，致使主合同不能履行的，适用定金罚则。受定金处罚的一方当事人，可以依法向第三人追偿。

当事人既约定违约金，又约定定金的，一方违约时，对方可以选择适用违约金或者定金条款。

定金不足以弥补一方违约造成的损失的，对方可以请求赔偿超过定金数额的损失。

法条链接：

《民法典》第五百八十六条规定"当事人可以约定一方向对方给付定金作为债权的担保。定金合同自实际交付定金时成立。

定金的数额由当事人约定；但是，不得超过主合同标的额的百分之二十，超过部分不产生定金的效力。实际交付的定金数额多于或者少于约定数额的，视为变更约定的定金数额。"

课后思考题

1. 什么是抵押？关于抵押物，法律有哪些规定？
2. 抵押合同的内容是什么？
3. 什么是动产质押？什么是权利质押？权利质押的范围是什么？
4. 什么是留置及留置权？
5. 什么是定金？定金的数额及罚则的内容是什么？

课后案例

【背景资料】 甲向乙借款8万元办养殖场，乙要求甲以其新购置的越野车作为抵押，甲同意，于是双方签订了借款合同，合同约定：如果甲到期无法偿还借款，乙可以将其越野车变卖后受偿。合同签订后，双方并没有去车管所办理抵押物登记。后来，甲的养殖场倒闭，无力清偿乙的借款，又担心乙低价变卖越野车使其受到更大损失，于是将其越野车卖给了丙。乙知道情况后，向法院起诉，要求法院从丙处追回越野车变卖受偿。

【问题】

1. 甲、乙双方订立的抵押合同是否有效？
2. 乙能否就甲的越野车优先受偿？

第八章 工业产权法

内容提示

1. 工业产权的概念和特征
2. 专利法
3. 商标法

学习目标

【掌握】 授予发明和实用新型专利权的实质条件;专利、商标的优先权原则;专利权的强制许可;专利权的保护,商标的禁用规定。

【了解】 工业产权的特征;工业产权、专利权、商标、商标权、职务发明等的概念;商标的分类;商标权和专利权法律关系的构成;专利权的终止和无效。

思政目标

帮助学生理解申请注册和使用商标应当遵循诚实信用原则中所体现的社会主义核心价值观内容,做社会主义核心价值观的践行者。

课前案例导入

【背景资料】 甲厂自2015年起在其生产的衬衫上使用"飞天"商标;2016年,乙厂也开始使用"飞天"商标。2018年5月,乙厂的"飞天"商标经国家商标局核准注册,其核定使用的商品为服装等。2019年1月乙厂发现甲厂在衬衫上使用"飞天"商标,很容易引起消费者的误认,因此甲、乙双方发生纠纷。

【问题】
1. 甲、乙两个厂哪个厂构成侵权?为什么?
2. 侵权行为始于何时?请说明理由。
3. 侵权方能否继续使用"飞天"商标?请提出可行性建议。

第一节 工业产权法概述

一、工业产权的概念和特征

工业产权是指人们依法对应用于商品生产和流通中的创造发明和显著标记等智力成果,在一定地区和期限内享有的专有权。在我国,工业产权主要是指专利权和商标权。

工业产权与版权统称为知识产权。

工业产权是无形财产权,与有形财产相比较具有专有性、地域性、时效性等法律特征。

二、工业产权法的概念

工业产权法是调整因确认、保护、转让和使用工业产权而发生的各种社会关系的法律规范的总称。

在我国已颁布实施的有关工业产权的法律法规主要有《中华人民共和国专利法》(以下简称《专利法》)、《中华人民共和国专利法实施细则》(以下简称《专利法实施细则》)、《中华人民共和国商标法》(以下简称《商标法》)、《中华人民共和国商标法实施条例》(以下简称《商标法实施条例》)。具有法律效力的国际条约主要有:1883年在巴黎签订的《保护工业产权巴黎公约》(中国于1985年加入)、1970年在华盛顿签订的《专利合作条约》(中国于1994年加入)、1891年在马德里签订的《商标国际注册马德里协定》(中国于1989年加入)、1973年在维也纳签订的《商标注册条约》等。

> **法条链接:**
> 《专利法》第一条规定:"为了保护专利权人的合法权益,鼓励发明创造,推动发明创造的应用,提高创新能力,促进科学技术进步和经济社会发展,制定本法。"

第二节 专利法

一、专利、专利权与专利法

(一)专利

专利一词,通常有三种含义:

(1)专利是专利权的简称,指国务院专利行政部门依法授予专利申请人在法定期限内对其发明创造享有的专有权。

(2)专利是指受专利法保护的发明创造,一般包括发明、实用新型和外观设计三种专利。

(3)专利是指专利文献,主要是记载发明创造内容的专利说明书。

(二)专利权

专利权是指按专利法的规定,由国务院专利行政部门授予发明人、设计人或其所属单位,在法定期限内对某项发明创造享有的专有权。

专利权除了具有一般工业产权所具有的专有性、地域性和时效性的特征外,还具有公开性。所谓公开性,是指专利权的产生以公开专利技术为前提,发明人或专利申请人在申请专利时,必须把发明的技术资料详细地向负责审批的国家专利负责机关报告。

(三)专利法

专利法是调整在确认和保护发明创造的专有权以及在利用专有的发明创造过程中发生的社会关系的法律规范的总称。

1984年3月12日,第六届全国人民代表大会常务委员会第四次会议通过并公布了《专利法》,自1985年4月1日起施行。根据1992年9月4日第七届全国人民代表大会常务委员会第二十七次会议通过的《全国人民代表大会常务委员会关于修改〈中华人民共和国专利法〉的决定》第一次修正,根据2000年8月25日第九届全国人民代表大会常务委员会第十七次会议通过的《全国人民代表大会常务委员会关于修改〈中华人民共和国专利法〉的决定》第二次修正,根据2008年12月27日第十一届全国人民代表大会常务委员会第六次会议通知的《全国人民代表大会常务委员会关于修改〈中华人民共和国专利法〉的决定》第三次修正,根据2020年10月17日第十三届全国人民代表大会常务委员会第二十二次会议通过的《全国人民代表大会常务委员会关于修改〈中华人民共和国专利法〉的决定》第四次修正。

二、专利权的主体与客体

(一)专利权的主体

专利权的主体又称专利权人,是指依法享有专利权的单位和个人。我国专利权的主体有以下几种:

1.职务发明创造的发明人或设计人所在的单位

执行本单位的任务或者主要是利用本单位的物质技术条件所完成的发明创造为职务发明创造。具体包括:

(1)在本职工作中作出的发明创造。

(2)履行本单位交付的本职工作之外的任务所作出的发明创造。

(3)退休、调离原单位后或者劳动、人事关系终止后一年内作出的,与其在原单位承担的本职工作或者原单位分配的任务有关的发明创造。

职务发明创造申请专利的权利属于该单位,申请被批准后,该单位为专利权人。

被授予专利权的单位应当对职务发明创造的发明人或者设计人给予奖励;发明创造专利实施后,根据其推广应用的范围和取得的经济效益,对发明人或者设计人给予合理的报酬。

国家鼓励被授予专利权的单位实行产权激励,采取股权、期权、分红等方式,使发明人或者设计人合理分享创新收益。

> ⚠ **特别提示 8-1** 在完成发明创造过程中,只负责组织工作的人、为物质技术条件的利用提供方便的人或者从事其他辅助工作的人,不是发明人或设计人。

2.非职务发明创造的发明人或设计人

非职务发明创造是指发明人或设计人在工作时间以外,与职务无关,并且未利用本单位的物质技术条件所完成的发明创造。非职务发明创造,申请专利的权利属于发明人或者设计人;申请被批准后,该发明人或者设计人为专利权人。任何单位和个人不得压制非职务发明创造。

【例 8-1】 某医院护士长王艳艳,根据自己多年的护理经验,利用业余时间,完成了一项关于医院病人用床的实用新型技术方案。当王艳艳请医院为自己出具非职务发明证明时,医院院长认为该项实用新型技术是王艳艳在履行自己的本职工作中完成的,应为职务发明,而拒绝出具证明。因此,护士长王艳艳与院方发生纠纷。请问护士长王艳艳完成的该项实用新型技术是否为职务发明?为什么?

【解析】 护士长王艳艳完成的该项实用新型技术为非职务发明。《专利法》第六条规定,执行本单位的任务或主要是利用本单位的物质技术条件所完成的发明创造为职务发明创造。而王艳艳的发明是在自己的本职工作之外,利用自己的业余时间,且并未利用医院的物质条件完成的,因此应当是非职务发明创造。

3.共同发明人或设计人

两个以上单位或者个人合作完成的发明创造、一个单位或者个人接受其他单位或者个人委托所完成的发明创造,除另有协议的以外,申请专利的权利属于完成或者共同完成的单位或者个人;申请被批准后,申请的单位或者个人为专利权人。

【例 8-2】 甲、乙共同完成一项发明。根据法律制度的规定,下列关于该项发明的专利申请权的表述中,错误的是( )。

A.如果甲不同意申请专利,乙可以自行申请

B.如果甲放弃其专利申请权,乙可以单独申请,但取得专利后,甲有免费使用的权利

C.如果甲、乙之间事先没有约定,申请专利的权利属于甲、乙共有

D.如果甲准备转让其共有的专利申请权,乙在同等条件下有优先受让的权利

【解析】 A。共同发明:两个以上单位或者个人合作完成的发明创造、一个单位或者个人接受其他单位或者个人委托所完成的发明创造,除另有协议的以外,申请专利的权利属于完成或者共同完成的单位或者个人;申请被批准后,申请的单位或者个人为专利权人。有协议,依照协议;无协议,属于完成或者共同完成发明创造的单位或者个人。合作开发的当事人一方不同意申请专利的,另一方或者其他各方不得申请专利。

4.发明创造的合法受让人

作出发明创造的单位或个人可以将自己所有的专利申请权转让给他人,合法受让人有权就受让的发明创造申请专利,申请被批准后,专利权归该申请人所有。

5.外国人

在中国没有经常居所或者营业场所的外国人、外国企业或者外国其他组织在中国申请专利的,依照其所属国同中国签订的协议或者共同参加的国际条约,或者依照互惠原则,依法办理。

在中国没有经常居所或者营业场所的外国人、外国企业或者外国其他组织在中国申请专利和办理其他专利事务的,应当委托依法设立的专利代理机构办理。

(二)专利权的客体

专利权的客体是指专利法保护的对象,即依法可以取得专利权的发明创造。专利权的客体有发明、实用新型和外观设计。

1.发明

专利法所称的发明是指对产品、方法或者其改进所提出的新的技术方案。发明分为产

品发明和方法发明，前者包括制造品的发明、材料物品的发明、具有特定用途物品的发明；后者包括制造产品方法的发明、使用产品方法的发明、测量方法和通信方法的发明等。

2.实用新型

专利法所称的实用新型是指对产品的形状、构造或者其结合所提出的适于实用的新的技术方案。实用新型也称小发明，它仅仅涉及具有一定形状的物品发明，不包括方法发明，而且同前述发明相比，实用新型对产品的创造性要求较低。

3.外观设计

专利法所称的外观设计是指对产品的整体或局部的形状、图案或者其结合以及色彩与形状、图案的结合所作出的富有美感并适于工业应用的新设计。

三、授予专利权的条件

发明专利和实用新型专利的授权条件和外观设计专利的授权条件不同。

（一）发明专利或者实用新型专利的授权条件

授予专利权的发明和实用新型，应当具备新颖性、创造性和实用性。

1.新颖性

新颖性是指该发明或者实用新型不属于现有技术；也没有任何单位或者个人就同样的发明或者实用新型在申请日以前向国务院专利行政部门提出过申请，并记载在申请日以后公布的专利申请文件或者公告的专利文件中。

申请专利的发明创造在申请日以前六个月内，有下列情形之一的，不丧失新颖性：

(1)在国家出现紧急状态或者非常情况时，为公共利益目的首次公开的；
(2)在中国政府主办或者承认的国际展览会上首次展出的；
(3)在规定的学术会议或者技术会议上首次发表的；
(4)他人未经申请人同意而泄露其内容的。

【例8-3】 李某设计了一个智能吸尘器，向国家有关部门申请专利，但发现国外已有这类产品销售。请问这个智能吸尘器是否还具有新颖性？

【解析】 只要发明创造没有在国内外出版物上公开发表过、在国内公开使用过或者以其他方式为公众所知，也没有由他人向国务院专利行政部门提出过申请并且记载在申请日以后公布的专利申请文件中，就具有新颖性。

2.创造性

创造性是指与现有技术相比，该发明具有突出的实质性特点和显著的进步，或该实用新型具有实质性特点和进步。

实用新型与发明在创造性上的要求是有差别的，它不要求"突出"和"显著"。

3.实用性

实用性是指该发明或者实用新型能够制造或者使用，并且能够产生积极效果。

（二）外观设计专利的授权条件

授予专利权的外观设计，应当不属于现有设计；也没有任何单位或者个人就同样的外观设计在申请日以前向国务院专利行政部门提出过申请，并记载在申请日以后公告的专利文件中。

现有设计是指申请日以前在国内外为公众所知的设计。

授予专利权的外观设计与现有设计或者现有设计特征的组合相比，应当具有明显区别。

授予专利权的外观设计不得与他人在申请日以前已经取得的合法权利相冲突。

(三) 不授予专利权的发明创造

《专利法》对专利权客体的范围进行了某些限制性的规定，对违反法律、社会公德或者妨害公共利益的发明创造，对违反法律、行政法规的规定获取或者利用遗传资源，并依赖该遗传资源完成的发明创造，不授予专利权。此外，对不具有技术特征的发现和方法等，不受专利法保护。具体事项如下：

(1) 科学发现；
(2) 智力活动的规则和方法；
(3) 疾病的诊断和治疗方法；
(4) 动物和植物品种（动物和植物品种的生产方法，可以授予专利权）；
(5) 原子核变换方法以及用原子核变换方法获得的物质；
(6) 对平面印刷品的图案、色彩或者二者的结合作出的主要起标识作用的设计。

四、专利的申请与审批

作为无形财产的专利，其所属权利必须经过专门法律的确认，即专利申请人向国务院专利行政部门提出申请，经过法定程序的审查、批准后才能获得专利权。

以书面形式申请专利的，应当向国务院专利行政部门提交申请文件一式两份。

(一) 专利的申请

1. 专利申请所需文件

申请发明和实用新型专利时应向国务院专利行政部门递交请求书、说明书、摘要、权利要求书等文件：

(1) 请求书，用以表明请求授予专利权的愿望。
(2) 说明书，用以说明专利的实质内容。
(3) 摘要，用以概括专利的技术内容，便于审查和了解。
(4) 权利要求书，用以限定专利的保护范围。权利要求书应当以说明书为依据，清楚、简要地限定要求专利保护的范围。

2. 专利申请的原则

(1) 诚实信用原则。申请专利和行使专利权应当遵循诚实信用原则。不得滥用专利权损害公共利益或者他人合法权益。

滥用专利权，排除或者限制竞争，构成垄断行为的，依照《中华人民共和国反垄断法》处理。

(2) 保密原则。任何单位或者个人将在中国完成的发明或者实用新型向外国申请专利的，以及中国单位或者个人根据中华人民共和国参加的有关国际条约提出专利国际申请的，应当事先报经国务院专利行政部

法条链接：
《专利法》第三条规定："国务院专利行政部门负责管理全国的专利工作；统一受理和审查专利申请，依法授予专利权。省、自治区、直辖市人民政府管理专利工作的部门负责本行政区域内的专利管理工作。"

门进行保密审查。保密审查的程序、期限等按照国务院的规定执行。对违反本条规定向外国申请专利的发明或者实用新型,在中国申请专利的,不授予专利权。

> ⚠️ **特别提示 8-2**　向国务院专利行政部门提交专利国际申请的,视为同时提出了保密审查请求。

保密专利申请经审查没有发现驳回理由的,国务院专利行政部门应当作出授予保密专利权的决定,颁发保密专利证书,登记保密专利权的有关事项。

(3)单一性原则。一件发明或者实用新型专利申请应当限于一项发明或者实用新型。属于一个总的发明构思的两项以上的发明或者实用新型,可以作为一件申请提出。

一件外观设计专利申请应当限于一项外观设计。同一产品两项以上的相似外观设计,或者用于同一类别并且成套出售或者使用的产品的两项以上外观设计,可以作为一件申请提出。但一件外观设计专利申请中的相似外观设计不得超过十项。

(4)申请在先原则。申请在先原则是指两个以上的申请人分别就同样的发明创造申请专利的,专利权授予最先向国务院专利行政部门提出申请的人。如果两个以上的申请人在同一日分别就同样的发明创造申请专利的,应当在收到国务院专利行政部门的通知后自行协商确定申请人。

【例 8-4】　王某在黑龙江省齐齐哈尔市于 2020 年 4 月 1 日向国务院专利行政部门邮寄名为"保温鞋"的实用新型专利申请文件,邮戳日为 2020 年 4 月 1 日,国务院专利行政部门收到该申请文件的日期为 2020 年 4 月 6 日。李某在北京于 2020 年 4 月 2 日向国务院专利行政部门直接递交一份与王某同样的发明创造的专利申请文件,也名为"保温鞋"的实用新型专利申请。请问应该如何处理这两件申请?为什么?

【解析】　两个以上主题相同的发明创造分别向国务院专利行政部门提出申请的,实行申请在先原则。即谁是最先申请人,谁就是请求权人。确定的方法是,以申请日作为申请时间先后的判断标准,以国务院专利行政部门收到专利申请文件之日为申请日,但是申请文件是邮寄的,以寄出的邮戳日为申请日。在本题中,王某是以邮寄方式申请的,邮戳日是 2020 年 4 月 1 日,因此他的申请日依法应确定为 2020 年 4 月 1 日。而李某是以直接递交方式申请的,递交时间是 2020 年 4 月 2 日,申请日为 2020 年 4 月 2 日。由此可见,王某是该项专利的最先申请人,国务院专利行政部门应确定该项专利的专利权归王某所有。

(4)优先权原则。优先权是指一个发明创造在一个缔约国第一次提出申请以后,在一定期限内又在其他缔约国提出申请的,申请人有权要求将第一次申请的日期视为后来申请的日期。

申请人自发明或者实用新型在中国第一次提出专利申请之日起十二个月内,或者自外观设计在中国第一次提出专利申请之日起六个月内,又向国务院专利行政部门就相同主题提出专利申请的,可以享有优先权。

> **法条链接:**
> 《专利法》第二十八条规定:"国务院专利行政部门收到专利申请文件之日为申请日。如果申请文件是邮寄的,以寄出的邮戳日为申请日。"

(二)专利的审批

1.发明专利的审批

专利申请的审查是一项发明创造能否获得专利权的决定性程序。对于发明专利申请,需要经过初步审查、早期公开、实质审查等几个阶段。

(1)初步审查。初步审查也称形式审查,是指国务院专利行政部门对专利申请的形式、条件进行的审查。

(2)早期公开。早期公开是指国务院专利行政部门经初步审查认为符合《专利法》要求的,自申请日起满十八个月,即行公布其申请。国务院专利行政部门也可以根据申请人的请求早日公布其申请。

早期公开的内容包括申请人的姓名、地址、申请日期、说明书、权利要求书、摘要等,并刊登在国务院专利行政部门的专利公报中。

(3)实质审查。实质审查主要是从技术角度对申请专利的发明创造是否具有新颖性、创造性和实用性进行审查。实质审查主要是应申请人的要求而进行的。

> **特别提示8-3** 申请人从申请日起三年内,可以随时请求实质审查;申请人无正当理由逾期不请求实质审查的,该申请即被视为撤回。

在三年期限内,国务院专利行政部门认为必要的时候,可以自行对专利申请进行实质审查。

(4)通知申请人陈述或修改申请书。国务院专利行政部门自行修改的,应当通知申请人。

(5)授予发明专利权。发明专利申请经实质审查没有发现驳回理由的,由国务院专利行政部门作出授予发明专利权的决定,发给发明专利证书,同时予以登记和公告。

> **特别提示8-4** 发明专利权自公告之日起生效。

2.实用新型专利和外观设计专利的审批

实用新型专利和外观设计专利申请经初步审查没有发现驳回理由的,由国务院专利行政部门作出授予实用新型专利权或者外观设计专利权的决定,发给相应的专利证书,同时予以登记和公告。实用新型专利权和外观设计专利权自公告之日起生效。

同样,实用新型或者外观设计专利申请人自申请日起二个月内,也可以对实用新型或者外观设计专利申请主动提出修改。

申请人也可以在被授予专利权之前随时撤回其专利申请。

(三)专利权的复审

专利申请人对国务院专利行政部门驳回申请的决定不服的,可以自收到通知之日起三个月内向国务院专利行政部门请求复审。国务院专利行政部门复审后,作出决定,并通知专利申请人。

法条链接:
《专利法》第四十一条规定"专利申请人对国务院专利行政部门驳回申请的决定不服的,可以自收到通知之日起三个月内向国务院专利行政部门请求复审。国务院专利行政部门复审后,作出决定,并通知专利申请人。

专利申请人对国务院专利行政部门的复审决定不服的,可以自收到通知之日起三个月内向人民法院起诉。"

知识拓展

专利权的无效宣告

专利申请人对国务院专利行政部门的复审决定不服的,可以自收到通知之日起三个月内向人民法院起诉。

> **特别提示 8-5** 宣告无效的专利权视为自始即不存在。
> 对国务院专利行政部门宣告专利权无效或者维持专利权的决定不服的,可以自收到通知之日起三个月内向人民法院起诉。人民法院应当通知无效宣告请求程序的对方当事人作为第三人参加诉讼。

五、专利权的内容和期限

(一)专利权的内容

1.专利权人的权利

(1)独占权。发明和实用新型专利权被授予后,除《专利法》另有规定的以外,任何单位或者个人未经专利权人许可,都不得实施其专利,即不得为生产经营目的制造、使用、许诺销售、销售、进口其专利产品,或者使用其专利方法以及使用、许诺销售、销售、进口依照该专利方法直接获得的产品。

外观设计专利权被授予后,任何单位或者个人未经专利权人许可,都不得实施其专利,即不得为生产经营目的制造、许诺销售、销售、进口其外观设计专利产品。

(2)许可权。专利权人自愿以书面方式向国务院专利行政部门声明愿意许可任何单位或者个人实施其专利,并明确许可使用费支付方式、标准的,由国务院专利行政部门予以公告,实行开放许可。

(3)转让权。专利权人有将自己的专利权转让给他人的权利。转让专利权必须订立书面合同,并经国务院专利行政部门登记和公告后发生法律效力。

(4)标记权。专利权人有在专利产品或者该产品包装上标明专利标记和专利号的权利。发明人和设计人有在专利文件上写明自己是发明人或设计人的权利,这种人身权不因专利权的归属或转让而消失。

(5)投资权。专利权人有将其专利作价投资的权利。投资作价由双方商定或由评估部门评估。

(6)排除侵犯权。专利权人有在其专利权受到侵犯时,请求管理专利工作的部门进行解决或直接向人民法院提起诉讼的权利。

(7)放弃专利权。专利权人有以书面声明形式放弃其专利权的权利。

2.专利权人的义务

(1)实施专利的义务。专利权人负有制造其专利产品或使用其专利方法,以及许可他人实施专利的义务。专利发明只有经过实施才能转化为生产力,促进经济和社会的进步。

(2)缴纳专利费的义务。专利费是专利权人付给国务院专利行政部门局的管理费用,从授予专利权的当年开始缴纳年费,不按规定缴纳年费的,视为自动放弃专利权。

(3) 给予报酬的义务。被授予专利权的单位应当对职务发明创造的发明人或者设计人给予奖励。发明创造专利实施后,根据其推广应用的范围和取得的经济效益,对发明人或者设计人给予合理的报酬。

(二) 专利权的期限

发明专利权的期限为二十年,实用新型专利权的期限为十年,外观设计专利权的期限为十五年,均自申请日起计算。

专利权的终止有两种情况:

(1) 期限届满终止,即正常终止。

(2) 期限届满前终止,即提前终止,包括专利权人没有按期缴纳年费和专利权人以书面形式声明放弃专利权两种形式。

专利权在期限届满前终止的,应由国务院专利行政部门登记和公告。

法条链接:《专利法》第四十二条第一款规定:"发明专利权的期限为二十年,实用新型专利权的期限为十年,外观设计专利权的期限为十五年,均自申请日起计算。"

【例 8-5】 某铁道企业工人沈某发明了一种推进火车速度的磨合剂,并申请了专利。由于按该磨合剂的方法,可将现火车时速提高,国务院专利行政部门与沈某多次协商使用其发明,但沈某所提要求太高,未能达成协议。于是,便在铁道系统强制实施这项专利并支付其使用费 5 万元。沈某认为国务院专利行政部门侵犯了其专利权。请问该主管部门的行为是否合法?

【解析】 根据《专利法》的规定,为了公共利益的目的,国务院专利行政部门可以给予实施发明专利或者实用新型专利的强制许可。本案中沈某的发明将火车时速提高,对我国铁路运输事业无疑具有非常重要的意义。该主管部门在与其协商不成的情况下,强制实施其专利,是符合这一法律规定的。

六、专利权的保护

(一) 专利权的保护范围

发明或者实用新型专利权的保护范围以其权利要求的内容为准,说明书及附图可以用于解释权利要求的内容。外观设计专利权的保护范围以表示在图片或者照片中的该产品的外观设计为准,简要说明可以用于解释图片或者照片所表示的该产品的外观设计。

(二) 专利权的保护机构

国务院专利行政部门应当对管理专利工作的部门处理专利侵权纠纷、查处假冒专利行为、调解专利纠纷进行业务指导。

(三) 侵犯专利权的诉讼时效

侵犯专利权的诉讼时效为三年,自专利权人或者利害关系人得知或者应当得知侵权行为之日起计算。

发明专利申请公布后至专利权授予前使用该发明未支付适当使用费的,专利权人要求支付使用费的诉讼时效为三年,自专利权人知道或者应当知道他人使用其发明之日起计算,但是,专利权人于专利权授予之日前即已知道或者应当知道的,自专利权授予之日起计算。

(四)专利侵权行为及例外

> **特别提示 8-6** 对于侵权行为的判断,以专利权保护的范围为准。

专利侵权行为是指在专利权有效期限内,任何人未经专利权人许可,也没有其他法定事由的情况下,擅自以营利为目的实施专利的行为。但是,法律规定特定的情形不视为专利侵权行为。

1.假冒专利的行为

(1)在未被授予专利权的产品或者其包装上标注专利标识,专利权被宣告无效后或者终止后继续在产品或者其包装上标注专利标识,或者未经许可在产品或者产品包装上标注他人的专利号。

(2)销售上述所述产品。

(3)在产品说明书等材料中将未被授予专利权的技术或者设计称为专利技术或者专利设计,将专利申请称为专利,或者未经许可使用他人的专利号,使公众将所涉及的技术或者设计误认为是专利技术或者专利设计。

(4)伪造或者变造专利证书、专利文件或者专利申请文件。

(5)其他使公众混淆,将未被授予专利权的技术或者设计误认为是专利技术或者专利设计的行为。

【例 8-6】 甲公司于2021年5月14日获得一项外观设计专利,乙公司未经许可,为生产经营目的制造该专利产品并销售。请问乙公司是否构成侵权?如构成侵权,该如何处理?

【解析】《专利法》第十一条规定,发明和实用新型专利权被授予后,除本法另有规定的以外,任何单位或者个人未经专利权人许可,都不得实施其专利,即不得为生产经营目的制造、使用、许诺销售、销售、进口其专利产品,或者使用其专利方法以及使用、许诺销售、销售、进口依照该专利方法直接获得的产品。对侵权行为,专利权人或利害关系人可以请求管理专利工作的部门处理,或直接向人民法院起诉。管理专利工作的部门有权责令侵权人停止侵权,赔偿损失,消除影响。

2.不视为侵犯专利权的行为

(1)专利产品或者依照专利方法直接获得的产品,由专利权人或者经其许可的单位、个人售出后,使用、许诺销售、销售、进口该产品的。

(2)在专利申请日前已经制造相同产品、使用相同方法或者已经作好制造、使用的必要准备,并且仅在原有范围内继续制造、使用的。

(3)临时通过中国领陆、领水、领空的外国运输工具,依照其所属国同中国签订的协议或者共同参加的国际条约,或者依照互惠原则,为运输工具自身需要而在其装置和设备中使用有关专利的。

(4)专为科学研究和实验而使用有关专利的。

(5)为提供行政审批所需要的信息,制造、使用、进口专利药品或者专利医疗器械的,以及专门为其制造、进口专利药品或者专利医疗器械的。

专利侵权行为纠纷的处理

第三节　商标法

一、商标法概述

(一)商标和注册商标的概念

1.商标的概念

商标是商品和服务项目的特定标志,在日常生活中,人们俗称其为"牌子"。商标是自然人、法人或者其他组织对其生产、制造、加工、拣选或者经销的商品或提供的服务同别人生产、制造、加工、拣选或经销的商品或提供的服务相区别的一种标志。

2.注册商标的概念

注册商标是指经商标局核准注册的商标,包括商品商标、服务商标和集体商标、证明商标。以下主要介绍集体商标和证明商标。

集体商标是指以团体、协会或者其他组织名义注册,供该组织成员在商事活动中使用,以表明使用者在该组织中的成员资格的标志。"沙县小吃""五常大米""山西老陈醋"等为典型的集体商标。

证明商标是指由对某种商品或者服务具有监督能力的组织所控制,而由该组织以外的单位或者个人使用于其商品或者服务,用以证明该商品或者服务的原产地、原料、制造方法、质量或者其他特定品质的标志。例如在我国具有代表性的证明商标有"绿色食品""纯羊绒"等。

集体商标、证明商标注册和管理的特殊事项,由国务院工商行政管理部门规定。

(二)商标的特征

1.标记性

商标是商品和商业服务的标记,它与商品和商业服务有紧密的联系,是用在商品和服务领域的特定的标记。

2.区别性

商标是区别不同商品或相同商品生产者、经营者和商业服务者的标记。

3.信誉性

商标反映商品的质量和服务的水平,为商品购买者和服务对象提供特殊的信息,代表不同的商业信誉。

(三)商标的种类

商标可以依不同标准进行分类,常见的分类方式如下:

(1)商标按照其使用对象的不同,可以分为商品商标和服务商标。

(2)商标按照其构成商标图案形态的不同,可以分为文字商标、图形商标和组合商标。

(3)商标按照其使用者的不同,可以分为制造商标、销售商标和集体商标。

(4)商标按照其特殊性质的不同,可以分为联合商标、防御商标和证明商标。

【例8-7】 为了创造自己的品牌,某蛋糕店注册了"天天乐"商标。根据商标的用途,该商标的性质属于什么商标?

【解析】 商品商标。商品商标以商品特定规格、品种来区分使用在商品上。

(四)商标法的概念

商标法是调整在确认、保护商标专用权和商标使用过程中发生的社会关系的法律规范的总称。

1982年8月23日,第五届全国人民代表大会常务委员会第二十四次会议通过了《中华人民共和国商标法》(以下简称《商标法》),于1983年3月1日起施行。1993年2月22日第七届全国人民代表大会常务委员会第三十次会议和2001年10月27日第九届全国人民代表大会常务委员会第二十四次会议两次修正。根据2013年8月30日第十二届全国人民代表大会常务委员会第四次会议通过的《全国人民代表大会常务委员会关于修改〈中华人民共和国商标法〉的决定》第三次修正。根据2019年4月23日第十三届全国人民代表大会常务委员会第十次会议通过的《全国人民代表大会常务委员会关于修改〈中华人民共和国建筑法〉等八部法律的决定》第四次修正。

法条链接:
《商标法》第一条规定:"为了加强商标管理,保护商标专用权,促使生产、经营者保证商品和服务质量,维护商标信誉,以保障消费者和生产、经营者的利益,促进社会主义市场经济的发展,特制定本法。"

二、商标权的取得

商标权是指按照《商标法》的规定,由国家商标管理部门授予商标注册申请人在法定期限内对其注册商标享有的专用权。任何单位和个人未经商标权人许可,不得在相同商品或者类似商品上使用与其注册商标相同或近似的商标。

(一)取得商标权的方式

1.注册取得

自然人、法人或者其他组织在生产经营活动中,对其商品或者服务需要取得商标专用权的,应当向商标局申请商标注册。不以使用为目的的恶意商标注册申请,应当予以驳回。

两个以上的自然人、法人或者其他组织可以共同向商标局申请注册同一商标,共同享有和行使该商标专用权。

法律、行政法规规定必须使用注册商标的商品,必须申请商标注册,未经核准注册的,不得在市场销售。

申请注册和使用商标,应当遵循诚实信用原则。

商标使用人应当对其使用商标的商品质量负责。各级工商行政管理部门应当通过商标管理,制止欺骗消费者的行为。

2.转让取得

商标权人也可以通过转让注册商标,使受让人取得转让人的注册商标。

法条链接:
《商标法》第二条规定:"国务院工商行政管理部门商标局主管全国商标注册和管理的工作。国务院工商行政管理部门设立商标评审委员会,负责处理商标争议事宜。"

法条链接:
《商标法》第六条规定:"法律、行政法规规定必须使用注册商标的商品,必须申请商标注册,未经核准注册的,不得在市场销售。"

> ⚠ **特别提示 8-7**　转让注册商标要通过商标局，商标局核准转让注册商标申请后，发给受让人相应证明，并予以公告。

（二）商标注册的原则及条件

1.商标注册的原则

（1）自愿注册与强制注册相结合的原则。我国对大部分商品或服务项目使用的商标，采取自愿注册的原则，由商标使用人自主决定是否进行商标注册；与此同时，对部分商品实行商标强制注册制度。

国家规定必须使用注册商标的商品，一般限于与人民生活关系密切、涉及人身安全和健康的少数商品。

> ⚠ **特别提示 8-8**　目前我国必须使用注册商标的商品只有烟草制品，包括卷烟、雪茄烟和有包装的烟丝。

（2）申请在先原则。申请在先原则主要有以下三种情形：

①两个或两个以上的申请人，在同一种或类似商品或服务上，以相同或者近似的商标申请注册的，初步审定并公告申请在先的商标。

②同一天申请的，初步审定并公告使用在先的商标，驳回其他人的申请。

③同一天使用或者均未使用的，申请人应当进行协商解决；超过 30 天达不成协议时，由商标局裁定，或抽签决定。

商标注册的申请日期，以商标局收到申请文件的日期为准。

申请商标注册不得损害他人现有的在先权利，也不得以不正当手段抢先注册他人已经使用并有一定影响的商标。

（3）优先权原则。优先权原则包括下列两种情形：

①商标注册申请人自其商标在外国第一次提出商标注册申请之日起六个月内，又在中国就相同商品以同一商标提出商标注册申请的，依照该外国同中国签订的协议或者共同参加的国际条约，或者按照相互承认优先权的原则，可以享有优先权。

②商标在中国政府主办的或者承认的国际展览会展出的商品上首次使用的，自该商品展出之日起六个月内，该商标的注册申请人可以享有优先权。

（4）"一类商品，一个商标，一份申请"原则。申请商标注册，应当按照公布的商品和服务分类表按类申请，即"一类商品，一个商标，一份申请"原则提出申请。申请人如果在不同类别的商品上使用同一商标，应当按商品分类表分别提出注册申请，分别提交有关文件。

（5）诚实信用原则。申请注册和使用商标，应当遵循诚实信用原则。商标使用人应当对其使用商标的商品质量负责。各级工商行政管理部门应当通过商标管理，制止欺骗消费者的行为。

2.商标注册的条件

(1)商标注册的必备条件：

①应当具备法定的构成要素。任何能够将自然人、法人或者其他组织的商品与他人的商品区别开来的标志，包括文字、图形、字母、数字、三维标志、颜色组合和声音等，以及上述要素的组合，均可以作为商标申请注册。

②商标应当具有显著特征，便于识别，并不得与他人在先取得的合法权利相冲突。

(2)不得作为商标使用的标志：

①同中华人民共和国的国家名称、国旗、国徽、军旗、勋章相同或者近似的，以及同中央国家机关的名称、标志、所在地特定地点的名称或者标志性建筑物的名称、图形相同的；

②同外国的国家名称、国旗、国徽、军旗相同或者近似的，但经该国政府同意的除外；

③同政府间国际组织的名称、旗帜、徽记相同或者近似的，但经该组织同意或者不易误导公众的除外；

④与表明实施控制、予以保证的官方标志、检验印记相同或者近似的，但经授权的除外；

⑤同"红十字""红新月"的名称、标志相同或者近似的；

⑥带有民族歧视性的；

⑦带有欺骗性，容易使公众对商品的质量等特点或者产地产生误认的；

⑧有害于社会主义道德风尚或者有其他不良影响的；

⑨县级以上行政区划的地名或者公众知晓的外国地名，不得作为商标；但是，地名具有其他含义或者作为集体商标、证明商标组成部分的除外；已经注册的使用地名的商标继续有效。

(3)不得作为商标注册的标志：

①仅有本商品的通用名称、图形、型号的；

②仅直接表示商品的质量、主要原料、功能、用途、重量、数量及其他特点的；

③其他缺乏显著特征的；

④以三维标志申请注册商标的，仅由商品自身的性质产生的形状、为获得技术效果而需有的商品形状或者使商品具有实质性价值的形状，不得注册；

⑤商标中有商品的地理标志，而该商品并非来源于该标志所标示的地区，误导公众的，不予注册并禁止使用；但是，已经善意取得注册的继续有效。

地理标志是指标示某商品来源于某地区，该商品的特定质量、信誉或者其他特征主要由该地区的自然因素或者人文因素所决定的标志。

(三)注册商标的申请、审查和核准

1.注册商标的申请

商标注册申请人应当按规定的商品分类表填报使用商标的商品类别和商品名称，提出注册申请。

法条链接：
《商标法》第二十七条规定："为申请商标注册所申报的事项和所提供的材料应当真实、准确、完整。"

商标注册申请人可以通过一份申请就多个类别的商品申请注册同一商标。

商标注册申请等有关文件,可以以书面方式或者数据电文方式提出。

注册商标需要在核定使用范围之外的商品上取得商标专用权的,应当另行提出注册申请。注册商标需要改变其标志的,应当重新提出注册申请。

2.注册商标的审查和核准

对申请注册的商标,商标局应当自收到商标注册申请文件之日起九个月内审查完毕,符合本法有关规定的,予以初步审定公告。

对初步审定公告的商标,自公告之日起三个月内,在先权利人、利害关系人或者任何人均可以向商标局提出异议。公告期满无异议的,予以核准注册,发给商标注册证,并予公告。

对驳回申请、不予公告的商标,商标局应当书面通知商标注册申请人。商标注册申请人不服的,可以自收到通知之日起十五日内向商标评审委员会申请复审。商标评审委员会应当自收到申请之日起九个月内作出决定,并书面通知申请人。申请人对商标评审委员会的决定不服的,可以自收到通知之日起三十日内向人民法院起诉。

三、注册商标专用权人的权利和义务

(一)注册商标专用权人的权利

1.专用权

注册商标专用权人对其注册商标享有独占使用的权利。专用权具有绝对权的性质,当注册商标专用权人使用注册商标时,在法律规定的范围内,任何人无权加以限制和干涉。

2.许可权

注册商标专用权人享有许可他人使用其注册商标并收取使用费的权利。注册商标专用权人可以通过签订商标使用许可合同,许可他人使用其注册商标,商标使用许可合同应当报商标局备案。

3.转让权

注册商标专用权人享有将其注册商标所有权转让给他人的权利。转让注册商标的,转让人和受让人应当签订转让协议,并共同向商标局提出申请。受让人应当保证使用该注册商标的商品质量。转让注册商标经核准后,商标局对其予以公告。受让人自公告之日起享有商标专用权。

4.投资权

注册商标专用权人享有将注册商标作价投资的权利。投资作价由双方商定或由评估部门评估。

5.续展权

注册商标的有效期为十年,自核准注册之日起计算。注册商标有效期满,需要继续使用的,应当在期满前十二个月内办理续展手续;在此期间未能提出申请的,可以给予六个月的宽展期。每次续展注册的有效期为十年,自该商标上一届有效期满次日起计算。期满未办理续展手续的,注销其注册商标。商标局应当对续展注册的商标予以公告。

法条链接:
《商标法》第四十一条规定:"注册商标需要变更注册人的名义、地址或者其他注册事项的,应当提出变更申请。"

6.标示权

使用注册商标,可以在商品、商品包装、说明书或者其他附着物上标明"注册商标"或者注册标记。使用注册标记,应当标注在商标的右上角或者右下角。

7.禁止权

注册商标专用权人享有禁止他人未经许可在相同或者类似的商品或服务上使用与其注册商标相同或者近似的商标的权利。

(二)注册商标专用权人的义务

1.依法使用注册商标的义务

注册商标必须依法使用,连续三年不使用的,可撤销其注册商标。使用注册商标过程中不得自行改变注册商标,不得自行改变注册商标的注册人名义、地址或者其他注册事项,不得自行转让注册商标。

2.保证商品质量的义务

注册商标专用权人必须保证使用注册商标的商品或服务的质量。

3.缴纳各项费用的义务

注册商标专用权人需要按时缴纳各项费用。

四、注册商标专用权的保护

(一)商标侵权行为的概念

商标侵权行为是指侵犯他人注册商标专用权的行为。

注册商标专用权是一种独占的使用权。未经注册商标专用权人许可,任何人都不准在相同商品或者类似商品上使用与其注册商标相同或近似的商标。当他人侵害了注册商标专用权时,注册商标专用权人可以请求行政保护或司法保护。

> ⚠ **特别提示 8-9**　注册商标专用权的保护范围,以核准注册的商标和核定使用的商品为限。

(二)商标侵权行为的表现形式

(1)未经商标注册人的许可,在同一种商品或者类似商品上使用与其注册商标相同或者近似的商标的;

(2)未经商标注册人的许可,在同一种商品上使用与其注册商标近似的商标,或者在类似商品上使用与其注册商标相同或者近似的商标,容易导致混淆的;

(3)销售侵犯注册商标专用权的商品的;

(4)伪造、擅自制造他人注册商标标识或者销售伪造、擅自制造的注册商标标识的;

(5)未经商标注册人同意,更换其注册商标并将该更换商标的商品又投入市场的;

(6)故意为侵犯他人注册商标专用权行为提供仓储、运输、邮寄、隐匿等便利条件,帮助他人实施侵犯商标专用权行为的;

(7)给他人的注册商标专用权造成其他损害的。

商标的使用管理

(三)对驰名商标的认定和特殊保护

驰名商标是指在市场上享有较高声誉并为相关公众所熟悉的商标。

驰名商标应当根据当事人的请求,作为处理涉及商标案件需要认定的事实进行认定。认定驰名商标应当考虑下列因素:

(1)相关公众对该商标的知晓程度;
(2)该商标使用的持续时间;
(3)该商标的任何宣传工作的持续时间、程度和地理范围;
(4)该商标作为驰名商标受保护的记录;
(5)该商标驰名的其他因素。

在商标注册审查、市场监督管理部门查处商标违法案件过程中,当事人依照《商标法》第十三条规定主张权利的,商标局根据审查、处理案件的需要,可以对商标驰名情况作出认定。

在商标争议处理过程中,当事人依照《商标法》第十三条规定主张权利的,商标评审委员会根据处理案件的需要,可以对商标驰名情况作出认定。

在商标民事、行政案件审理过程中,当事人依照《商标法》第十三条规定主张权利的,最高人民法院指定的人民法院根据审理案件的需要,可以对商标驰名情况作出认定。

保护驰名商标的主要措施

生产、经营者不得将"驰名商标"字样用于商品、商品包装或者容器上,或者用于广告宣传、展览以及其他商业活动中。

五、商标权的消灭

商标权因为注册商标被注销或撤销而终止。主要有以下四种情况:保护期限届满注销;注册商标专用权人声明放弃商标;无人继承而注销;被依法撤销。

课后思考题

1.专利权人的权利和义务有哪些?
2.专利权的强制许可有哪些?
3.授予发明和实用新型专利的实质条件有哪些?
4.注册商标专用权人的权利和义务有哪些?
5.商标侵权行为的表现形式有哪些?
6.对于商标侵权行为的处理法律是如何规定的?

 课后案例

【背景资料】 甲卷烟厂(以下简称甲厂)使用注册商标蓝鸟牌香烟,一年后发现乙卷烟厂(以下简称乙厂)未经商标注册,也生产销售蓝鸟牌香烟,且质量低劣。甲厂认为乙厂的行为严重损害了自己的产品信誉,就委托某律师事务所丙律师,欲诉诸法律。乙厂得知后,找到甲厂,申明:本厂使用该商标已有两年之久,并无假冒侵权之意。并主张通过许可协议,取得甲厂的使用权。甲厂同意,并签订商标许可协议,但坚持要求乙厂先行赔偿。之后,双方找到律师进行咨询。

【问题】
1.乙厂的行为属于何种性质?违反我国商标管理的哪些规定?其法律后果如何?
2.如果甲、乙双方达成了使用许可协议,当事人应遵循我国商标法的哪些规定?

反不正当竞争法

内容提示

1. 反不正当竞争法的概念
2. 不正当竞争行为的概念及危害
3. 不正当竞争行为的表现
4. 不正当竞争行为的监督管理
5. 违反反不正当竞争法的法律责任

学习目标

【掌握】 不正当竞争行为的概念及表现；对涉嫌不正当竞争行为的调查；违反反不正当竞争法的法律责任

【了解】 反不正当竞争法的概念；不正当竞争

思政目标

1. 引导学生正确理解反不正当竞争法所倡导的经营者在生产经营活动中应当遵循自愿、平等、公平、诚信的原则，做社会主义核心价值观的践行者。

2. 对学生进行道德养成教育，培养学生遵纪守法、文明经商、诚实无欺的商业道德价值取向，引领社会风尚。

课前案例导入

【背景资料】 甲、乙两厂均为某市生产饮料的企业,使用在饮料上的商标分别注册为 A 和 B。甲厂是老牌企业,乙厂是后起之秀。由于乙厂饮料质优价廉,销路很好,导致甲厂的经济效益下降。甲厂为在竞争中取胜,在该市电视台加大广告宣传力度,广告词中称:目前,本市有一些厂家生产的同类商品与本厂生产的功能饮料在质量上有根本差别,系本厂产品的仿制品,唯有本厂生产的 A 牌饮料不含化学成分,才是正宗,特提请广大消费者注意,购买功能饮料时,请认准 A 牌商标,谨防上当受骗。甲厂的广告在市电视台播出后,许多经营乙厂功能饮料的客户纷纷找乙厂退货,称其为仿制产品,致使乙厂生产严重滑坡,造成近百万元的经济损失。于是,乙厂向工商行政管理机关反映,要求处理甲厂在电视台的广告行为。

【问题】
1. 甲厂行为的性质是什么?
2. 工商行政管理机关应如何处理此案?
3. 乙厂是否有权要求赔偿损失?损失额应当如何计算?

第一节 反不正当竞争法概述

一、反不正当竞争法的概念

反不正当竞争法是指调整在国家规制不正当竞争行为过程中发生的社会关系的法律规范的总称。

为了促进社会主义市场经济健康发展,鼓励和保护公平竞争,制止不正当竞争行为,保护经营者和消费者的合法权益,1993 年 9 月 2 日,中华人民共和国第八届全国人民代表大会常务委员会第三次会议通过了《中华人民共和国反不正当竞争法》(以下简称《反不正当竞争法》),自 1993 年 12 月 1 日起施行,于 2017 年 11 月 4 日第十二届全国人民代表大会常务委员会第三十次会议修订,并根据 2019 年 4 月 23 日第十三届全国人民代表大会常务委员会第十次会议通过的《全国人民代表大会常务委员会关于修改〈中华人民共和国建筑法〉等八部法律的决定》修正。

二、不正当竞争行为的概念及危害

(一)不正当竞争行为的概念

不正当竞争行为是指经营者在生产经营活动中,违反本法规定,扰乱市场竞争秩序,损害其他经营者或者消费者的合法权益的行为。

《反不正当竞争法》所称的经营者是指从事商品生产、经营或者提供服务(以下所称商品包括服务)的自然人、法人和非法人组织。

法条链接:
《反不正当竞争法》第一条规定:"为了促进社会主义市场经济健康发展,鼓励和保护公平竞争,制止不正当竞争行为,保护经营者和消费者的合法权益,制定本法。"

法条链接:
《反不正当竞争法》第二条第一款规定:"经营者在生产经营活动中,应当遵循自愿、平等、公平、诚信的原则,遵守法律和商业道德。"

(二)不正当竞争行为的危害

首先,体现在扰乱公平竞争的市场经济秩序,造成竞争秩序混乱和不公平竞争,削弱了市场经济竞争机制应有的活力和作用,阻碍了技术的进步和社会生产力的发展;其次,对其他合法经营者和消费者的合法权益造成损害。

第二节 不正当竞争行为

一、混淆行为

混淆行为是指经营者在市场经营活动中,以种种不实手法对自己的商品或服务作虚假表示、说明或承诺,或不当利用他人的智力劳动成果推销自己的商品或服务,使用户或者消费者产生误解,扰乱市场秩序,损害同业竞争者的利益或者消费者利益的行为。

《反不正当竞争法》第六条规定,经营者不得实施下列混淆行为,引人误认为是他人商品或者与他人存在特定联系:

(1)擅自使用与他人有一定影响的商品名称、包装、装潢等相同或者近似的标识;

(2)擅自使用他人有一定影响的企业名称(包括简称、字号等)、社会组织名称(包括简称等)、姓名(包括笔名、艺名、译名等);

(3)擅自使用他人有一定影响的域名主体部分、网站名称、网页等;

(4)其他足以引人误认为是他人商品或者与他人存在特定联系的混淆行为。

【例9-1】 根据《反不正当竞争法》的规定,下列哪一选项属于不正当竞争行为中的混淆行为?( )

A.甲厂在其产品说明书中做夸大其词的不实说明

B.乙厂的矿泉水使用"乐泉"商标名称,而"乐泉矿泉水厂"是本地一知名矿泉水厂的企业名称

C.丙商场在有奖销售中把所有的奖券刮奖区都印上"未中奖"字样

D.丁酒厂将其在当地评奖会上的获奖证书复印在所有的产品包装上

【解析】 B为混淆行为。关于B,乙厂的矿泉水使用"乐泉"商标名称,属于擅自使用他人的企业名称,可引人误认为是他人的商品,构成了混淆行为。

二、商业贿赂行为

商业贿赂是指经营者采用财务或者其他手段进行贿赂,以销售商品或者购买商品、提供服务或者接受服务的不正当竞争行为。

《反不正当竞争法》第七条规定,经营者不得采用财物或者其他手段贿赂下列单位或者个人,以谋取交易机会或者竞争优势:

(1)交易相对方的工作人员;

(2)受交易相对方委托办理相关事务的单位或者个人;

(3)利用职权或者影响力影响交易的单位或者个人。

> ⚠️ **特别提示 9-1** 经营者在交易活动中,可以以明示方式向交易相对方支付折扣,或者向中间人支付佣金。经营者向交易相对方支付折扣、向中间人支付佣金的,应当如实入账。接受折扣、佣金的经营者也应如实入账。

【例 9-2】 A 公司经销医疗器材,规定每台售价 2 000 元,业务员按合同价 7% 提取奖金。业务员杨某在与 B 公司洽谈时提出,合同定价按照公司规定办,但自己按每台 60 元补贴 B 公司。B 公司表示同意,遂与杨某签订了订货合同,并将获得的补贴款入账。对杨某的行为应如何定性?(　　)

  A.属于无权代理　　　　　　B.属于滥用代理权
  C.属于不正当竞争　　　　　D.属于合法行为

【解析】 正确选项为 D。本案例中,经营者是 A 公司而非杨某,A 公司作为经营者,其按 2 000 元的价格销售医疗器材且已经依法入账。而杨某给予 B 公司 60 元补贴的行为是其对自己财产权的合法处分和正当的竞争手段,因此并不构成不正当竞争。

法条链接:
《反不正当竞争法》第七条第三款规定:"经营者的工作人员进行贿赂的,应当认定为经营者的行为;但是,经营者有证据证明该工作人员的行为与为经营者谋取交易机会或者竞争优势无关的除外。"

三、虚假或引人误解的商业宣传行为

  《反不正当竞争法》第八条规定,经营者不得对其商品的性能、功能、质量、销售状况、用户评价、曾获荣誉等作虚假或者引人误解的商业宣传,欺骗、误导消费者。

  经营者不得通过组织虚假交易等方式,帮助其他经营者进行虚假或者引人误解的商业宣传。

四、侵犯商业秘密的行为

  商业秘密是指不为公众所知悉、具有商业价值并经权利人采取相应保密措施的技术信息、经营信息等商业信息。

  《反不正当竞争法》第九条规定,经营者不得实施下列侵犯商业秘密的行为:

  (1)以盗窃、贿赂、欺诈、胁迫、电子侵入或者其他不正当手段获取权利人的商业秘密;

  (2)披露、使用或者允许他人使用以前项手段获取的权利人的商业秘密;

  (3)违反保密义务或者违反权利人有关保守商业秘密的要求,披露、使用或者允许他人使用其所掌握的商业秘密;

(4)教唆、引诱、帮助他人违反保密义务或者违反权利人有关保守商业秘密的要求,获取、披露、使用或者允许他人使用权利人的商业秘密。

经营者以外的其他自然人、法人和非法人组织实施前款所列违法行为的,视为侵犯商业秘密。

第三人明知或者应知商业秘密权利人的员工、前员工或者其他单位、个人实施前款所列违法行为,仍获取、披露、使用或者允许他人使用该商业秘密的,视为侵犯商业秘密。

五、违法有奖销售行为

有奖销售是指经营者以提供奖品或奖金的手段进行推销的行为。

《反不正当竞争法》第十条规定,经营者进行有奖销售不得存在下列情形:
(1)所设奖的种类、兑奖条件、奖金金额或者奖品等有奖销售信息不明确,影响兑奖;
(2)采用谎称有奖或者故意让内定人员中奖的欺骗方式进行有奖销售;
(3)抽奖式的有奖销售,最高奖的金额超过五万元。

六、诋毁竞争对手商业信誉、商品声誉的行为

《反不正当竞争法》第十一条规定,经营者不得编造、传播虚假信息或者误导性信息,损害竞争对手的商业信誉、商品声誉。

【例9-3】 红心地板公司在某市电视台投放广告,称"红心牌原装进口实木地板为你分忧",并称"强化木地板甲醛高、不耐用"。此后,本地市场上的强化木地板销量锐减。经查明,该公司生产的实木地板是用进口木材在国内加工而成的。关于该广告行为,下列哪一选项是正确的?( )
A.属于正当竞争行为
B.仅属于诋毁商誉行为
C.仅属于虚假宣传行为
D.既属于诋毁商誉行为,又属于虚假宣传行为
【解析】 本题的正确答案为D,其行为既构成虚假宣传行为,又构成诋毁商誉行为。

七、利用网络妨碍、破坏其他经营者经营活动的行为

《反不正当竞争法》第十二条规定,经营者利用网络从事生产经营活动,应当遵守本法的各项规定。

经营者不得利用技术手段,通过影响用户选择或者其他方式,实施下列妨碍、破坏其他经营者合法提供的网络产品或者服务正常运行的行为:
(1)未经其他经营者同意,在其合法提供的网络产品或者服务中,插入链接、强制进行目标跳转;
(2)误导、欺骗、强迫用户修改、关闭、卸载其他经营者合法提供的网络产品或者服务;
(3)恶意对其他经营者合法提供的网络产品或者服务实施不兼容;
(4)其他妨碍、破坏其他经营者合法提供的网络产品或者服务正常运行的行为。

不正当竞争行为的社会危害性

第三节　对不正当竞争行为的监督检查

一、不正当竞争行为的监督主体

(一)各级人民政府

各级人民政府应当采取措施,制止不正当竞争行为,为公平竞争创造良好的环境和条件。

国务院建立处理维护市场竞争秩序重大问题的机制。

县级以上人民政府履行工商行政管理职责的部门对不正当竞争行为进行查处;法律、行政法规规定由其他部门查处的,依照其规定。

(二)社会组织和个人

国家鼓励、支持和保护一切组织和个人对不正当竞争行为进行社会监督。

行业组织应当加强行业自律,引导、规范会员依法竞争,维护市场竞争秩序。

> ⚠ **特别提示 9-2**　国家机关及其工作人员不得支持、包庇不正当竞争行为。

二、对涉嫌不正当竞争行为的调查

监督检查部门调查涉嫌不正当竞争行为,应当遵守《中华人民共和国行政强制法》和其他有关法律、行政法规的规定,并应当将查处结果及时向社会公开。

监督检查部门调查涉嫌不正当竞争行为,可以采取下列措施:

(1)进入涉嫌不正当竞争行为的经营场所进行检查;

(2)询问被调查的经营者、利害关系人及其他有关单位、个人,要求其说明有关情况或者提供与被调查行为有关的其他资料;

(3)查询、复制与涉嫌不正当竞争行为有关的协议、账簿、单据、文件、记录、业务函电和其他资料;

(4)查封、扣押与涉嫌不正当竞争行为有关的财物;

(5)查询涉嫌不正当竞争行为的经营者的银行账户。

采取以上规定的措施,应当向监督检查部门主要负责人书面报告,并经批准。采取上述第(4)项、第(5)项规定的措施,应当向设区的市级以上人民政府监督检查部门主要负责人书面报告,并经批准。

法条链接:

《反不正当竞争法》第十六条规定:"对涉嫌不正当竞争行为,任何单位和个人有权向监督检查部门举报,监督检查部门接到举报后应当依法及时处理。

监督检查部门应当向社会公开受理举报的电话、信箱或者电子邮件地址,并为举报人保密。对实名举报并提供相关事实和证据的,监督检查部门应当将处理结果告知举报人。"

监督检查部门调查涉嫌不正当竞争行为,被调查的经营者、利害关系人及其他有关单位、个人应当如实提供有关资料或者情况。

> ⚠️ **特别提示 9-3**　对不正当竞争行为监督检查的部门及其工作人员对调查过程中知悉的商业秘密负有保密义务。

监督检查部门应当向社会公开受理举报的电话、信箱或者电子邮件地址,并为举报人保密。对实名举报并提供相关事实和证据的,监督检查部门应当将处理结果告知举报人。

第四节　违反反不正当竞争法的法律责任

一、违反反不正当竞争法的损害赔偿责任

《反不正当竞争法》第十七条规定,经营者违反本法规定,给他人造成损害的,应当依法承担民事责任。

因不正当竞争行为受到损害的经营者的赔偿数额,按照其因被侵权所受到的实际损失确定;实际损失难以计算的,按照侵权人因侵权所获得的利益确定。经营者恶意实施侵犯商业秘密行为,情节严重的,可以在按照上述方法确定数额的一倍以上五倍以下确定赔偿数额。赔偿数额还应当包括经营者为制止侵权行为所支付的合理开支。

经营者利用混淆行为或者商业贿赂行为进行不正当竞争,权利人因被侵权所受到的实际损失、侵权人因侵权所获得的利益难以确定的,由人民法院根据侵权行为的情节判决给予权利人五百万元以下的赔偿。

> ⚠️ **特别提示 9-4**　经营者违反《反不正当竞争法》规定,应当承担民事责任、行政责任和刑事责任,其财产不足以支付的,优先用于承担民事责任。

二、混淆行为的法律责任

经营者违反《反不正当竞争法》第六条规定实施混淆行为的,由监督检查部门责令停止违法行为,没收违法商品。违法经营额五万元以上的,可以并处违法经营额五倍以下的罚款;没有违法经营额或者违法经营额不足五万元的,可以并处二十五万元以下的罚款。情节严重的,吊销营业执照。

经营者擅自使用他人有一定影响的企业名称(包括简称、字号等)、社会组织名称(包括简称等)、姓名(包括笔名、艺名、译名等)的,应当及时办理名称变更登记;名称变更前,由原企业登记机关以统一社会信用代码代替其名称。

三、商业贿赂行为的法律责任

经营者违反《反不正当竞争法》的规定贿赂他人的,由监督检查部门没收违法所得,处十万元以上三百万元以下的罚款。情节严重的,吊销营业执照。

四、虚假或者引人误解的商业宣传行为的法律责任

经营者违反《反不正当竞争法》第八条规定，对其商品作虚假或者引人误解的商业宣传，或者通过组织虚假交易等方式帮助其他经营者进行虚假或者引人误解的商业宣传的，由监督检查部门责令停止违法行为，处二十万元以上一百万元以下的罚款；情节严重的，处一百万元以上二百万元以下的罚款，可以吊销营业执照。

经营者违反《反不正当竞争法》第八条规定，属于发布虚假广告的，依照《中华人民共和国广告法》的规定处罚。

五、侵犯商业秘密的法律责任

经营者以及其他自然人、法人和非法人组织违反《反不正当竞争法》第九条规定侵犯商业秘密的，由监督检查部门责令停止违法行为，没收违法所得，处十万元以上一百万元以下的罚款；情节严重的，处五十万元以上五百万元以下的罚款。

六、违法有奖销售行为的法律责任

《反不正当竞争法》第二十二条规定，经营者违反本法第十条规定进行有奖销售的，由监督检查部门责令停止违法行为，处五万元以上五十万元以下的罚款。

七、损害竞争对手商业信誉、商品声誉的行为的法律责任

《反不正当竞争法》第二十三条规定，经营者违反本法第十一条规定，损害竞争对手商业信誉、商品声誉的，由监督检查部门责令停止违法行为、消除影响，处十万元以上五十万元以下的罚款；情节严重的，处五十万元以上三百万元以下的罚款。

八、经营者利用网络妨碍、破坏其他经营者合法提供的网络产品或者服务正常运行的行为的法律责任

经营者违反《反不正当竞争法》第十二条规定，妨碍、破坏其他经营者合法提供的网络产品或者服务正常运行的，由监督检查部门责令停止违法行为，处十万元以上五十万元以下的罚款；情节严重的，处五十万元以上三百万元以下的罚款。

九、经营者妨害监督检查的法律责任

经营者妨害监督检查部门依照《反不正当竞争法》履行职责，拒绝、阻碍调查的，由监督检查部门责令改正，对个人可以处五千元以下的罚款，对单位可以处五万元以下的罚款，并可以由公安机关依法给予治安管理处罚。

⚠ **特别提示 9-5** 经营者违反《反不正当竞争法》规定从事不正当竞争,受到行政处罚的,由监督检查部门记入信用记录,并依照有关法律、行政法规的规定予以公示。

十、监督检查人员违法的法律责任

监督检查部门的工作人员滥用职权、玩忽职守、徇私舞弊或者泄露调查过程中知悉的商业秘密,构成犯罪的,依法追究刑事责任;不构成犯罪的,依法给予处分。

课后思考题

1. 什么是不正当竞争行为?不正当竞争行为有哪些危害?
2. 不正当竞争行为有哪些?
3. 对涉嫌不正当竞争行为的调查可以采取哪些措施?
4. 什么是混淆行为?混淆行为有哪些表现?

课后案例 1

【背景资料】 于某是某县食品厂的厂长,他看见邻县巧媳妇食品有限公司制作的点心十分畅销,便前去取经,但每次都被婉言拒绝。他不甘心自己的厂子面临破产境地,几经周折,终于认识了巧媳妇食品有限公司的工程师李某某。于某多次宴请李某某,李某某见于某对自己十分厚爱,便把巧媳妇食品有限公司制作点心的配方以及经营方法全部告诉了于某,于某如法炮制,生意从此兴隆。

【问题】 请分析于某的行为是否违法,并分析其行为的性质。

课后案例 2

【背景材料】 某市 A 机械厂(以下简称 A 厂)2019 年 12 月经过刘某介绍,向某市 B 铸造厂(以下简称 B 厂)定制车床主构架 100 套,单价 4 万元,总价款为 400 万元。B 厂厂长为争取今后的业务发展,与 A 厂厂长协商一致,在订货合同上订明,B 厂给予 A 厂 10% 的优惠。2020 年 1 月 15 日 B 厂依照合同履行义务,发货至 A 厂;A 厂依照合同通过银行转账支付了 360 万元货款。B 厂也将 40 万元作为营业收入的抵减项目记了账。为酬谢介绍人,B 厂付给刘某"好处费"5 000 元;A 厂向刘某支付"介绍费"3 000 元。两厂又分别将"好处费""介绍费"支出入了账,并代为扣缴了刘某的个人所得税。

【问题】
1. B 厂与 A 厂的"优惠"约定属于什么性质,是否属于不正当竞争行为?为什么?
2. 两厂分别向刘某支付费用的行为属于什么性质,是否属于不正当竞争行为?为什么?
3. 通过上述交易行为,试述合法行为与违法行为的区别。

产品质量法

内容提示

1. 产品质量法的概念和调整对象
2. 产品标准、产品质量与产品质量责任的概念
3. 产品质量监督与管理
4. 生产者、销售者的产品质量责任和义务
5. 产品质量责任

学习目标

【掌握】 产品质量监督与管理制度;生产者、销售者的产品质量责任和义务;产品侵权责任。

【了解】 产品质量法的概念和调整对象;产品的界定;市场质量监督管理部门。

思政目标

通过介绍生产者、销售者的产品质量责任和义务,培养学生的法律意识和公德意识,正确处理个人利益和社会利益、眼前利益和长远利益的关系。

第十章　产品质量法

课前案例导入

【背景资料】 2020年4月，24岁的章某从某商场买了5瓶某品牌啤酒，在章某饮用时，2瓶啤酒爆炸，飞起的酒瓶碎片将其击伤3处，他当场血流不止，两度休克。家人将其送往医院救治，共花去医药费10 000多元。事发之后，经查，该爆炸是由于啤酒瓶质量不合格所致。章某父亲欲找有关部门进行赔偿。

【问题】

1.章某父亲可以向谁请求赔偿？

2.章某父亲找到该啤酒生产厂家，该厂提出赔偿伤者5 000元，章某父亲不同意，该厂领导表示：如不同意，你爱去哪儿告去哪儿告。无奈，目不识丁的章某父亲在厂家草拟的协议上签了字。请问该协议是否有效？

第一节　产品质量法概述

一、产品质量法的概念和调整对象

（一）产品质量法的概念

产品质量法是调整在产品的生产、销售和消费领域中，因产品质量而发生的生产者、销售者与消费者之间的权利、义务和责任关系以及产品质量监督管理关系的法律规范的总称。

1993年2月22日，第七届全国人民代表大会常务委员会第三十次会议通过《中华人民共和国产品质量法》（以下简称《产品质量法》）。根据2000年7月8日第九届全国人民代表大会常务委员会第十六次会议通过的《全国人民代表大会常务委员会关于修改〈中华人民共和国产品质量法〉的决定》进行了第一次修正，根据2009年8月27日第十一届全国人民代表大会常务委员会第十次会议通过的《全国人民代表大会常务委员会关于修改部分法律的决定》进行了第二次修正，根据2018年12月29日第十三届全国人民代表大会常务委员会第七次会议通过的《全国人民代表大会常务委员会关于修改〈中华人民共和国产品质量法〉等五部法律的决定》进行了第三次修正。

《产品质量法》共分为六章七十四条，其主要内容涉及产品质量的监督管理，生产者、销售者的产品质量责任和义务，损害赔偿和罚则等。

（二）产品质量法的调整对象

我国产品质量法调整的对象：一是产品质量责任关系，这属于生产者、销售者与用户、消费者之间进行商品交易时所发生的经济关系；二是产品质量监督管理关系，这属于行政机关执行产品质量管理职能时发生的各种关系。

法条链接：
《产品质量法》第一条规定："为了加强对产品质量的监督管理，提高产品质量水平，明确产品质量责任，保护消费者的合法权益，维护社会经济秩序，制定本法。"

法条链接：
《产品质量法》第二条规定："在中华人民共和国境内从事产品生产、销售活动，必须遵守本法。本法所称产品是指经过加工、制作，用于销售的产品。

建设工程不适用本法规定；但是，建设工程使用的建筑材料、建筑构配件和设备，属于前款规定的产品范围的，适用本法规定。"

从本质上讲,房屋建筑、工程、药品、食品、化妆品、种子、烟草等出现质量问题同汽车出现质量问题一样,都应当受《产品质量法》调整,但鉴于其不同于普通产品的特点,国家又分别出台了一些特别的法律、法规,如《中华人民共和国建筑法》《中华人民共和国食品安全法》《中华人民共和国药品管理法》《中华人民共和国种子法》《化妆品监督管理条例》等,作为质量法体系里的特别法规,其同《产品质量法》的共同适用构成了解决该类产品质量纠纷的法律依据。

二、产品标准、产品质量与产品质量责任

(一)产品标准

关于产品的定义,世界各国有不同界定。

我国所界定的"产品"范围较窄。《产品质量法》所称的产品是指经过加工、制作,用于销售的产品。产品有以下特点:

1.产品必须经过生产者的加工、制作

只有通过生产者的工业加工或者手工制作完成的实体物品,才可以称为产品。未经过生产者加工、制作而成的物品,均不受《产品质量法》调整。

2.产品应当投入流通,且以销售为目的

非用于最终销售的产品,均不属于《产品质量法》所指的"产品"范畴。

(二)产品质量

产品质量是指产品在正常使用的前提下,为满足合理使用要求所必须具备的适用性、安全性、可靠性、耐用性、可维修性、经济性等特征和特性的总和。影响产品质量的,既有物质因素,又有技术因素,甚至还有社会因素。

我国产品质量是指国家有关法律法规、质量标准以及合同规定的对产品适用性、安全性和其他特性的要求。

(三)产品质量责任

产品质量责任是指产品的生产者或销售者因生产或者销售的产品质量不合格,使消费者受损失时应承担的责任。

产品质量责任作为一种独立的侵权责任,具有以下特征:

1.产品质量责任是直接由法律规定的责任

与合同制度的产品质量违约责任不同,合同中的质量要求经双方约定而形成权利、义务,违反合同的质量义务,其责任可由当事人在法律规定的范围内商定,也可以通过仲裁或者诉讼解决。而非合同的产品质量责任是一种侵权责任,直接由法律规定,当事人之间无权协商。

2.产品质量责任的承担者是产品的生产者或销售者

受害人有权选择产品质量的承担者,既可以要求销售者赔偿损失,又可以要求生产者赔偿损失。无论是生产者还是销售者,都应当首先承担责任,然后向其他有过错方追偿。而合同关系中产品质量责任的承担者,只能是合同关系的当事人。

第二节　产品质量监督与管理

产品质量监督与管理是指在一定的经济技术条件下,根据国家和人们的需要,围绕制定和实施质量标准而进行的一系列管理工作的总称。产品质量监督与管理旨在使产品质量符合一定的标准或规格,没有全面、有效的质量管理体制,就不可能有可靠、稳定的产品质量。

一、产品质量监督管理机构

产品质量监督管理机构是指国家法律授权负责对产品质量进行监督和管理的部门。

我国产品质量监督管理机构主要有:

(1)国务院市场监督管理部门。国务院市场监督管理部门主管全国产品质量监督工作。国务院有关部门在各自的职责范围内负责产品质量监督工作。

(2)县级以上地方市场监督管理部门,其主要职责是负责本行政区域内的产品质量监督工作。

(3)国务院和县级以上地方人民政府设置的有关行业主管部门,其主要职责是按照同级人民政府赋予的职权,负责本行政区域内本行业关于产品质量方面的行政监督和生产经营性管理工作。

任何单位和个人有权对违反本法规定的行为,向市场监督管理部门或者其他有关部门检举。

市场监督管理部门和有关部门应当为检举人保密,并按照省、自治区、直辖市人民政府的规定给予奖励。

二、产品质量监督管理制度

产品质量监督管理制度是指由《产品质量法》确认的产品质量监督管理机构、办法和措施的总称。产品质量监督管理的任务是通过对生产、流通、运输、储运领域的产品进行有效的监督管理和检验,实现对产品质量的宏观控制,以保护消费者和生产者的合法权益,提高产品质量和社会经济效益,促进生产力和市场经济的发展。

(一)企业内部产品质量管理制度

《产品质量法》对企业内部质量管理的规定,属于指导性的规定。要求生产者、经营者建立健全内部产品质量管理制度,严格实施岗位质量规范、质量责任以及相应的考核办法。

企业应依法建立自己的内部产品质量管理制度,依法进行产品质量检验。企业产品质量检验是指产品质量的自我检验,与第三方检验不同的是,它具有自主性和合法性的特点。企业为保障产品质量合格,适合并满足用户和消费者的要求,应依法主动进行产品质量检验。

⚠ **特别提示 10-1** 除有法律规定以外，企业有权选择检验范围、方法和标准，有权规定检验程序和设置检验机构。

（二）产品质量的标准化管理制度

标准化管理制度的实现是通过一系列产品质量标准的适用完成的。产品质量标准是国家用以调整企业产品质量管理行为，以及企业产品质量责任的一个重要的法律手段。

我国现行的产品质量标准，从标准的适用范围和领域来看，主要包括国际标准、国家标准、行业标准（或部颁标准）、地方标准和企业标准等。

我国现行的产品质量标准

法条链接：《产品质量法》第十三条第一款规定："可能危及人体健康和人身、财产安全的工业产品，必须符合保障人体健康和人身、财产安全的国家标准、行业标准；未制定国家标准、行业标准的，必须符合保障人体健康和人身、财产安全的要求。"

（三）企业质量体系认证制度和产品质量认证制度

《产品质量法》和《中华人民共和国认证认可条例》规定，认证制度包括企业质量体系认证制度和产品质量认证制度。

1.企业质量体系认证制度

企业质量体系认证制度是指企业自愿申请，由国务院市场监督管理部门认可的或者国务院市场监督管理部门授权的部门认可的认证机构根据国际通用的质量管理标准，对企业的质量保证和质量管理能力进行综合评定的制度。

国际通用的质量管理标准是指国际标准化组织（ISO）制定的已经被世界上许多国家采用的ISO9000《质量管理与质量保证》系列标准。

⚠ **特别提示 10-2** 申请企业质量体系认证实行自愿原则。这是法律赋予企业申请认证的自主权和选择权，任何部门和单位不得违反自愿原则强制企业申请认证。

2.产品质量认证制度

产品质量认证制度是指企业自愿申请，由国务院市场监督管理部门认可的或者国务院市场监督管理部门授权的部门认可的认证机构参照国际先进的产品标准和技术要求，对企业某一产品是否符合相应标准和相应技术要求进行认证的制度。

对于认证合格的企业和产品，认证机构发给相应的标志和证书，企业可在产品标识、包装或广告宣传中使用，使产品在市场中更具竞争力，并为企业和产品进入国际市场提供了通行证。

(四)产品质量的监督检查制度

> ⚠️ **特别提示 10-3** 国家对产品质量的监督检查,应当以抽查为主要方式。

抽查所需检验品应当从市场上和企业成品仓库内的待销售产品中随机抽取,以保证检验结果的公平性和代表性。

产品质量监督检查重点抽查的产品范围如下:

(1)可能危及人体健康和人身、财产安全的产品,包括药品、食品、电器产品、易燃易爆产品等。

(2)影响国计民生的重要工业产品,包括工业原材料、基础部件、农业生产资料和重要的民用日常工业品等。

(3)消费者和有关组织反映有质量问题的产品,包括通过消费者权益保护组织反映的发生质量问题较多的产品。

监督抽查应当由各级市场监督管理部门统一规划和组织。生产者、销售者对抽查检验的结果有异议的,可以自收到检验结果之日起 15 日内向实施监督抽查的市场监督管理部门或者其上级市场监督管理部门申请复检,由受理复检的市场监督管理部门作出复检结论,该结论为最终结论。

国家监督抽查的产品,地方不得另行重复抽查;上级监督抽查的产品,下级不得另行重复抽查。

依法进行监督抽查的产品质量不合格的,由实施监督抽查的市场监督管理部门责令其生产者、销售者限期改正。逾期不改正的,由省级以上人民政府市场监督管理部门予以公告;公告后经复查仍不合格的,责令停业,限期整顿;整顿期满后经复查产品质量仍不合格的,吊销营业执照。

监督抽查的产品有严重质量问题的,依照本法第五章的有关规定进行处罚。

(五)工业产品生产许可证制度

工业产品生产许可证制度是我国政府为了加强产品质量管理,保证主要产品质量,依据国家的有关法规、规章对影响国计民生、危及人身健康和人身、财产安全的重要工业产品实行的一项质量监控制度。

国家对下列重要工业产品实行生产许可证制度:

(1)乳制品、肉制品、饮料、米面、食用油、酒精等直接关系人身健康的加工食品;

(2)电热毯、压力锅等可能危及人身、财产安全的产品;

(3)税控收款机、卫星电视广播地面接收设备等关于金融安全和通信质量安全的产品;

(4)安全网、安全帽等保障劳动安全的产品;

(5)电力铁塔、危险化学品等影响生产安全、公共安全的产品;

(6)法律、行政法规要求依照《中华人民共和国工业产品生产许可证管理条例》的规定实行生产许可证管理的其他产品。

(六)产品召回制度

产品召回制度是指产品进入流通领域后,当发现产品存在可能危害消费者人身及财产安全的缺陷时,经营者依法从市场上将其收回,并免费对其进行修理或更换的制度。

第三节　生产者、销售者的产品质量责任和义务

一、生产者的产品质量责任和义务

(一)产品的内在质量必须符合要求

生产者生产的产品质量应当符合下列要求：

(1)不存在危及人身、财产安全的不合理的危险,有保障人体健康和人身、财产安全的国家标准、行业标准的,应当符合该标准。

(2)具备产品应当具备的使用性能。但是,对产品存在使用性能的瑕疵作出说明的除外。

(3)产品质量应当符合明示的质量情况。符合在产品或者其包装上注明采用的产品标准,符合以产品说明、实物样品等方式表明的质量状况。

(二)产品或其包装上的标识必须符合要求

产品或者其包装上的标识必须真实,并符合下列要求：

(1)有产品质量检验合格证明；

(2)有中文标明的产品名称、生产厂厂名和厂址；

(3)根据产品的特点和使用要求,需要标明产品规格、等级、所含主要成分的名称和含量的,用中文相应予以标明；需要事先让消费者知晓的,应当在外包装上标明,或者预先向消费者提供有关资料；

(4)限期使用的产品,应当在显著位置清晰地标明生产日期和安全使用期或者失效日期；

(5)使用不当,容易造成产品本身损坏或者可能危及人身、财产安全的产品,应当有警示标或者中文警示说明。

> ⚠ **特别提示 10-4**　产品标识的例外规定：裸装的食品和其他根据产品的特点难以附加标识的裸装产品,可以不附加产品标识。

(三)特殊产品包装必须符合特定要求

易碎、易燃、易爆、有毒、有腐蚀性、有放射性等危险物品以及储运中不能倒置和其他有特殊要求的产品,其包装质量必须符合相应要求,依照国家有关规定作出警示标志或中文警示说明,标明储运注意事项。

> ⚠ **特别提示 10-5**　这是针对危险物品和其他对包装有特殊要求的产品在包装上的规定。这一规定仅针对特殊产品,而未对除此之外的其他产品的包装作出限定。

生产者所承担的包装必须符合要求的义务有两方面需要注意：

(1)包装质量必须符合相应要求,避免产品本身毁损或造成损失。

(2)依照国家有关规定作出警示标志或中文警示说明,标明储运注意事项。

(四)关于生产者产品生产的禁止性规定

(1)生产者不得生产国家明令淘汰的产品。

(2)生产者不得伪造产地,不得伪造或者冒用他人的厂名、厂址。

(3)生产者不得伪造或者冒用认证标志等质量标志。

(4)生产者生产产品,不得掺杂、掺假,不得以假充真、以次充好,不得以不合格产品冒充合格产品。

二、销售者的产品质量责任和义务

(1)进货检查验收制度。进货检查验收制度是指销售者根据国家有关规定和同生产者或其他供货者之间订立的合同的约定,对购进的产品质量进行检查,予以验收的制度。销售者应当建立并执行进货检查验收制度,验明产品合格证明和其他标识。

> ⚠ **特别提示 10-6** 进货检查验收包括产品标识检查、产品感观检查和必要的产品内在质量检验。

(2)保证产品质量。销售者应当采取措施,保持销售产品的质量。销售者应根据产品本身具有的特征采取必要的防护措施,如采取必要的防雨、通风、防晒、防霉变、分类等措施,保持进货时的产品质量状况。对某些特殊产品的保管,尤其是药品和食品等,采取的措施还应包括配置必要的设备和设施。

(3)产品标识符合规定。销售者所销售产品的标识与生产者所生产的产品上使用的标识在法律上有着同等的要求。

(4)销售者不得销售国家明令淘汰并停止销售的产品和失效、变质的产品。国家明令淘汰并停止销售的产品,销售者不得继续销售,这是销售者必须履行的产品质量义务。对于国家明令淘汰的产品,销售者已经进货的,应当停止销售,并对淘汰的产品进行退货或销毁处理。

(5)销售者不得伪造产地,不得伪造或冒用他人的厂名、厂址。

(6)销售者不得伪造或者冒用认证标志等质量标志。

(7)销售者销售产品,不得掺杂、掺假,不得以假充真、以次充好,不得以不合格产品冒充合格产品。

第四节 产品质量责任

产品质量责任分为民事责任、行政责任与刑事责任。其中民事责任主要有产品合同责任和产品侵权责任。

一、产品质量责任的承担者

产品质量责任的主体主要分为两大类：

(一)产品的生产者

产品的生产者包括成品、半成品、原材料及零件生产者。产品生产者为产品质量责任的最主要的主体。

(二)产品的销售者

产品的销售者为产品质量责任的直接承担者之一。在许多情况下，用户和消费者在损失发生后，都是直接向销售者索赔的，如果销售者能够证明产品缺陷不是由自己的过错造成的，就可以向有责任的生产者索赔。如果不能指明缺陷产品的生产者，也不能指明缺陷产品的供货者，销售者应当承担赔偿责任。这里的销售者包括批发商、零售商、批零兼营商以及进出口商等。

【例10-1】 宋某在商场购买了一台彩色电视机，并附有产品合格证。宋某使用两个多月后，电视机出现图像不清晰的现象，后来声音和图像全无。宋某去找商场服务人员要求更换，商场服务人员称电视机不是他们生产的，让宋某找电视机厂进行交涉。请问该商场应当承担怎样的责任？

【解析】 宋某购买的电视机出现严重质量问题，该商场与生产者或供货者在订立买卖合同时又未明确地约定事后处理纠纷的方式，则该商场依法负有产品瑕疵担保责任，应根据消费者宋某的要求予以修理、更换或者退货。因为本案中宋某所购电视机已经达不到使用的要求，所以商场应予以更换；如宋某要求退货，商场也不得拒绝。

二、产品合同责任

产品合同责任指当事人不履行或不适当履行合同义务时应承担的责任。因产品不符合合同约定的质量被称作产品的瑕疵，故产品合同责任也称为产品瑕疵担保责任。

(一)承担产品合同责任的条件

(1)不具备产品应当具备的使用性能而事先未作说明的。
(2)不符合在产品或者其包装上注明采用的产品标准的。
(3)不符合以产品说明、实物样品等方式表明的质量状况的。

(二)产品合同责任的承担形式

1.修理、更换、退货

当销售者售出的产品不符合合同约定的质量要求，存在瑕疵时，买受人可以根据法律的相关规定要求销售者修理、更换、退货，予以补救。

2.赔偿损失

销售者售出的产品不符合合同约定的质量要求，给购买产品的买受人造成损失的，销售者应当赔偿损失。

(三)产品合同责任的承担者

销售者依照法律规定负责修理、更换、退货、赔偿损失后,属于生产者的责任或者属于向销售者提供产品的其他销售者(以下简称供货者)的责任的,销售者有权向生产者、供货者追偿。但生产者之间,销售者之间,生产者和销售者之间订立的买卖合同、承揽合同有不同约定的,合同当事人按照合同约定执行。

三、产品侵权责任

产品侵权责任又称为产品责任,是指因产品存在缺陷造成人身、缺陷产品以外的其他财产(以下简称他人财产)损害应承担的赔偿责任。

(一)产品侵权责任的归责原则

产品侵权责任的归责原则是确立产品的生产者和销售者承担损害赔偿责任的基本准则,是消费者诉请司法机关追究产品生产者或销售者产品质量责任的基本法律依据和指导思想,它贯穿于《产品质量法》的始终。

1.对于生产者适用的是无过错责任原则

无过错责任原则又称严格责任原则。因生产的产品存在缺陷造成人身、他人财产损害的,生产者应当承担赔偿责任,无须原告出具证据证明生产者存在过错。

2.对于销售者适用的是过错责任原则

销售者由于过错使产品存在缺陷,造成人身、他人财产损害的,销售者应当承担赔偿责任。

> **特别提示 10-7** 销售者不能指明缺陷产品的生产者也不能指明缺陷产品的供货者的,销售者应当承担赔偿责任。

我国产品侵权责任的归责原则是生产者的无过错责任原则与销售者的过错责任原则的结合。

(二)承担产品侵权责任的条件

1.产品存在缺陷

本法所称缺陷是指产品存在危及人身、他人财产安全的不合理的危险;产品有保障人体健康和人身、财产安全的国家标准、行业标准的,是指不符合该标准。

2.消费者受到人身或财产损害的事实

产品侵权责任的承担要求以当事人遭受人身伤害、财产损失为前提。无损害事实则不可能形成产品侵权责任。

3.产品缺陷与损害后果之间存在因果关系

产品缺陷与损害后果之间的因果关系是指产品缺陷与损害后果之间的相互关系,而不是某种具体行为与损害后果之间的关系。

(三)产品侵权责任的承担方式及赔偿范围

产品侵权责任的基本形式为损害赔偿。损害赔偿分为人身损害赔偿

法条链接:
《产品质量法》第四十三条规定:"产品存在缺陷造成人身、他人财产损害的,受害人可以向产品的生产者要求赔偿,也可以向产品的销售者要求赔偿。属于产品的生产者的责任,产品的销售者赔偿的,产品的销售者有权向产品的生产者追偿。属于产品的销售者的责任,产品的生产者赔偿的,产品的生产者有权向产品的销售者追偿。"

法条链接:
《产品质量法》第四十二条规定:"由于销售者的过错使产品存在缺陷,造成人身、他人财产损害的,销售者应当承担赔偿责任。

销售者不能指明缺陷产品的生产者也不能指明缺陷产品的供货者的,销售者应当承担赔偿责任。"

和财产损害赔偿。

(1)就人身损害赔偿而言,因产品存在缺陷造成受害人人身伤害的,侵害人应当赔偿医疗费、治疗期间的护理费、因误工减少的收入等费用;造成残疾的,还应当支付残疾者生活自助具费、生活补助费、残疾赔偿金以及由其扶养的人所必需的生活费等费用;造成受害人死亡的,并应当支付丧葬费、死亡赔偿金以及由死者生前扶养的人所必需的生活费等费用。

(2)就财产损害赔偿而言,因产品存在缺陷造成受害人财产损失的,侵害人应当恢复原状或者折价赔偿。受害人因此遭受其他重大损失的,侵害人应当赔偿损失。

(四)产品侵权责任的诉讼时效

《产品质量法》第四十五条规定,因产品存在缺陷造成损害要求赔偿的诉讼时效期间为二年,自当事人知道或者应当知道其权益受到损害时起计算。

【例10-2】 丁某于2019年6月从市场买回一口高压锅,一开始高压锅能正常使用,未有异常。2020年9月6日,丁某做饭时,高压锅发生爆炸,锅盖飞起,煤气灶被损坏,天花板被冲裂,玻璃被震碎。发生事故后,丁某找高压锅的生产厂家某日用品厂要求赔偿。该日用品厂提出,丁某的锅是于2019年6月买的,已经过去一年多了,早已过了规定的保修期,因此对发生的损害不负责任。丁某与该日用品厂进行多次交涉未果。请问该日用品厂的理由是否成立?

【解析】《产品质量法》第四十五条规定,因产品存在缺陷造成损害要求赔偿的诉讼时效期间为二年,自当事人知道或者应当知道其权益受到损害时起计算。

本案中,丁某购买的高压锅虽然超过了保修期,但并不影响产品的诉讼时效,丁某购买的高压锅仍然在诉讼时效期内,丁某有权就高压锅出现的产品质量问题要求日用品厂赔偿损失,日用品厂应当赔偿丁某的全部经济损失。

因产品存在缺陷造成损害要求赔偿的请求权,在造成损害的缺陷产品交付最初消费者满十年丧失;但是,尚未超过明示的安全使用期的除外。

> ⚠ **特别提示10-8** 这里的十年期间从缺陷产品交付最初消费者时开始计算。

(五)产品侵权责任的免除

1.生产者的免责条件

(1)未将产品投入流通的。
(2)产品投入流通时,引起损害的缺陷尚不存在的。
(3)将产品投入流通时的科学技术水平尚不能发现缺陷的存在的。

生产者能够提供证据证明上述三项内容中的任何一项,则可不承担赔偿责任。

法条链接:

《产品质量法》第四十七条规定:"因产品质量发生民事纠纷时,当事人可以通过协商或者调解解决。当事人不愿通过协商、调解解决或者协商、调解不成的,可以根据当事人各方的协议向仲裁机构申请仲裁;当事人各方没有达成仲裁协议或者仲裁协议无效的,可以直接向人民法院起诉。"

【例 10-3】 刘某与某机械厂的王某是好朋友,一日刘某到该机械厂办事,顺便找王某聊天。刘某走时发现自行车没气了,就问王某有无气筒,王某顺手拿起一个气筒递给刘某说:"这是我们厂新出的一批气筒的样品,你用吧。"当刘某拿起气筒打气时,气筒栓塞脱落,栓塞飞到刘某脸上造成伤害,刘某为此花去医疗费1 600元,于是要求该机械厂予以赔偿。请问该机械厂是否应当承担损害赔偿责任?刘某应如何保护自己的合法权益?

【解析】 气筒确实存在缺陷,但该气筒只是机械厂的样品,未投入流通,刘某并非消费者或用户,因此,气筒因缺陷造成对刘某的损害不适用《产品质量法》,应依《民法典》的规定进行处理。

2. 生产者、销售者共同的免责条件

下列六种情况生产者、销售者不负质量责任:

(1)损害是由于消费者擅自改变产品性能、用途或者没有按照产品的使用说明使用,并且确因改变或使用不当造成的。

(2)损害是由于受害人的故意行为造成的。

(3)损害是由于常识性的危险造成的。

(4)产品造成的损害是由于使用者自身特殊敏感所致。

(5)产品已过有效期限。

(6)超过诉讼和赔偿请求时效。

课后思考题

1. 简述产品质量管理的法律制度。
2. 产品质量责任的构成要件有哪些?
3. 试述生产者、销售者的产品质量责任和义务。
4. 产品出现质量缺陷,哪些情况下生产者可以不承担赔偿责任?
5. 产品侵权责任的归责原则是什么?

课后案例

【背景资料】 2021年2月4日,王某在某百货公司买到一台冰箱,冰箱附有产品合格证。王某买回冰箱后6天,发现冰箱噪声太大,就去找百货公司交涉,百货公司服务人员说冰箱一开始使用时有些噪声是正常的,过一段时间就会好。没过多长时间,冰箱的制冷器又出现问题,到后来完全丧失了冷冻食品的功能,成了一个食品储藏柜。王某再去找百货公司,百货公司服务人员说冰箱不是他们生产的,冰箱不制冷属于技术问题,此事只有生产厂家才能解决,因此让王某去找生产厂家。王某说生产厂家离本市有几千公里,况且冰箱又不像小件物品,可以来回搬运,因此只能先找百货公司,让百货公司联系生产厂家。王某遭到百货公司的拒绝,于是于2021年6月15日向人民法院起诉,要求百货公司对冰箱进行维修,如修理不好,应负责退货。

【问题】

1. 什么是产品的瑕疵担保责任?
2. 该百货公司对售出的有瑕疵的产品是否负有责任?

消费者权益保护法

内容提示

1. 消费者权益保护法的适用对象
2. 消费者的权益和经营者的义务
3. 消费者权益争议的解决
4. 违反消费者权益保护法的法律责任

学习目标

【掌握】消费者权益保护法的适用对象;消费者的权利;经营者的义务;消费者权益争议的解决途径。

【了解】违反消费者权益保护法的法律责任。

思政目标

1. 引导学生自觉遵循消费者权益保护法所倡导的自愿、平等、公平、诚实信用原则,做社会主义核心价值观的践行者。

2. 倡导文明、健康、节约资源和保护环境的消费方式,反对浪费,树立理性和科学的消费观,弘扬中华民族勤俭节约的传统美德。

课前案例导入

【背景资料】张女士把刚买不久、价值1万多元的名牌大衣送到M干洗店干洗,M干洗店给她出具的取衣凭条上写明"干洗费150元,如有损坏赔偿干洗费的5倍"。一周后,张女士去取衣服时发现,衣服明显脱色并且羊绒大面积脱落,于是要求M干洗店赔偿,M干洗店负责人王某只同意按照干洗费的5倍赔偿,双方发生争执。

【问题】
1. M干洗店负责人的说法有无法律依据?为什么?
2. 张女士可以采取什么途径保护自己的合法权益?

第一节 消费者权益保护法概述

一、消费者和消费者权益的含义

消费者是指为生活消费需要,购买、使用商品或接受服务的人。

消费者权益是指消费者在购买、使用商品或接受服务时依法享有的受法律保护的权利。

二、消费者权益保护法的概念及适用范围

消费者权益保护法是指调整在保护消费者权益过程中所发生的社会关系的法律规范的总称。

《中华人民共和国消费者权益保护法》(以下简称《消费者权益保护法》)于1993年10月31日第八届全国人民代表大会常务委员会第四次会议通过,自1994年1月1日起施行。该法于2009年8月27日第十一届全国人民代表大会常务委员会第十次会议第一次修正,于2013年10月25日第十二届全国人民代表大会常务委员会第五次会议第二次修正。

《消费者权益保护法》的适用范围:
(1)消费者为生活消费需要购买、使用商品或接受服务的,适用本法;
(2)农民购买、使用直接用于农业生产的生产资料,参照本法执行;
(3)经营者为消费者提供其生产、销售的商品或者提供服务的,适用本法。

> ⚠ **特别提示 11-1** 医疗服务纠纷可以适用《消费者权益保护法》的规定。

法条链接:
《消费者权益保护法》第一条规定:"为保护消费者的合法权益,维护社会经济秩序,促进社会主义市场经济健康发展,制定本法。"

法条链接:
《消费者权益保护法》第二条规定:"消费者为生活消费需要购买、使用商品或者接受服务,其权益受本法保护;本法未作规定的,受其他有关法律、法规保护。"

第二节 消费者的权利与经营者的义务

一、消费者的权利

消费者的权利是指消费者根据《消费者权益保护法》的规定,在生活消费活动中享有的各种权利。《消费者权益保护法》为消费者设立了11项权利。

(一)安全保障权

消费者的人身和财产安全不受侵犯是消费者最重要的权利。消费者的安全权是指消费者在购买、使用商品或者接受服务时,依法律规定或者

依合同约定所享有的生命健康和财产不受威胁、不受损害的权利。具体包括：

（1）在购买、使用家用电器、家用器械、燃气以及燃气用具、日用百货、文化用品、儿童玩具等生活消费品时，有权要求这些产品质量能够有安全性，或有安全性保障措施，不存在缺陷而使消费者受到保护。

（2）在购买、使用食品、药品、化妆品时，有权要求商品符合国家规定的安全、卫生标准。

（3）在接受服务时，有权要求相关的服务设施、服务用具和用品、服务环境、服务活动及服务中所提供的产品或商品符合安全、卫生等要求，不致使消费者因此受到人身伤害或财产安全遭到威胁。

（二）知情权

消费者的知情权是指消费者在购买、使用商品或接受服务时，知悉商品或服务的真实情况的权利。这是每个消费者作出消费决定的前提。

消费者有权要求得到商品或服务的全面、真实的信息，有权要求商品或服务按国家规定附有合格证、说明书和标志，有权要求经营者明确回答关于商品或服务的质量、数量、价格等问题。经营者应向消费者提供真实信息，不得作引人误解的虚假宣传，不得制造商品或服务的假象。

（三）自主选择权

自主选择权是指消费者根据自己的意愿独立自主地选择经营者、选择商品品种、选择服务方式，自主决定购买或不购买任何一种商品，接受或不接受任何一项服务，在自主选择商品或接受服务时享有进行比较、鉴别和挑选的权利。消费者的自主决定不受任何人的强制。

（四）反悔权

经营者采用网络、电视、电话、邮购等方式销售商品，消费者有权自收到商品之日起七日内退货，且无需说明理由，但下列商品除外：①消费者定作的；②鲜活易腐的；③在线下载或者消费者拆封的音像制品、计算机软件等数字化商品；④交付的报纸、期刊。此外，根据商品性质并经消费者在购买时确认不宜退货的商品，不适用无理由退货。

（五）公平交易权

公平交易权是指消费者购买商品或接受服务时，有权获得质量保障、价格合理、计量准确等公平交易条件。公平交易的核心是消费者以一定数量的货币可以换得同等价值的商品或服务。

> ⚠ **特别提示 11-2** 强买强卖侵犯的就是消费者的公平交易权和自主选择权。

（六）损害赔偿请求权

损害赔偿请求权是指消费者在因购买、使用商品或接受服务受到人身、财产损害时，依法享有的要求获得赔偿的权利。这是消费者的一项非常重要的权利。

经营者应建立健全售后服务责任制，严格执行国家

法条链接：
《消费者权益保护法》第五条规定："国家保护消费者的合法权益不受侵害。

国家采取措施，保障消费者依法行使权利，维护消费者的合法权益。

国家倡导文明、健康、节约资源和保护环境的消费方式，反对浪费。"

法条链接：
《消费者权益保护法》第八条规定："消费者享有知悉其购买、使用的商品或者接受的服务的真实情况的权利。消费者有权根据商品或者服务的不同情况，要求经营者提供商品的价格、产地、生产者、用途、性能、规格、等级、主要成分、生产日期、有效期限、检验合格证明、使用方法说明书、售后服务，或者服务的内容、规格、费用等有关情况。"

微课

你可以对这些霸王条款说：不

规定的包修、包换、包退或其他责任制度。经营者不得以格式合同、通知、声明、店堂告示等方式作出对消费者不公平、不合理的规定,以免除其应承担的民事责任。消费者的损害赔偿请求权包括人身损害赔偿请求权和财产损害赔偿请求权。消费者在消费过程中无论是遭受人身损害,还是财产损害,均有权提出索赔。

法条链接:
《消费者权益保护法》第十二条规定:"消费者享有依法成立维护自身合法权益的社会组织的权利。"

(七)结社权

消费者的结社权是指消费者享有的依法成立维护自身合法权益的社会组织的权利。

 特别提示 11-3 结社权也是公民的宪法权利。

(八)获取知识权

获取知识权是指消费者享有获得有关消费和消费者权益保护方面的知识的权利。

获取知识权包括:
(1)享有获得消费的知识的权利;
(2)享有获得消费者权益保护方面的知识的权利。

(九)维护人格尊严权

维护人格尊严权是指消费者在购买、使用商品和接受服务时享有的人格尊严、民族风俗习惯得到尊重的权利。人格尊严权是宪法赋予公民的基本权利。

消费者的人格尊严权包括消费者的名誉权及尊严权,这种权利不受他人非法侵犯。我国是个多民族的国家,少数民族众多。少数民族在饮食、服饰、居住、婚丧、节庆、娱乐、礼节、禁忌等方面都有不同的风俗习惯。尊重少数民族的风俗习惯,是党和国家民族政策的一项重要内容。

法条链接:
《消费者权益保护法》第十四条规定:"消费者在购买、使用商品和接受服务时,享有人格尊严、民族风俗习惯得到尊重的权利,享有个人信息依法得到保护的权利。"

(十)个人信息保护权

消费者在购买、使用商品和接受服务时,享有个人信息依法得到保护的权利。

《消费者权益保护法》第二十九条规定,经营者收集、使用消费者个人信息,应当遵循合法、正当、必要的原则,明示收集、使用信息的目的、方式和范围,并经消费者同意。经营者收集、使用消费者个人信息,应当公开其收集、使用规则,不得违反法律、法规的规定和双方的约定收集、使用信息。经营者及其工作人员对收集的消费者个人信息必须严格保密,不得泄露、出售或者非法向他人提供。经营者应当采取技术措施和其他必要措施,确保信息安全,防止消费者个人信息泄露、丢失。在发生或者可能发生信息泄露、丢失的情况时,应当立即采取补救措施。

（十一）监督权

消费者享有对商品和服务以及保护消费者权益工作进行监督的权利。消费者有权检举、控告侵害消费者权益的行为和国家机关及其工作人员在消费者权益工作中违法失职的行为，有权对保护消费者权益工作提出批评和建议。监督的形式主要有检举、控告、提出批评和建议。

消费者的权利

二、经营者的义务

经营者是向消费者生产、销售商品或者提供服务的单位和个人，是以营利为目的从事生产经营活动并与消费者相对应的另一方当事人。

经营者的义务是经营者在生产经营活动中必定为一定行为或者不为一定行为的责任。根据《消费者权益保护法》的有关规定，经营者的义务包括下列内容：

（一）法定义务和约定义务

法定义务是指经营者向消费者提供商品或服务必须按照《产品质量法》和其他法律、法规的规定履行义务。

约定义务是指经营者和消费者有约定的，应当按照约定履行义务。双方的约定不得违背法律、法规的规定。

（二）接受监督的义务

经营者应当听取消费者对其提供的商品或服务的意见，接受消费者的监督和检查。

（三）保障消费者人身和财产安全的义务

这是与消费者的安全保障权相对应的经营者的义务。经营者应当保证其提供的商品或者服务符合保障人身、财产安全的要求。对可能危及人身、财产安全的商品或者服务，应当向消费者作出真实的说明和明确的警示，并说明和标明正确使用商品或接受服务的方法以及防止危害发生的方法。

宾馆、商场、餐馆、银行、机场、车站、港口、影剧院等经营场所的经营者，应当对消费者尽到安全保障义务。

经营者发现其提供的商品或者服务存在缺陷，即使正确使用商品或者接受服务仍然可能对人身、财产安全造成危害的，应当立即向有关行政部门报告和告知消费者，并采取防止危害发生的措施。

（四）提供真实信息的义务

经营者向消费者提供有关商品或者服务的质量、性能、用途、有效期限等信息，应当真实、全面，不得作虚假或者引人误解的宣传。

经营者对消费者就其提供的商品或者服务的质量和使用方法等问题提出的询问，应当作出真实、明确的答复。

经营者提供商品或者服务应当明码标价。

广告发布注意事项知多少

> ⚠ **特别提示 11-4** 经营者提供商品或者服务应当明码标价。

(五)标明真实名称和标记的义务

经营者在提供商品或服务时,应当标明真实名称和标记。租赁他人柜台或场地的经营者也应当标明真实的名称和标记。

(六)出具购货凭证和服务单据的义务

经营者提供商品或服务,应当按照国家有关规定或者商业惯例向消费者出具购货凭证或者服务单据,消费者索要购货凭证或服务单据的,经营者必须出具。

购货凭证和服务单据是经营者向消费者提供商品或服务的书面凭证,是合同关系的证据,也是消费者向经营者索赔的证据。因此,经营者向消费者出具相应的凭证和单据,既能起到对经营者监督的作用,又有利于保护消费者权益。

(七)保证商品或服务质量的义务

经营者应当保证在正常使用商品或提供服务的情况下说明其提供的商品或服务应当具备的质量、性能、用途和有效期限,但消费者在购买该商品或接受该服务前已经知道其存在瑕疵的除外。

经营者以广告、产品说明、实物样品或者其他方式表明商品或者服务的质量状况的,应当保证其提供的商品或服务的实际质量状况与表明的相符。

经营者提供的机动车、计算机、电视机、电冰箱、空调器、洗衣机等耐用商品或者装饰装修等服务,消费者自接受商品或者服务之日起六个月内发现瑕疵,发生争议的,由经营者承担有关瑕疵的举证责任。

(八)履行退货、更换、修理义务

经营者提供的商品或者服务不符合质量要求的,消费者可以依照国家规定、当事人约定退货,或者要求经营者履行更换、修理等义务。没有国家规定和当事人约定的,消费者可以自收到商品之日起七日内退货;七日后符合法定解除合同条件的,消费者可以及时退货,不符合法定解除合同条件的,可以要求经营者履行更换、修理等义务,经营者应当承担运输等必要费用。

经营者采用网络、电视、电话、邮购等方式销售商品,消费者有权自收到商品之日起七日内退货,且无需说明理由,但下列商品除外:

(1)消费者定作的;
(2)鲜活易腐的;
(3)在线下载或者消费者拆封的音像制品、计算机软件等数字化商品;
(4)交付的报纸、期刊。

除上述所列商品外,其他根据商品性质并经消费者在购买时确认不宜退货的商品,不适用无理由退货。

消费者退货的商品应当完好。经营者应当自收到退回商品之日起七日内返还消费者支付的商品价款。退回商品的运费由消费者承担;经营者和消费者另有约定的,按照约定。

(九)公平、合理交易的义务

为保障消费者公平交易权的顺利实现,经营者不得以格式条款、通知、声明、店堂告示等方式,作出排除或者限制消费者权利、减轻或者免除经营者责任、加重消费者责任等对消费者不公平、不合理的规定,不得利用格式条款并借助技术手段强制交易。

> ⚠ **特别提示 11-5** 格式条款、通知、声明、店堂告示含有上述所列内容的,其内容无效。

【例 11-1】 某通信设备专卖店中有一告示:本店是××通信设备股份有限公司的特约经销处,由于××手机是名牌产品,且所有通信设备都是从厂家直接进货,若有质量问题请与厂家联系,本店不承担任何责任。请问这一告示符合法律规定吗?

【解析】 该专卖店的告示不符合法律规定。《消费者权益保护法》第二十六条规定,经营者不得以格式条款、通知、声明、店堂告示等方式作出排除或者限制消费者权利、减轻或者免除经营者责任、加重消费者责任等对消费者不公平、不合理的规定。

(十)尊重消费者人格尊严权的义务

消费者的人身自由、人格尊严是基本的民事权利。经营者不得对消费者进行侮辱、诽谤,不得搜查消费者的身体及其携带的物品,不得侵犯消费者的人身自由。

【例 11-2】 王某、李某于2021年4月在某超市中被疑偷东西,于是他们被引导至贴有店堂告示处,工作人员向他们指了指"本公司保留在收银处检查顾客带进本店各类袋子的权利"的店堂告示后,他们被迫摘下帽子,解开衣服,打开手袋,由工作人员进行检查,结果并没有查出两人偷拿货品。王某、李某认为自己的人格尊严受到了侵犯,诉至人民法院。请问法院应如何处理?

【解析】《消费者权益保护法》第二十七条规定,经营者不得对消费者进行侮辱、诽谤,不得搜查消费者的身体及其携带的物品,该超市的行为侵犯了消费者的人格尊严权,同时其店堂告示对消费者不公平、不合理,所以人民法院应主张其店堂告示的内容无效,经营者应当对王、李二人恢复名誉、消除影响、赔礼道歉,并赔偿损失。

(十一)保护消费者个人信息的义务

经营者收集、使用消费者个人信息,应当遵循合法、正当、必要的原则,明示收集、使用信息的目的、方式和范围,并经消费者同意。经营者收集、使用消费者个人信息,应当公开其收集、使用规则,不得违反法律、法规的规定和双方的约定收集、使用信息。

法条链接:
《消费者权益保护法》第二十六条规定:"经营者在经营活动中使用格式条款的,应当以显著方式提请消费者注意商品或者服务的数量和质量、价款或者费用、履行期限和方式、安全注意事项和风险警示、售后服务、民事责任等与消费者有重大利害关系的内容,并按照消费者的要求予以说明。"

经营者及其工作人员对收集的消费者个人信息必须严格保密,不得泄露、出售或者非法向他人提供。经营者应当采取技术措施和其他必要措施,确保信息安全,防止消费者个人信息泄露、丢失。在发生或者可能发生信息泄露、丢失的情况时,应当立即采取补救措施。

> ⚠ **特别提示 11-6** 经营者未经消费者同意或者请求,或者消费者明确表示拒绝的,不得向其发送商业性信息。

第三节 消费者权益争议的解决

一、消费者权益争议的解决途径

消费者和经营者发生消费者权益争议的,可以通过下列途径解决:

(一)与经营者协商

消费者与经营者之间发生争议之后,双方可就争议的相关事宜进行协商,达成一致意见,从而使纠纷得以解决。协商是解决消费者与经营者之间纠纷最常见、最简单易行的方法,不需要任何第三者参加,双方在自愿、平等的基础上就能使问题得以解决。

(二)请求消费者协会或者依法成立的其他调解组织调解

消费者协会和其他依法成立的消费者组织是对商品和服务进行社会监督的保护消费者合法权益的社会组织。

> ⚠ **特别提示 11-7** 各级人民政府对消费者协会履行职责应当予以必要的经费等支持。

(三)向有关行政部门投诉

消费者向有关行政部门投诉的,该部门应当自收到投诉之日起七个工作日内,予以处理并告知消费者。

(四)根据与经营者达成的仲裁协议提请仲裁机构仲裁

仲裁是指发生纠纷的当事人自愿将他们之间的争议提交仲裁机构进行裁决的活动。争议的双方可以在他们的合同中订立仲裁条款;也可以在争议发生后,双方自愿达成仲裁的书面协议,提请仲裁机构仲裁。

(五)向人民法院提起诉讼

对侵害众多消费者合法权益的行为,中国消费者协会以及在省、自治区、直辖市设立的消费者协会,可以向人民法院提起诉讼。

二、消费者损害赔偿请求权的行使

消费者损害赔偿请求权的行使,即承担损害赔偿责任主体的确定。确定损害赔偿责任主体的方法有以下几种:

(1)消费者在购买、使用商品时,其合法权益受到损害的,可以向销售者要求赔偿。销售者赔偿后,属于生产者的责任或属于向销售者提供商品的其他销售者的责任的,销售者有权向生产者或者其他销售者追偿。

(2)消费者或其他受害人因商品缺陷造成人身、财产损害的,可以向销售者要求赔偿,也可以向生产者要求赔偿。属于生产者责任的,销售者赔偿后,有权向生产者追偿。属于销售者责任的,生产者赔偿后,有权向销售者追偿。

(3)消费者在接受服务时,其合法权益受到损害的,可以向服务者要求赔偿。

(4)消费者在购买、使用商品或接受服务时,其合法权益受到损害,因原企业分立、合并的,可以向变更后承受其权利义务的企业要求赔偿。

(5)使用他人营业执照的违法经营者提供商品或服务,损害消费者合法权益的,消费者可以向其要求赔偿,也可以向营业执照的持有人要求赔偿。

(6)消费者在展销会、租赁柜台购买商品或者接受服务,其合法权益受到损害的,可以向销售者或者服务者要求赔偿。展销会结束或者租赁柜台期满后,也可以向展销会的举办者、柜台的出租者要求赔偿。展销会的举办者、柜台的出租者赔偿后,有权向销售者或服务者追偿。

(7)消费者通过网络交易平台购买商品或者接受服务,其合法权益受到损害的,可以向销售者或者服务者要求赔偿。网络交易平台提供者不能提供销售者或者服务者的真实名称、地址和有效联系方式的,消费者也可以向网络交易平台提供者要求赔偿;网络交易平台提供者作出更有利于消费者的承诺的,应当履行承诺。网络交易平台提供者赔偿后,有权向销售者或者服务者追偿。

⚠️ **特别提示 11-8** 网络交易平台提供者明知或者应知销售者或者服务者利用其平台侵害消费者合法权益,未采取必要措施的,依法与该销售者或者服务者承担连带责任。

【**例 11-3**】 在甲公司举办的商品展销会期间,消费者李某从标明参展单位为乙公司的展位柜台购买了一台丙公司生产的家用电暖气,使用时发现有漏电现象,无法正常使用。由于展销会已经结束,李某先后找到甲公司、乙公司,方得知展销会期间乙公司将租赁的部分柜台转租给了丁公司,该电暖气是由丁公司卖出的。请问在这种情况下,李某可以向谁要求赔偿?

【解析】 消费者李某可以向甲公司、乙公司要求赔偿。《消费权益保护法》第四十三条规定,消费者在展销会、租赁柜台购买商品或者接受服务,其合法权益受到损害的,展销会结束或者租赁柜台期满后,可以向展销会的举办者、柜台的出租者要求赔偿。展销会的举办者、柜台的出租者赔偿后,有权向销售者或服务者追偿。

(8)消费者因经营者利用虚假广告或者其他虚假宣传方式提供商品或者服务,其合法权益受到损害的,可以向经营者要求赔偿。广告经营者、发布者发布虚假广告的,消费者可以请求行政主管部门予以惩处。广告经营者、发布者不能提供经营者的真实名称、地址和有效联系方式的,应当承担赔偿责任。

第四节　违反消费者权益保护法的法律责任

违反消费者权益保护法的法律责任包括民事责任、行政责任和刑事责任,其中民事责任内容丰富。《消费者权益保护法》第四十条对侵犯消费者合法权益行为的民事责任进行了一般性规定,应注意的是,当《产品质量法》和其他有关法律法规另有规定的时候,应该优先适用。

一、民事责任

(一)民事责任的一般规定

经营者提供商品或者服务有下列情形之一的,除《消费者权益保护法》另有规定外,应当依照其他有关法律、法规的规定,承担民事责任:

(1)商品或者服务存在缺陷的;
(2)不具备商品应当具备的使用性能而出售时未作说明的;
(3)不符合在商品或者其包装上注明采用的商品标准的;
(4)不符合商品说明、实物样品等方式表明的质量状况的;
(5)生产国家明令淘汰的商品或者销售失效、变质的商品的;
(6)销售的商品数量不足的;
(7)服务的内容和费用违反约定的;
(8)对消费者提出的修理、重作、更换、退货、补足商品数量、退还货款和服务费用或者赔偿损失的要求,故意拖延或者无理拒绝的;
(9)法律、法规规定的其他损害消费者权益的情形。

经营者对消费者未尽到安全保障义务,给消费者造成损害的,应当承担侵权责任。

(二)民事责任的特殊规定

1.邮购商品的责任

经营者以邮购方式提供商品的,应当按照约定提供;未按照约定提供的,应当按照消费者的要求履行约定或者退回货款,并应当承担消费者必须支付的合理费用。

2.预收款方式提供商品或服务的责任

经营者以预收款方式提供商品或者服务的,应当按照约定提供。未按照约定提供的,应当按照消费者的要求履行约定或者退回预付款,并应当承担预付款的利息、消费者必须支付的合理费用。

3.消费者购买不合格商品的责任

依法经有关行政部门认定为不合格的商品，消费者可以要求退货，经营者应当负责退货，而不得无理拒绝。

> ⚠️ **特别提示 11-9** 经过行政机关认定为不合格商品的，退货不受"三包"时间限制。

4.经营者提供商品或者服务有欺诈行为的责任

经营者提供商品或者服务有欺诈行为的，应当按照消费者的要求增加赔偿其受到的损失，增加赔偿的金额为消费者购买商品的价款或者接受服务的费用的三倍；增加赔偿的金额不足五百元的，可定为五百元。法律另有规定的，依照其规定。

经营者明知商品或者服务存在缺陷，仍然向消费者提供，造成消费者或者其他受害人死亡或者健康严重损害的，受害人有权要求经营者依法赔偿损失，并有权要求所受损失二倍以下的惩罚性赔偿。

（三）因提供商品或服务造成人身伤害、人格受损、财产损失的民事责任及赔偿范围

1.造成人身伤害的民事责任

经营者提供商品或者服务，造成消费者或者其他受害人人身伤害的，应当赔偿医疗费、护理费、交通费等为治疗和康复支出的合理费用，以及因误工减少的收入。造成残疾的，还应当赔偿残疾生活辅助具费和残疾赔偿金。造成死亡的，还应当赔偿丧葬费和死亡赔偿金。

2.侵犯人格尊严、人身自由的民事责任

经营者侵害消费者的人格尊严、侵犯消费者人身自由或者侵害消费者个人信息依法得到保护的权利的，应当停止侵害、恢复名誉、消除影响、赔礼道歉，并赔偿损失。

3.造成严重精神损害的赔偿责任

经营者有侮辱诽谤、搜查身体、侵犯人身自由等侵害消费者或者其他受害人人身权益的行为，造成严重精神损害的，受害人可以要求精神损害赔偿。

4.造成财产损害的民事责任

经营者提供商品或者服务，造成消费者财产损害的，应当依照法律规定或者当事人约定承担修理、重作、更换、退货、补足商品数量、退还货款和服务费用或者赔偿损失等民事责任。

> ⚠️ **特别提示 11-10** "三包"中的退货实际就是解除合同。

法条链接：
《消费者权益保护法》第五十一条规定："经营者有侮辱诽谤、搜查身体、侵犯人身自由等侵害消费者或者其他受害人人身权益的行为，造成严重精神损害的，受害人可以要求精神损害赔偿。"

法条链接：
《消费者权益保护法》第五十四条规定："依法经有关行政部门认定为不合格的商品，消费者要求退货的，经营者应当负责退货。"

二、行政责任

经营者有下列情形之一,除承担相应的民事责任外,其他有关法律、法规对处罚机关和处罚方式有规定的,依照法律、法规的规定执行;法律、法规未作规定的,由市场监督管理部门或者其他有关行政部门责令改正,可以根据情节单处或者并处警告、没收违法所得、处以违法所得一倍以上十倍以下的罚款,没有违法所得的,处以五十万元以下的罚款;情节严重的,责令停业整顿、吊销营业执照:

(1)提供的商品或者服务不符合保障人身、财产安全要求的;

(2)在商品中掺杂、掺假,以假充真,以次充好,或者以不合格商品冒充合格商品的;

(3)生产国家明令淘汰的商品或者销售失效、变质的商品的;

(4)伪造商品的产地,伪造或者冒用他人的厂名、厂址,篡改生产日期,伪造或者冒用认证标志等质量标志的;

(5)销售的商品应当检验、检疫而未检验、检疫或者伪造检验、检疫结果的;

(6)对商品或者服务作虚假或者引人误解的宣传的;

(7)拒绝或者拖延有关行政部门责令对缺陷商品或者服务采取停止销售、警示、召回、无害化处理、销毁、停止生产或者服务等措施的;

(8)对消费者提出的修理、重作、更换、退货、补足商品数量、退还货款和服务费用或者赔偿损失的要求,故意拖延或者无理拒绝的;

(9)侵害消费者人格尊严、侵犯消费者人身自由或者侵害消费者个人信息依法得到保护的权利的;

(10)法律、法规规定的对损害消费者权益应当予以处罚的其他情形。

> ⚠ **特别提示 11-12** 经营者有《消费者权益保护法》第五十六条规定情形的,除依照法律、法规规定予以处罚外,处罚机关应当记入信用档案,向社会公布。

三、刑事责任

经营者违反消费者权益保护法规定提供商品或者服务,侵害消费者合法权益,构成犯罪的,依法追究刑事责任。

以暴力、威胁等方法阻碍有关行政部门工作人员依法执行职务的,依法追究刑事责任;拒绝、阻碍有关行政部门工作人员依法执行职务,未使用暴力、威胁方法的,由公安机关依照《中华人民共和国治安管理处罚法》的规定处罚。

国家机关工作人员玩忽职守或者包庇经营者侵害消费者合法权益的行为的,由其所在单位或者上级机关给予行政处分;情节严重,构成犯罪的,依法追究刑事责任。

课后思考题

1. 简述消费者权益保护法的适用范围。
2. 消费者享有哪些权利?
3. 经营者的义务有哪些?
4. 发生消费者权益争议的时候,可以通过什么途径解决?

课后案例

【背景资料】 2020年12月,女青年梁某与祝某到郑州某商厦购买电视机。两人决定买某品牌彩电,便向服务员要求挑选。服务员说不交钱不能挑选,梁某拿出电视机款2 600元交给了服务员。服务员协助两人挑选完毕并开具发票后,梁某与祝某抬着电视机走出了商厦。正当二人在商厦门口打出租车时,卖电视机的服务员跑出商厦将二人拦住,把电视机抱回,称怀疑二人将放在桌子上的电视机款又拿走了。梁某与祝某称钱并未拿回。二人被带进一间小屋子,该商厦女保卫人员脱掉梁某与祝某的衣服搜身,但未搜到电视机款2 600元。二人被关在屋子里不准出去,直到晚上,商厦有关人员才在扣下电视机的情况下让又饥又渴的梁某和祝某离开。当晚,梁某和祝某向郑州市某电视台哭诉了被辱的经过。第二天,商厦经理和卖电视机的服务员来到梁某和祝某的住处,送来昨天扣下的电视机和500元现金,并对二人说:"不要再闹下去,否则大家都不好看。"梁某和祝某未收电视机和500元现金,二人决心就商厦侵犯自己权益的行为向人民法院提起诉讼。

【问题】

1. 商厦是否有权对消费者梁、祝二人搜身?
2. 商厦侵犯了消费者梁、祝二人哪些权利?
3. 商厦应承担什么责任?

证券法

内容提示

1. 证券的概念和种类
2. 证券发行
3. 证券交易
4. 上市公司的收购
5. 证券机构

学习目标

【掌握】证券的种类;证券的发行及证券交易的一般规则;上市公司收购;禁止的证券交易行为。

【了解】证券机构。

思政目标

通过学习,学生理解公平、公正、公开以及诚信在证券发行与交易过程中的重要意义,引导学生自觉践行和弘扬社会主义核心价值观。

课前案例导入

【背景资料】甲股份有限公司(以下简称甲公司)采取发起设立方式,发起人共3人,公司股本总额为1 000万元。甲公司成立3年,生产规模不断扩大,职工总数已经超过200人;组织机构健全,且运营良好;经营业绩持续上升;公司的财务会计报告无虚假记载,公司也无其他重大违法行为。为此,甲公司向中国证监会申请面向现有职工与股东公开发行股票。

【问题】
1. 甲公司是否具有发行新股的条件?
2. 本次发行新股属于公开发行吗?

第一节　证券法概述

一、证券的概念和种类

证券是证明或以设定权利为目的的书面凭证的通称,用来证明证券持有者依其所持凭证记载内容可取得相应的权益。

证券一般可以分为两大类:一类是凭证证券,即证券本身不能作为财产使用,不能流通;另一类是有价证券,即证券具有一定的票面金额,是证明其持有者有权按其取得一定权益的所有权或债权的凭证。流通中的证券都是有价证券。

有价证券又有广义和狭义之分。广义的有价证券包括货币证券、资本证券和商品证券。狭义的有价证券主要是指资本证券,即证明投资者对收益的请求权利的书面凭证。

二、证券法的概念及适用范围

证券法是指调整证券发行与交易活动中发生的各种社会关系的法律规范的总称。

1998年12月29日第九届全国人民代表大会常务委员会第六次会议通过了《中华人民共和国证券法》(以下简称《证券法》),自1999年7月1日起施行。根据2004年8月28日第十届全国人民代表大会常务委员会第十一次会议《全国人民代表大会常务委员会关于修改〈中华人民共和国证券法〉的决定》第一次修正,2005年10月27日第十届全国人民代表大会常务委员会第十八次会议第一次修订;根据2013年6月29日第十二届全国人民代表大会常务委员会第三次会议《全国人民代表大会常务委员会关于修改〈中华人民共和国文物保护法〉等十二部法律的决定》第二次修正;根据2014年8月31日第十二届全国人民代表大会常务委员会第十次会议《全国人民代表大会常务委员会关于修改〈中华人民共和国保险法〉等五部法律的决定》第三次修正;2019年12月28日第十三届全国人民代表大会常务委员会第十五次会议第二次修订。

《证券法》所指的证券,主要包括:①股票、公司债券、存托凭证和国务院依法认定的其他证券;②上市交易的政府债券、证券投资基金份额;③资产支持证券、资产管理产品。

> ⚠ **特别提示12-1**　政府债券、证券投资基金份额适用《证券法》仅指上市交易,不包括发行行为;其他法律、行政法规另有规定的,适用其规定。

法条链接:
《证券法》第二条规定:"在中华人民共和国境内,股票、公司债券、存托凭证和国务院依法认定的其他证券的发行和交易,适用本法;本法未规定的,适用《中华人民共和国公司法》和其他法律、行政法规的规定。

政府债券、证券投资基金份额的上市交易,适用本法;其他法律、行政法规另有规定的,适用其规定。

资产支持证券、资产管理产品发行、交易的管理办法,由国务院依照本法的原则规定。"

第二节　证券发行

一、证券发行的概念和方式

证券发行是指符合发行条件的政府、金融机构、工商企业等组织，以筹集资金为目的，依照法律规定的程序向公众投资者出售代表一定权利的资本证券行为。

> ⚠ **特别提示 12-2**　证券发行人包括股份有限公司、有限责任公司、一人有限责任公司、国有独资公司、其他企业法人。此外，金融机构可以成为金融债券的发行主体，国家是国家公债的发行主体。

二、证券发行的条件

（一）公开发行股票的条件

公司首次公开发行新股，应当符合下列条件：①具备健全且运行良好的组织机构；②具有持续经营能力；③最近三年财务会计报告被出具无保留意见审计报告；④发行人及其控股股东、实际控制人最近三年不存在贪污、贿赂、侵占财产、挪用财产或者破坏社会主义市场经济秩序的刑事犯罪；⑤经国务院批准的国务院证券监督管理机构规定的其他条件。

上市公司发行新股，应当符合经国务院批准的国务院证券监督管理机构规定的条件，具体管理办法由国务院证券监督管理机构规定。

公司对公开发行股票所募集资金，必须按照招股说明书所列资金用途使用。改变招股说明书所列资金用途，必须经股东大会作出决议。擅自改变用途而未作纠正的，或者未经股东大会认可的，不得公开发行新股。

上市公司公开发行新股，应当向国务院证券监督管理机构报送募股申请和下列文件：①公司营业执照；②公司章程；③股东大会决议；④招股说明书或者其他公开发行募集文件；⑤财务会计报告；⑥代收股款银行的名称及地址。依照法律规定实行承销的，还应报送。依照法律规定聘请保荐人的，还应当报送保荐人出具的发行保荐书。

（二）公司债券的发行条件

具体发行条件见本教材"公司法"中的规定。

> **法条链接：**
> 《证券法》第九条规定："公开发行证券，必须符合法律、行政法规规定的条件，并依法报经国务院证券监督管理机构或者国务院授权的部门注册。未经依法注册，任何单位和个人不得公开发行证券。证券发行注册制的具体范围、实施步骤，由国务院规定。
> 　　有下列情形之一的，为公开发行：
> 　　（一）向不特定对象发行证券；
> 　　（二）向特定对象发行证券累计超过二百人，但依法实施员工持股计划的员工人数不计算在内；（三）法律、行政法规规定的其他发行行为。
> 　　非公开发行证券，不得采用广告、公开劝诱和变相公开方式。"

三、证券发行的程序

(一)证券发行的注册

1. 申请

发行人依法申请核准发行证券所报送的申请文件的格式、报送方式,由依法负责注册的机构或者部门规定。发行人申请核准公开发行股票、公司债券,应当按照规定缴纳审核费用。

2. 初审

国务院证券监督管理机构设股票发行审核委员会,依法审核股票发行申请。

3. 审核

国务院证券监督管理机构或者国务院授权的部门应当自受理证券发行申请文件之日起三个月内,依照法定条件和法定程序作出予以注册或者不予注册的决定,发行人根据要求补充、修改发行申请文件的时间不计算在内;不予注册的,应当说明理由。

4. 发行申请的预披露与信息披露

证券发行申请经注册后,发行人应当依照法律、行政法规的规定,在证券公开发行前公告公开发行募集文件,并将该文件置备于指定场所供公众查阅。发行证券的信息依法公开前,任何知情人不得公开或者泄露该信息。发行人不得在公告公开发行募集文件前发行证券。

5. 注册决定的撤销

国务院证券监督管理机构或者国务院授权的部门对已作出的证券发行核准的决定,发现不符合法定条件或者法定程序,尚未发行证券的,应当予以撤销,停止发行。已经发行尚未上市的,撤销发行注册决定,发行人应当按照发行价并加算银行同期存款利息返还证券持有人;发行人的控股股东、实际控制人以及保荐人,应当与发行人承担连带责任,但是能够证明自己没有过错的除外。。

【例 12-1】 H 公司以欺诈的手段骗取股票发行注册,股票正在发行之中,经群众举报,中国证券监督管理委员会作出了撤销决定。该公司便将扣除股票发行费用后的股款余额退还给了股票持有人。请问该公司的做法是否合法?

【解析】 不合法。注册决定撤销后,证券已经发行的,发行人应该按照发行价并加算银行同期存款利息返还证券持有人。

6. 发行风险责任

股票依法发行后,发行人经营与权益的变化,由发行人自行负责;由此变化引致的投资风险,由投资者自行负责。

(二)证券发行的保荐制度

发行人申请公开发行股票、可转换为股票的公司债券,依法采取承销方式的,或者公开发行法律、行政法规规定实行保荐制度的其他证券的,应当聘请证券公司担任保荐人。

保荐人应当遵守业务规则和行为规范,诚实守信,勤勉尽职,对发行人的申请文件和信息披露资料进行审慎核查,督导发行人规范运作。

⚠ **特别提示 12-3** 保荐人,顾名思义就是担保推荐人,当然担保就意味着要承担连带责任,即保荐人要承担连带责任。

(三)证券承销

证券承销是指证券经营机构依照协议包销或者代销发行人向社会公开发行的证券的行为。发行人向不特定对象公开发行的证券,法律、行政法规规定应当由证券公司承销的,发行人应当同证券公司签订承销协议。

1.证券承销的方式

证券承销业务采取代销或者包销方式。

证券代销是指证券公司代发行人发售证券,在承销期结束时,将未售出的证券全部退还给发行人的承销方式。

证券包销是指证券公司将发行人的证券按照协议全部购入或者在承销期结束时,将售后剩余证券全部自行购入的承销方式。

> **特别提示 12-4** 公司设立发行时,采用包销方式,肯定可以设立成功,但是代销方式却未必,因此前者费用比后者费用要高得多,因为承销商承担着风险。

2.证券承销的协议

证券公司承销证券,应当同发行人签订代销或者包销协议。

3.承销团承销证券

向不特定对象发行证券聘请承销团承销的,承销团应当由主承销和参与承销的证券公司组成。

4.证券承销的期限

证券的代销、包销期限最长不得超过九十日。证券公司在代销、包销期内,对所代销、包销的证券应当保证先行出售给认购人,证券公司不得为本公司预留所代销的证券和预先购入并留存所包销的证券。

股票发行采用代销方式,代销期限届满,向投资者出售的股票数量未达到拟公开发行股票数量的百分之七十的,为发行失败。发行人应当按照发行价并加算银行同期存款利息返还股票认购人。

公开发行股票,代销、包销期限届满,发行人应当在规定的期限内将股票发行情况报国务院证券监督管理机构备案。

【例 12-2】下列关于证券承销说法中,正确的是(   )。
A.我国证券承销的主要方式有包销和代销两种方式
B.公开发行债券的发行人有权依法自主选择承销的证券公司
C.向不特定对象发行证券聘请承销团承销的,承销团应当由主承销和参与承销的证券公司组成
D.代销、包销期限最长不得超过九十日

【解析】A、B、C、D。四个选项均符合证券承销的法律规定。

四、证券投资基金发行

证券投资基金依照其运作方式不同,可以分为封闭式基金和开放式基金。基金管理人由依法设立的基金管理公司担任。担任基金管理人,应当经国务院证券监督管理机构核准。

基金管理人依照《中华人民共和国证券投资基金法》(以下简称《证券投资基金法》)发售基金份额,募集资金,应当向国务院证券监督管理机构提交有关文件,并经国务院证券监督管理机构核准。

国务院证券监督管理机构应当自受理公开募集基金的募集注册之日起六个月内依照法律、行政法规及国务院证券监督管理机构的规定进行审查,作出注册或者不予注册的决定,并通知申请人;不予注册的,应当说明理由。

基金份额的发售,由基金管理人或者其委托的基金销售机构办理。

基金管理人应当在基金份额发售的三日前公布招募说明书、基金合同及其他有关文件。

基金管理人应当自收到准予注册文件之日起六个月内进行基金募集。

第三节 证券交易

一、证券交易的概念及分类

证券交易主要指证券买卖,即证券持有人依照证券交易规则,将已依法发行的证券转让给其他证券投资者的行为。

证券在证券交易所挂牌交易,应当采用公开的集中竞价交易方式。集中竞价应当实行价格优先、时间优先的原则。

证券交易根据不同标准可以进行不同分类,按照交易对象不同可以分为股票交易、债券交易和基金交易等;按照成交时间和交割时间不同可以分为期货交易、现货交易、信用交易和期权交易等。

法条链接:
《证券法》第三十八条规定:"证券在证券交易所上市交易,应当采用公开的集中交易方式或者国务院证券监督管理机构批准的其他方式。"

二、证券上市制度

证券上市是证券发行与证券交易的桥梁,联结证券一级市场和证券二级市场。证券上市是已依法发行的证券进入证券交易所进行证券交易的前提。

(一)股票上市交易

1.股票上市条件

申请证券上市交易,应当向证券交易所提出申请,由证券交易所依法审核同意,并由双方签订上市协议。申请股票上市交易,应当符合证券交易所上市规则规定的上市条件。证券交易所上市规则规定的上市条件,应当对发行人的经营年限、财务状况、最低公开发行比例和公司治理、诚信记录等提出要求。

2.股票终止上市

股票终止上市是指公司股票在证券交易所终止上市交易。股票终止上市是资本市场重要的基础性制度。一方面,上市公司基于实现发展战略、维护合理估值、稳定控制权以及成本效益法则等方面的考虑,认为不再需要继续维持上市地位或者继续维持上市地位不再有利于公司发展,可以主动向证券交易所申请其股票终止交易。另一方面,证券交易所为维护公开交易股票的总体质量与市场信心,保护投资者特别是中小投资者合法权益,依照规则要求交投不活跃、股权分布不合理、市值过低而不再适合公开交易的股票终止交易,特别是对于存在严重违法违规行为的公司,证券交易所可以依法强制其股票退出市场交易。

(二)公司债券上市交易

1.公司债券上市交易的条件

《证券法》第四十六条规定,申请证券上市交易,应当向证券交易所提出申请,由证券交易所依法审核同意,并由双方签订上市协议。申请证券上市交易,应当符合证券交易所上市规则规定的上市条件。证券交易所上市规则规定的上市条件,应当对发行人的经营年限、财务状况、最低公开发行比例和公司治理、诚信记录等提出要求。

2.公司债券终止上市

《证券法》第四十八条规定,上市交易的证券,有证券交易所规定的终止上市情形的,由证券交易所按照业务规则终止其上市交易。证券交易所决定终止证券上市交易的,应当及时公告,并报国务院证券监督管理机构备案。

【例12-3】 证券交易所上市规则规定的上市条件,应当对发行人的(   )等提出要求。

A.经营年限
B.财务状况、最低公开发行比例
C.公司治理
D.诚信记录

【解析】 A、B、C、D。《证券法》第四十七条规定:"申请证券上市交易,应当符合证券交易所上市规则规定的上市条件。证券交易所上市规则规定的上市条件,应当对发行人的经营年限、财务状况、最低公开发行比例和公司治理、诚信记录等提出要求。"

三、信息披露制度

(一)信息披露制度的概念

信息披露制度又称信息公开制度,是证券发行人、上市公司及其他主体,依照法律规定的方式,将证券发行、交易及与之有关的重大信息予以公开的一种法律制度。信息披露制度包括证券发行的信息披露和持续信息公开。

证券发行的信息披露是指证券公开发行时对发行人、拟发行的证券以及与发行证券有关的信息进行披露。该类信息披露文件主要有招股说明书、募集说明书、上市公告书等。

持续信息公开是指证券上市交易过程中发行人、上市公司对证券上市交易及与证券上市交易有关的信息要进行持续的披露。该类信息披露文件主要有上市公司定期报告和上市公司临时报告。

(二)上市公司定期报告

上市公司应当披露的定期报告包括中期报告和年度报告。凡是对投资者作出投资决策有重大影响的信息,均应当披露。

1.中期报告

上市公司和公司证券上市交易的公司,应当在每一会计年度的上半年结束之日起两个月内,向国务院证券监督管理机构和证券交易所报送中期报告并予以公告。中期报告应记载以下事项：①公司基本情况；②主要会计数据和财务指标；③公司股票、债券发行及变动情况、股东总数、公司前十大股东持股情况,控股股东及实际控制人发生变化的情况；④管理层讨论与分析；⑤报告期内重大诉讼、仲裁等重大事件及对公司的影响；⑥财务会计报告；⑦中国证监会规定的其他事项。

2.年度报告

上市公司和公司证券上市交易的公司,应当在每一会计年度结束之日起四个月内,向国务院证券监督管理机构和证券交易所报送年度报告并予以公告。年度报告应记载以下事项：①公司基本情况；②主要会计数据和财务指标；③公司股票、债券发行及变动情况,报告期末股票、债券总额、股东总数,公司前十大股东持股情况；④持股百分之五以上股东、控股股东及实际控制人情况；⑤董事、监事、高级管理人员的任职情况、持股变动情况、年度报酬情况；⑥董事会报告；⑦管理层讨论与分析；⑧报告期内重大事件及对公司的影响；⑨财务会计报告和审计报告全文；⑩中国证监会规定的其他事项。

(三)上市公司临时报告

发生可能对上市公司证券及其衍生品种交易价格产生较大影响的重大事件,投资者尚未得知时,上市公司应当立即将有关该重大事件的情况向国务院证券监督管理机构和证券交易所报送临时报告并予以公告,说明事件的起因、目前的状态和可能产生的法律后果。

【例12-4】 上市公司发生下列情形,应当立即公告的是( )。
A.公司经理发生变动
B.公司发生重大亏损或者重大损失
C.公司经营方针和经营范围的重大变化
D.公司副经理发生变动
【解析】 B、C。上市公司发生重大事件时,应当立即向国务院证券监督管理机构和证券交易所报送临时报告并予以公告。B和C均为上市公司的重大事件。

(四)信息的发布与监督

(1)发行人及法律、行政法规和国务院证券监督管理机构规定的其他信息披露义务人,应当及时依法履行信息披露义务。信息披露义务人披露的信息,应当真实、准确、完整,简明清晰,通俗易懂,不得有虚假记载、误导性陈述或者重大遗漏。

(2)上市公司、公司债券上市交易的公司、股票在国务院批准的其他全国性证券交易场所交易的公司,应当按照国务院证券监督管理机构和证券交易场所规定的内容和格式编制定期报告,并按照规定报送和公告。

(3)发生可能对上市公司、股票在国务院批准的其他全国性证券交易场所交易的公司的股票交易价格产生较大影响的重大事件,投资者尚未得知时,公司应当立即将有关该重大事件的情况向国务院证券监督管理机构和证券交易场所报送临时报告,并予公告,说明事件的起因、目前的状态和可能产生的法律后果。

(4)发生可能对上市交易公司债券的交易价格产生较大影响的重大事件,投资者尚未得知时,公司应当立即将有关该重大事件的情况向国务院证券监督管理机构和证券交易场所报送临时报告,并予公告,说明事件的起因、目前的状态和可能产生的法律后果。

(5)发行人的董事、高级管理人员应当对证券发行文件和定期报告签署书面确认意见；发行人的监事会应当对董事会编制的证券发行文件和定期报告进行审核并提出书面审核意见,监事应当签署书面确认意见；发行人的董事、监事和高级管理人员应当保证发行人及时、公平地披露信息,所披露的信息应当真实、准确、完整。

(6)信息披露义务人披露的信息应当同时向所有投资者披露,不得提前向任何单位和个人泄露。但是,法律、行政法规另有规定的除外。

(7)除依法需要披露的信息之外，信息披露义务人可以自愿披露与投资者作出价值判断和投资决策有关的信息，但不得与依法披露的信息相冲突，不得误导投资者。发行人及其控股股东、实际控制人、董事、监事、高级管理人员等作出公开承诺的，应当披露。不履行承诺给投资者造成损失的，应当依法承担赔偿责任。

(8)依法披露的信息，应当在证券交易场所的网站和符合国务院证券监督管理机构规定条件的媒体发布，同时将其置备于公司住所、证券交易场所，供社会公众查阅。

(9)国务院证券监督管理机构对信息披露义务人的信息披露行为进行监督管理。证券交易场所应当对其组织交易的证券的信息披露义务人的信息披露行为进行监督，督促其依法及时、准确地披露信息。

(10)信息披露义务人未按照规定披露信息，或者公告的证券发行文件、定期报告、临时报告及其他信息披露资料存在虚假记载、误导性陈述或者重大遗漏，致使投资者在证券交易中遭受损失的，信息披露义务人应当承担赔偿责任；发行人的控股股东、实际控制人、董事、监事、高级管理人员和其他直接责任人员以及保荐人、承销的证券公司及其直接责任人员，应当与发行人承担连带赔偿责任，但是能够证明自己没有过错的除外。

四、限制的证券交易行为

(一)对证券交易主体的限制

(1)证券交易所、证券公司和证券登记结算机构的从业人员、证券监督管理机构的工作人员以及法律、行政法规禁止参与股票交易的其他人员，在任期或者法定期限内，不得直接或者以化名、借他人名义持有、买卖股票，也不得收受他人赠送的股票。任何人在成为上述所列人员时，其原已持有的股票，必须依法转让。

(2)为股票发行出具审计报告、资产评估报告或者法律意见书等文件的证券服务机构和人员，在该股票承销期内和期满后六个月内，不得买卖该种股票。除上述规定外，为上市公司出具审计报告、资产评估报告或者法律意见书等文件的证券服务机构和人员，自接受上市公司委托之日起至上述文件公开后五日内，不得买卖该种股票。

(3)关于公司董事、监事、高级管理人员转让持有的本公司股票的限制性规定见本教材"公司法"一章。

(二)对证券交易客体的限制

(1)证券交易当事人依法买卖的证券，必须是依法发行并交付的证券。非依法发行的证券，不得买卖。

(2)依法发行的股票、公司债券及其他证券，法律对其转让期限有限制性规定的，在限定的期限内不得买卖。

(3)发起人持有的本公司股份，自公司成立之日起一年内不得转让。公司公开发行股票前已持有的股份，自公司股票在证券交易所上市交易之日起一年内不得转让。

(三)对短线交易的限制

上市公司、股票在国务院批准的其他全国性证券交易场所交易的公司持有百分之五以上股份的股东、董事、监事、高级管理人员，将其持有的该公司的股票或者其他具有股权性质的证券在买入后六个月内卖出，或者在卖出后六个月内又买入，由此所得收益归该公司所有，公司董事会应当收回其所得收益。但是，证券公司因购入包销售后剩余股票而持有百分之五以上股份，以及有国务院证券监督管理机构规定的其他情形的除外。前面所称董事、监事、高级管理人员、自然人股东持有的股票或者其他具有股权性质的证券，包括其配偶、父母、子女持有的及利用他人账户持有的股票或者其他具有股权性质的证券。

（四）对交易收费的限制

证券交易的收费必须合理，并公开收费项目、收费标准和管理办法。证券交易的收费项目、收费标准和管理办法由国务院有关主管部门统一规定。

五、禁止的证券交易行为

（一）虚假陈述和误导性陈述

虚假陈述是指信息披露义务人违反证券法规定，在证券发行或者交易过程中，对重大事件作出违背事实真相的虚假记载、误导性陈述，或者在披露信息时发生重大遗漏、不正当披露信息的行为。

误导性陈述是指虚假陈述行为人在信息披露文件中或者通过媒体，作出使投资人对其投资行为发生错误判断并产生重大影响的陈述。

禁止国家工作人员、传播媒介从业人员和有关人员编造、传播虚假信息，扰乱证券市场。

禁止证券交易所、证券公司、证券登记结算机构、证券服务机构及其从业人员、证券业协会、证券监督管理机构及其工作人员，在证券交易活动中作出虚假陈述或者误导性陈述。

各种传播媒介传播证券市场信息必须真实、客观，禁止误导。

（二）内幕交易行为

内幕交易行为是指证券交易内幕信息的知情人和非法获取内幕信息的人利用内幕信息买卖其所持有的该公司的证券，或者泄露该信息或建议他人买卖该证券的行为。

禁止证券交易内幕信息的知情人和非法获取内幕信息的人利用内幕信息从事证券交易活动。内幕信息是指证券交易活动中，涉及公司的经营、财务或者对该公司证券的市场价格有重大影响的尚未公开的信息。证券交易内幕信息的知情人和非法获取内幕信息的人，在内幕信息公开前，不得买卖该公司的证券，或者泄露该信息，或者建议他人买卖该证券。内幕交易行为给投资者造成损失的，行为人应当依法承担赔偿责任。

【例12-5】 李某是A上市公司的董事，一次与朋友聚会期间，无意泄露了本公司即将配股的消息。其朋友张某次日便购买了该公司股份10万元，待配股消息公开后，全部卖出，获利4万元。试分析张某行为的性质。

【解析】 该行为属于内幕交易行为。即证券交易内幕信息的知情人在信息公开前利用该信息买卖证券。

（三）操纵证券市场行为

操纵证券市场行为是指以获取利益或减少损失为目的，利用手中掌握的资金等优势影响证券市场价格，制造证券市场假象，诱导或者致使投资者在不了解事实真相的情况下作出证券投资决定，而扰乱证券市场秩序的行为。

禁止任何人以下列手段操纵证券市场，影响或者意图影响证券交易价格或者证券交易量：

(1)单独或者通过合谋，集中资金优势、持股优势或者利用信息优势联合或者连续买卖；
(2)与他人串通，以事先约定的时间、价格和方式相互进行证券交易；
(3)在自己实际控制的账户之间进行证券交易；
(4)不以成交为目的，频繁或者大量申报并撤销申报；
(5)利用虚假或者不确定的重大信息，诱导投资者进行证券交易；
(6)对证券、发行人公开作出评价、预测或者投资建议，并进行反向证券交易；
(7)利用在其他相关市场的活动操纵证券市场；
(8)操纵证券市场的其他手段。

操纵证券市场行为给投资者造成损失的，应当依法承担赔偿责任。

(四)欺诈客户行为

欺诈客户行为是指证券公司及其从业人员在证券交易及相关活动中进行的违背客户真实意思表示、损害客户利益的行为。

禁止证券公司及其从业人员从事下列损害客户利益的欺诈行为:
(1)违背客户的委托为其买卖证券;
(2)不在规定时间内向客户提供交易的书面确认文件;
(3)未经客户的委托,擅自为客户买卖证券,或者假借客户的名义买卖证券;
(4)为牟取佣金收入,诱使客户进行不必要的证券买卖;
(5)其他违背客户真实意思表示,损害客户利益的行为。

欺诈客户行为给客户造成损失的,行为人应当依法承担赔偿责任。

(五)其他禁止的交易行为

(1)禁止法人非法利用他人账户从事证券交易,禁止法人出借自己或者他人的证券账户;
(2)依法拓宽资金入市渠道,禁止资金违规流入股市;
(3)禁止任何人挪用公款买卖证券;
(4)国有企业和国有资产控股的企业买卖上市交易的股票,必须遵守国家有关规定。

第四节 上市公司的收购

一、上市公司收购的概念和方式

(一)上市公司收购的概念

上市公司收购是指收购人依法通过取得股份的方式成为一个上市公司的控股股东,或通过投资关系、协议、其他安排的途径成为一个上市公司的实际控制人,或同时采取上述方式和途径取得上市公司控制权的行为。

(二)上市公司收购的方式

投资者可以采取要约收购、协议收购及其他合法方式收购上市公司。

要约收购是指投资者向目标公司的所有股东发出要约,表明愿意以要约中的条件购买目标公司的股票,以期达到对目标公司控制权的获得或巩固。

协议收购是指投资者在证券交易所外与目标公司的股东,主要是持股比例较高的大股东,就股票的价格、数量等方面进行私下协商,购买目标公司的股票,以期达到对目标公司控制权的获得或巩固。

二、要约收购规则

(一)收购要约的发出

投资者通过证券交易所的证券交易持有或者通过协议、其他安排与他人共同持有一个上市公司已发行的股份达到百分之三十时,继续进行收购的,应当依法向该上市公司所有股东发出收购上市公司全部或者部分股份的要约。收购上市公司部分股份的收购要约应当约定,被收购公司股东承诺出售的股份数额超过预定收购的股份数额的,收购人按比例进行收购。

(二)收购要约的公告

收购人在依照上述规定报送上市公司收购报告书之日起十五日后,公告其收购要约。在上述期限内,国务院证券监督管理机构发现上市公司收购报告书不符合法律、行政法规规定的,应当及时告知收购人,收购人不得公告其收购要约。

(三)收购要约的期限

收购要约约定的收购期限不得少于三十日,并不得超过六十日。

(四)收购要约的撤销

撤销收购要约是指收购人公告收购要约后,将该收购要约取消,使收购要约的法律效力归于消灭的意思表示。投资者持有或者通过协议、其他安排与他人共同持有该上市公司百分之三十以上的股份,其发出收购要约已经将收购的有关信息进行了披露,这些经披露的信息对该上市公司的股票交易将发生重要影响。如果收购人撤销收购要约,会对该上市公司的股票交易产生新的影响,有可能损害中小股东的利益。因此,在收购要约确定的承诺期限内,收购人不得撤销收购要约。

(五)收购要约的变更

收购人需要变更收购要约的,必须事先向国务院证券监督管理机构及证券交易所提出报告,经批准后,予以公告。收购要约变更是指收购要约生效后,收购要约发出人改变要约内容的意思表示。变更收购要约,需经要约发出人和受要约人双方当事人同意。收购要约变更自收购要约变更公告后开始生效。

(六)收购要约的适用

收购要约提出的各项收购条件,适用于被收购公司的所有股东。

采取要约收购方式的,收购人在收购期限内,不得卖出被收购公司的股票,也不得采取要约规定以外的形式和超出要约的条件买入被收购公司的股票。

法条链接:
《证券法》第七十条规定:"采取要约收购方式的,收购人在收购期限内,不得卖出被收购公司的股票,也不得采取要约规定以外的形式和超出要约的条件买入被收购公司的股票。"

三、协议收购规则

收购人可以依法同被收购公司的股东以协议方式进行股权转让。

以协议方式收购上市公司时,达成协议后,收购人必须在三日内将该收购协议向国务院证券监督管理机构及证券交易所作出书面报告,并予以公告。在公告前不得履行收购协议。

采取协议收购方式的,收购人收购或者通过协议、其他安排与他人共同收购一个上市公司已发行的股份达到百分之三十时,继续进行收购的,应当向该上市公司所有股东发出收购上市公司全部或者部分股份的要约。但是,经国务院证券监督管理机构免除发出要约的除外。

收购人依照上述规定以要约方式收购上市公司股份,应当遵守《证券法》的相关规定。

四、上市公司收购的权益披露

投资者收购上市公司,要依法披露其在上市公司中拥有的权益,包括登记在其名下的股份和虽未登记在其名下但该投资者可以实际支配表决权的股份。投资者及其一致行动人在一个上市公司中拥有的权益应当合并计算。

五、上市公司收购的法律后果

(1)收购期限届满,被收购公司股权分布不符合上市条件的,该上市公司的股票应当由证券交易所依法终止上市交易;其余仍持有被收购公司股票的股东,有权向收购人以收购要约的同等条件出售其股票,收购人应当收购。收购行为完成后,被收购公司不再具备股份有限公司条件的,应当依法变更企业形式。

(2)在上市公司收购中,收购人持有的被收购的上市公司的股票,在收购行为完成后的十八个月内不得转让。

> ⚠ **特别提示 12-5** 为防止非法集资、圈钱外逃之非法目的,发起人在一年内不得转让公司股票。

(3)收购行为完成后,收购人与被收购公司合并,并将该公司解散的,被解散公司的原有股票由收购人依法更换。

(4)收购行为完成后,收购人应当在十五日内将收购情况报告国务院证券监督管理机构和证券交易所,并予以公告。

(5)收购上市公司中由国家授权投资的机构持有的股份,应当按照国务院的规定,经有关主管部门批准。

【例12-6】 下列各项中,依法可以收购戊上市公司股份的是( )。

A.财务状况与公司信誉良好的甲上市公司

B.在过去一年中存在虚假信息披露、被中国证监会给予行政处罚的乙上市公司

C.丙上市公司已经拥有戊上市公司20%的股份,打算继续收购

D.自然人丁。丁曾经担任某股份有限公司董事长,因不可抗力原因,该股份有限公司已在3年前破产关闭

【解析】 A、C、D。根据法律规定,收购人最近3年有证券市场失信行为,不得收购上市公司,所以B为排除选项。其他3个选项均符合收购上市公司的条件。

第五节 证券机构

一、证券交易所

证券交易所是为证券集中交易提供场所和设施,组织和监督证券交易,实行自律管理的法人。

证券交易所有公司制和会员制两种,我国的证券交易所是实行自律性管理的会员制的事业法人。目前我国有上海证券交易所和深圳证券交易所。证券交易所的设立和解散,由国务院决定。

二、证券公司

证券公司是指依照《公司法》和《证券法》规定成立,经营证券业务以及相关业务的有限责任公司或者股份有限公司。

证券公司的业务范围包括:①证券经纪;②证券投资咨询;③与证券交易、证券投资活动有关的财务顾问;④证券承销与保荐;⑤证券自营;⑥证券资产管理;⑦其他证券业务。

三、证券登记结算机构

证券登记结算机构是为证券交易提供集中登记、托管与结算服务,不以营利为目的的法人。

我国的证券登记结算机构是中国证券登记结算公司,其股东是上海证券交易所、深圳证券交易所。

证券登记结算机构应该妥善保存登记、托管和结算的原始凭证,重要原始凭证保存不少于二十年。

> ⚠ **特别提示 12-6** 之所以规定原始凭证保存不少于二十年是因为要和最长诉讼时效相衔接,确保相关当事人的诉讼权利可以获得相应的证据支持。

四、证券交易服务机构

证券交易服务机构是指从事证券投资咨询、财务顾问、资信评估、资产评估、会计实务等业务,为证券发行和证券交易提供专业性服务的机构。

五、证券业协会

证券业协会是证券经营机构依法自行组织的自律性组织,具有独立的社会团体法人资格。

证券业协会设理事会,理事会成员依章程的规定由选举产生,协会的权力机构为由全体会员组成的会员大会。

证券业协会的职能主要有:制定会员应遵守的规则,对会员之间、会员与客户之间发生的纠纷进行调解,对会员违反法律、行政法规或协会章程的,按照规定给予纪律处分等。

法条链接:
《证券法》第一百条规定:"证券交易所必须在其名称中标明证券交易所字样。其他任何单位或者个人不得使用证券交易所或者近似的名称。"

法条链接:
《证券法》第一百一十八条规定:"设立证券公司,应当具备下列条件,并经国务院证券监督管理机构批准:(一)有符合法律、行政法规规定的公司章程;(二)主要股东及公司的实际控制人具有良好的财务状况和诚信记录,最近三年无重大违法违规记录;(三)有符合本法规定的公司注册资本;(四)董事、监事、高级管理人员、从业人员符合本法规定的条件;(五)有完善的风险管理与内部控制制度;(六)有合格的经营场所、业务设施和信息技术系统;(七)法律、行政法规和经国务院批准的国务院证券监督管理机构规定的其他条件。未经国务院证券监督管理机构批准,任何单位和个人不得以证券公司名义开展证券业务活动。"

六、证券监督管理机构

国务院证券监督管理机构即中国证券监督管理委员会(简称"证监会"),其主要职责是依法对证券市场实行监督管理,维护证券市场秩序,保障其合法运行。

课后思考题

1. 简述股票和公司债券发行的条件。
2. 什么是证券交易?《证券法》对证券交易做了哪些一般性规定?
3. 简述股票和公司债券上市交易的条件。
4. 简述《证券法》中的禁止性交易行为。
5. 简述上市公司收购的限制性规定。

课后案例

【背景资料】 2018年10月,时任B证券公司常务副总经理的熊某到大连,向A公司董事长兼总经理李某、副总经理王某了解有关经营情况,知悉了2018年A公司"预计全年每股收益可达0.60元以上""公司具有每10股送6股至7股的能力"等财务情况和"将实施一个大幅度扩张股本的转送股方案"的分配情况,以及当时尚未公开披露的追加海水养殖项目投资计划和受托开发大连高新技术产业园区的地产投资项目等重大内幕信息。在此期间,熊某还提出由其所在B证券公司武汉分公司作为A公司的配股主承销商,A公司表示同意。2019年1月11日,在A公司临时股东大会表决通过其增资配股的预案后,B证券公司武汉分公司即派人到A公司具体操作实施配股。后经证监会查实,A公司于2019年1月17日和4月14日公开披露的每10股转赠5股和每10股送3股的分配方案与王某向熊某介绍的上述内幕信息基本一致。B证券公司从2018年10月至2019年4月,利用该内幕信息大量买卖A公司股票,持仓量高达1 711万股,占A公司发行在外股份的16.23%,占流通股份的60.61%。在双方的配合下,A公司股票价格在2019年1月23日和4月21日A公司实施转送股方案期间,从每股8.86元涨到每股16.25元,涨幅近1倍。而B证券公司在2019年1月23日A公司实施转送股方案后,于2019年1月24日至4月25日又连续全部卖出A公司股票,获利7 455.89万元。

【问题】 试分析B证券公司的行为是否合法(思考方向:内幕信息的界定;知情人员的范围和义务;内幕交易的法律责任)。

第十三章 票据法

内容提示

1. 票据的含义和种类
2. 票据当事人
3. 票据的特征和功能
4. 票据的一般规定
5. 汇票、本票和支票

学习目标

【掌握】票据行为、票据权利及汇票的出票、背书、承兑、保证、付款、追索等相关法律规定。

【了解】本票、支票的相关内容。

思政目标

培养学生遵纪守法、文明经商、货真价实、买卖公平、诚实无欺等社会主义商业道德规范，树立正确的商业道德价值观，内化于心，外化于行，从而实现经济法课程"立德树人"的根本目标。

课前案例导入

【背景资料】甲公司向某工商银行申请一张银行承兑汇票，该银行进行了必要的审查后受理了这份申请，并依法在票据上签章。甲公司得到这张票据后没有在票据上签章便将该票据直接交付给乙公司作为购货款。乙公司又将此票据背书转让给丙公司以偿债。待到票据上记载的付款日期时，丙公司持票向承兑银行请求付款，该银行以票据无效为理由拒绝付款。

【问题】
1. 从以上案情显示的情况看，这张汇票有效吗？
2. 根据我国票据法关于汇票出票行为的规定，记载了哪些事项的汇票才为有效票据？
3. 银行已经在票据上依法签章，它可以拒绝付款吗？为什么？

第一节 票据法概述

一、票据的含义和种类

票据有广义和狭义之分。广义上的票据包括各种有价证券和凭证,狭义上的票据仅指《中华人民共和国票据法》(以下简称《票据法》)规定的票据。

票据是由出票人签发的、约定自己或者委托付款人在见票时或指定的日期向收款人或持票人无条件支付一定金额的有价证券。

⚠️ **特别提示 13-1** 在我国,票据包括汇票、本票和支票。

二、票据当事人

票据当事人是指票据法律关系中享有票据权利、承担票据义务的主体。票据当事人分为基本当事人和非基本当事人。

(一)基本当事人

基本当事人是指在票据做成和交付时就已经存在的当事人,包括出票人、付款人和收款人。在汇票及支票中有出票人、付款人与收款人;在本票中有出票人与收款人。基本当事人不存在或不完全,票据法律关系就不成立,票据就无效。

(1)出票人是指依法定方式签发票据并将票据交付给收款人的人。商业汇票的出票人为银行以外的企业和其他组织,支票的出票人为在银行开立支票存款账户的企业、其他组织和个人。

(2)收款人是指票据到期后有权收取票据所载金额的人,又称票据权利人。

(3)付款人是指由出票人委托付款或自行承担付款责任的人。汇票的付款人有两种:商业承兑汇票的付款人是合同中应给付款项的一方当事人,也是该汇票的承兑人;银行承兑汇票的付款人是承兑银行,但是其款项来源还是与该票据有关的合同中应付款方的存款;支票的付款人是出票人的开户银行;本票的付款人是出票人。

【例 13-1】 以下情形中,甲与乙之间存在票据关系的是(   )。
A.甲持有由乙签发的甲为收款人的支票
B.甲用银行卡向乙支付货款
C.汇票的承兑人甲支付票款后向出票人乙追偿欠款
D.甲向乙银行申请签发银行本票

【解析】 A。票据关系可以根据票据种类或票据行为作为划分标准进行分类。以票据的法律上的分类作为划分标准,可将票据关系分为汇票关系、本票关系、支票关系。以票据行为作为划分标准,可将票据关系分为票据发行关系、票据背书关系、票据承兑关系、票据保证关系、票据参加关系、票据保付关系等。

(二)非基本当事人

非基本当事人是指在票据做成并交付后,通过一定的票据行为加入票据关系而享有一定权利、承担一定义务的当事人。非基本当事人包括承兑人、背书人、保证人等。

(1)承兑人是指接受汇票出票人的付款委托,同意承担支付票款义务的人,它是汇票主债务人。

(2)背书人与被背书人。背书人是指在转让票据时,在票据背面或粘单上签字或盖章,并将该票据交付给受让人的票据收款人或持有人。被背书人是指被记名受让票据或接受票据转让的人。背书后,被背书人成为票据新的持有人,享有票据的所有权利。

(3)保证人是指为票据债务提供担保的人,由票据债务人以外的第三人担当。保证人在被保证人不能履行票据付款责任时,以自己的金钱履行票据付款义务,然后取得持票人的权利,向票据债务人追索。

三、票据的特征和功能

(一)票据的特征

票据具有其独特的法律属性:

1.票据是设权证券

票据的各种权利、义务都是因票据的设立而产生的。

2.票据是无因证券

只要具备法定条件,票据即有效,权利、义务即告成立。权利的行使和义务的履行一般不问隐藏在票据后的原因和资金关系,即票据一经依法产生并在市场上合法流通,即具有相对的独立性。

3.票据是要式证券

票据的格式与各种票据行为都要遵循法定的形式。

4.票据是文义证券

票据的权利和义务,完全由票据上所记载的文字意义所决定。

5.票据是债权证券

票据持票人即票据的债权人可以就票据上载明的金额向特定的票据债务人主张权利。

6.票据是金钱证券

票据代表着一定的财产权利,它的流通行为都以金钱的给付为最终目的。

7.票据是流通证券

票据可以通过背书或交付的方式依法转让,依法流通。

(二)票据的功能

票据的功能是指票据在社会经济生活中的作用。票据的功能主要有:

1.汇兑功能

票据最初的功能是汇兑,即异地输送现金和兑换货币的工具。当时,随着商品经济的发展和市场范围的扩大,在异地贸易中携带现金不方便、不安全,还存在不同种类货币之间的兑换困难。因此产生了以下汇兑业务:商品交易当事人通过货币经营者(现为银行)的汇款业务和货币兑换业务,在本地将现金交付货币经营者,并取得票据作为汇款和货币兑付凭证,并凭该票据在异地向货币经营者兑换现金,从而克服了现金支付的空间困难。

2. 支付功能

由于票据有汇兑功能，可异地兑换现金，是一种金钱给付的债权凭证，因而它逐渐发展为具有支付功能，即可以通过法定流通转让程序，代替现金在交易中进行支付的工具。在市场经济中，货币作为交换媒介和一般等价物，会经常发生大量收付货币的现象。用票据代替现金作为支付工具，例如使用支票方式支付，具有便携、快捷、安全等优点。因此，在现代经济中，票据支付在货币支付中占有越来越大的比例。

3. 结算功能

结算功能是指票据作为货币给付的手段，可以用它在同城或异地的经济往来中，抵销不同当事人之间相互的收款、欠款或相互的支付关系，即通过票据交换，使各方收付相抵，相互债务冲减。这种票据结算的方式，和使用现金相比，更加便捷、安全、经济，因而它成为现代经济中银行结算的主要方式。

4. 信用功能

票据可作为信用工具，在商业和金融中发挥融资等作用。其中，在商品交易中，票据可作为预付货款或延期付款的工具，发挥商业信用功能。例如，在甲方向乙方开出票据后，乙方可先期交付商品或者先行预付货款即提供商业信用；然后，乙方再在票据指定日期，向甲方收回已经交货的货款或者取得已经预付货款的商品。在金融活动中，企业可以通过将尚未到期的票据向银行进行贴现，取得货币资金，以解决企业一时发生的资金周转困难。这时，票据就发挥了银行信用的作用。

5. 融资功能

融资功能就是融通资金或调度资金，票据的融资功能是通过票据贴现、转贴现和再贴现实现的。

票据的以上基本功能，使票据制度成为现代市场经济的一项基本制度。商业信用、银行信用的票据化和结算手段的票据化，是市场经济高度发展的重要标志之一。

四、票据法的概念

票据法是规定有关票据的种类、形式、内容以及相关当事人之间的权利和义务的法律规范的总称。

《票据法》于1995年5月10日经第八届全国人民代表大会常务委员会第十三次会议审议通过，自1996年1月1日起开始施行。该法根据2004年8月28日第十届全国人民代表大会常务委员会第十一次会议通过的《全国人民代表大会常务委员会关于修改〈中华人民共和国票据法〉的决定》进行修正。有关票据的法律法规还包括其他一些法律规定，如《关于施行〈中华人民共和国票据法〉有关问题的通知》《支付结算办法》、《最高人民法院关于审理票据纠纷案件若干问题的规定》《票据管理实施办法》《银行账户管理办法》等。

法条链接：
《票据法》第一条规定："为了规范票据行为，保障票据活动中当事人的合法权益，维护社会经济秩序，促进社会主义市场经济的发展，制定本法。"

第二节 票据的一般规定

一、票据权利和责任

(一)票据权利的概念和种类

票据权利是指持票人向票据债务人请求支付票据金额的权利,包括付款请求权和追索权。

付款请求权是持票人最基本的权利,也称票据的第一次权利或主票据权利,是向票据的主债务人行使的。就汇票而言是指汇票的付款人或承兑人及其保证人;就本票而言是指本票出票人及其保证人;就支票而言是指支票的付款人、承兑人等。票据主债务人对票据负有绝对的付款责任。

追索权是持票人在行使了票据的第一次权利后,遭到拒绝承兑或拒绝付款时,向其前手请求支付票据金额的权利,也称第二次请求权。追索权行使的对象包括出票人、背书人、保证人、承兑人等,持票人可向其中的任一人、数人或全体主张权利。被追索人清偿债务后,即与持票人享有同等的权利,即具有再追索权。

法条链接:
《票据法》第四条第四款规定:"本法所称票据权利,是指持票人向票据债务人请求支付票据金额的权利,包括付款请求权和追索权。"

(二)票据权利的取得

票据权利的取得有两种方式:一是因票据的创设而取得票据的权利,是原始取得;二是由于票据的转让或继承、合并等法定原因而取得票据的权利,是继受取得。

票据权利依持票人取得票据时的主观意思不同,也可分为善意取得和恶意取得。善意取得指在善意或无重大过失的情况下,依法律规定的转让方法,支付对价而取得的票据权利。恶意取得指明知或应当知道票据转让人无处分票据的权利,仍接受转让,取得票据权利。善意取得的受让人可取得票据上的一切权利,即使票据让与人的票据权利有瑕疵,也不影响善意取得票据者享有权利。恶意取得票据的人,不得享有票据上的权利,债务人可以拒绝付款(但要负举证责任)。持票人遭到拒付后,责任自负。

法条链接:
《票据法》第十二条规定:"以欺诈、偷盗或者胁迫等手段取得票据的,或者明知有前列情形,出于恶意取得票据的,不得享有票据权利。"

【例13-2】 甲公司是一张3个月以后到期的银行承兑汇票所记载的收款人。甲公司和乙公司合并为丙公司,丙公司于上述票据到期时向承兑人提示付款。丙公司能否取得票据权利?

【解析】 可以。当事人可以依税收、继承、赠与、企业合并等方式获得票据权利。在本案中,甲公司和乙公司合并为丙公司,丙公司合法取得票据权利。

(三)票据权利的行使、保全与补救

1.票据权利的行使

票据权利的行使是持票人请求票据的付款人支付票据金额的行为。不同的票据种类,其权利的行使有不同的程序,可包括票据的提示承兑、提示付款、行使追索权等程序。

(1)提示承兑。提示承兑是指持票人向付款人出示汇票,并要求付款人承诺付款的行为。定日付款的汇票持票人,行使票据权利时,首先要在汇票到期日前向付款人提示承兑;见票后定期付款的汇票,持票人应当自出票日起一个月内向付款人提示承兑,这是远期汇票持票人行使票据权利的一个必经程序,如果省略此程序就不能请求付款。

(2)提示付款。提示付款是指持票人在法定期限内向付款人请求付款的行为。其中包括:支票自出票日起十日内向付款人提示付款;本票自出票日起二个月内向付款人提示付款;银行汇票自出票日起一个月内向付款人提示付款;定日付款、出票后定期付款或者见票后定期付款的商业汇票,自到期日起十日内向承兑人提示付款。

(3)行使追索权。如果票据到期被拒绝付款的,持票人可以对背书人、出票人以及票据的其他债务人行使追索权。在票据到期日前,如有汇票被拒绝承兑或被拒绝付款,承兑人或付款人死亡、逃匿的,承兑人或付款人被依法宣告破产的及因违法被责令终止业务活动的情形,持票人也可以行使相应的权利。

【例 13-3】 王某拾得一张汇票,伪造了汇票上的收款人甲公司的签章,将汇票背书转让给李某,李某向付款人提示付款被拒绝。李某有无权利向王某和甲公司行使追索权?

【解析】 李某无权向王某和甲公司行使追索权。票据上有伪造的伪造人签章的,被伪造人不承担票据责任;如果票据上没有伪造人的真实签章,伪造人也不承担票据责任,伪造人要承担民事和刑事责任。

2.票据权利的保全

票据权利的保全是指持票人为了防止票据权利的丧失而采取的向付款人提示票据,要求付款人提供拒绝承兑或拒绝付款的证明等行为。提示票据包括提示承兑和提示付款,以及要求付款人提供拒绝承兑或拒绝付款证明的行为,这些行为均是持票人请求保全自己的票据权利的行为。

3.票据权利的补救

票据丧失是指票据因灭失、遗失、被盗等原因而使票据权利人脱离了其对票据的占有。票据一旦丧失,票据的债权人不通过一定的方法就不能阻止债务人向拾获者付款,从而造成正当票据权利人经济上的损失。因此,需要进行票据丧失的补救。票据丧失后,可以采取挂失止付、公示催告、普通诉讼三种形式进行补救。

(1)挂失止付。挂失止付是指失票人将丧失票据的情况通知付款人或代理付款人,由接受通知的付款人或代理付款人审查后暂停支付的一种方式。只有确定付款人或代理付款人的票据丧失时,才可进行挂失止付。挂失止付并不是票据丧失采取的必经措施,而只是一种暂时的预防措施,最终要通过申请公示催告或提起普通诉讼。

(2)公示催告。公示催告是指在票据丧失后由失票人向人民法院提出申请,请求人民法院以公告方式通知不确定的利害关系人限期申报权利。逾期未申报者,则权利失效,而由人民法院通过除权判决宣告所丧失的票据无效的一种制度或程序。失票人可在通知挂失止付后的 3 日内,也可在票据丧失后,依法向票据支付地人民法院申请公示催告,申请公示催告

的主体必须是可以背书转让的票据的最后持票人。

(3)普通诉讼。普通诉讼是指丧失票据的人为原告,承兑人或出票人为被告,请求人民法院判决其向失票人付款的诉讼活动。如果与票据上的权利有利害关系的人是明确的,无须公示催告,可按一般的票据纠纷向人民法院提起诉讼。

(四)票据权利的消灭

票据权利的消灭有两种情况:一是付款票据权利的消灭,即票据债务人履行了票据债务,票据权利随之消灭;二是时效票据权利的消灭。

票据权利在下列期限内不能行使而消灭:持票人对见票即付的汇票、本票的权利,自出票日起二年;持票人对支票出票人的权利,自出票日起六个月;持票人对前手的追索权,自被拒绝承兑或者被拒绝付款之日起六个月;持票人对前手的再追索权,自清偿日或者被提起诉讼之日起三个月。票据的出票日、到期日由票据当事人依法确定。

> **⚠ 特别提示 13-2**　持票人因超过票据权利时效或者因票据记载事项欠缺而丧失票据权利的,仍享有民事权利,可以请求出票人或者承兑人返还其与未支付的票据金额相当的利益。

(五)票据抗辩

票据抗辩是指票据债务人依法对票据债权人拒绝履行义务的行为。票据债务人可对持票人行使抗辩权的情况如下:持票人与票据债务人有直接债权债务关系并且不履行约定义务的;持票人以欺诈、偷盗或者胁迫等非法手段取得票据,或者明知有前列情形,出于恶意取得票据的;持票人明知票据债务人与出票人或者持票人的前手之间存在抗辩事由而取得票据的;因重大过失取得票据的;其他依法不得享有票据权利的。

(六)票据的伪造、变造

票据的伪造是指假借他人名义进行签章和书写其他记载事项的行为。

票据的变造是指用技术上的手段改变票据上已经记载的内容,从而影响票据的权利和义务关系的行为。

根据《票据法》的规定,票据上有伪造、变造签章的,不影响票据上其他真实签章的效力。票据上其他记载事项被变造的,在变造之前签章的人,对原记载事项负责;在变造之后签章的,对变造之后的记载事项负责;不能辨认是在票据被变造之前或者之后签章的,视同在变造之前签章。

(七)票据责任

票据责任是指票据债务人向持票人支付票据金额的义务。

票据责任如下:

(1)汇票承兑人因承兑而承担票据责任(付款责任);

(2)本票出票人因出票而自己承担付款责任;

(3)支票付款人在与出票有资金关系时承担付款责任;

(4)背书人,汇票、支票的出票人、保证人,在票据不获得承兑或不获付款时承担付款清偿责任。

二、票据行为

(一)票据行为的概念

票据行为是指票据当事人以发生票据债务为目的、以在票据上签名或盖章为权利与义务成立要件的法律行为,包括出票、背书、承兑和保证四种。

汇票的票据行为包括上述四种行为;本票的票据行为包括出票、背书和保证;支票的票据行为只有出票和背书两种。

(二)票据行为的构成要件

1.票据行为的实质要件

票据行为的实质要件是指票据当事人须符合法律上规定的票据权利能力、行为能力和基于事实情况所进行的真实意思表示。

无民事行为能力人或者限制民事行为能力人在票据上签章的,其签章无效,但是不影响其他签章的效力。

2.票据行为的形式要件

(1)签章。《票据法》第四条规定,票据出票人制作票据,应当按照法定条件在票据上签章;《票据法》第七条规定,票据上的签章,为签名、盖章或者签名加盖章。法人和其他使用票据的单位在票据上的签章,为该法人或者该单位的盖章加其法定代表人或者其授权的代理人的签章。在票据上的签名,应当为该当事人的本名。

【例13-4】 下列有关票据行为中,直接导致票据无效的是(　　)。
A.出票人在票据上的签章不符合规定
B.承兑人在票据上的签章不符合规定
C.无民事行为能力人在票据上的签章不符合规定
D.背书人在票据上的签章不符合规定

【解析】 A。本题考核点是票据的签章。出票人在票据上的签章不符合规定的,票据无效;承兑人、保证人在票据上的签章不符合规定的,或者无民事行为能力人、限制民事行为能力人在票据上签章的,其签章无效,但不影响其他符合规定签章的效力;背书人在票据上的签章不符合规定的,其签章无效,但不影响其前手符合规定签章的效力。

(2)票据的记载事项。票据的记载事项分为绝对记载事项、相对记载事项、任意记载事项三种。

绝对记载事项是指根据《票据法》规定必须记载的事项,若无记载,则票据无效。如票据金额、出票日期、出票人、收款人等。

相对记载事项是指某些应该记载而未记载,适用法律的有关规定而不使票据失效的事项。如汇票上未记载付款日期的,即见票即付等。

法条链接:
《票据法》第六条规定:"无民事行为能力人或者限制民事行为能力人在票据上签章的,其签章无效,但是不影响其他签章的效力。"

法条链接:
《票据法》第八条规定:"票据金额以中文大写和数码同时记载,二者必须一致,二者不一致的,票据无效。"

法条链接:
《票据法》第九条规定:"票据上的记载事项必须符合本法的规定。

票据金额、日期、收款人名称不得更改,更改的票据无效。"

任意记载事项是指《票据法》规定当事人可任意记载的事项,包括发生法律效力的记载事项与不发生法律效力的记载事项两种。前者如汇票的出票人可以在票据上记载"不得转让"字样,汇票不得转让;后者如保证人不得在票据上附加条件,否则所附的条件无效等。

(三)票据行为的种类

1. 出票

出票是指出票人签发票据并将其交付给收款人的票据行为。出票包括两个行为:一是出票人依照《票据法》的规定制作票据,即在原始票据上记载法定事项并签章;二是交付票据,即将制作的票据交付给他人占有。这两者缺一不可。

2. 背书

背书是指在票据背面或者粘单上记载有关事项并签章的票据行为。背书包括将票据权利转让背书和非转让背书。转让背书以持票人将票据权利转让给他人为目的;非转让背书是将一定的票据权利授予他人行使,包括委托收款背书和质押背书。无论何种目的,都应当记载背书事项并交付票据。

委托收款背书是委托他人代替自己行使票据权利、收取票据金额的背书。被背书人有权代背书人行使被委托的票据权利。但是,被背书人不得再以背书转让票据权利。

质押背书是以设定质权、提供债务担保为目的而进行的背书。被背书人依法实现其质权时,可以行使票据权利。在质押背书中,背书人为出质人,被背书人为质权人。

以背书转让的汇票,背书应当连续;背书不得附有条件。背书时附有条件的,所附条件不具有汇票上的效力;汇票被拒绝承兑、被拒绝付款或者超过付款提示期限的,不得背书转让;背书转让的,背书人应当承担汇票责任。

3. 承兑

承兑仅适用于商业汇票,是指汇票付款人承诺在汇票到期日支付汇票金额并签章的行为。见票即付的汇票无须提示承兑。付款人承兑汇票,不得附有条件;承兑附有条件的,视为拒绝承兑;付款人承兑汇票后,应当承担到期付款的责任。

4. 保证

保证是指票据债务人以外的人,为担保特定债务人履行票据债务而在票据上记载有关事项并签章的行为。保证人对合法取得票据的持票人所享有的票据权利承担保证责任。保证不得附有条件;附有条件的,不影响对汇票的保证责任。被保证的票据,保证人应当与被保证人对持票人承担连带责任。保证人为两人以上的,保证人之间承担连带责任。票据到期后得不到付款的,持票人有权向保证人请求付款,保证人应当足额付款。保证人清偿票据债务后,可以行使持票人对被保证人及其前手的追索权。

(四)票据行为的代理

《票据法》第五条规定,票据当事人可以委托其代理人在票据上签章,并应当在票据上表明其代理关系。没有代理权而以代理人名义在票据上签章的,应当由签章人承担票据责任;代理人超越代理权限的,应当就其超越权限的部分承担票据责任。

《票据法》第七条规定,法人和其他使用票据的单位在票据上的签章,为该法人或者该单位的盖章加其法定代表人或者其授权的代理人的签章。

【例13-5】 票据代理是指以代理人本人名义进行票据行为,所以票据上不需要披露本人。此观点对否?

【解析】 此观点是错误的。代理人实施代理行为时,必须载明以下事项:①在票据上签章;②为何人代理;③标明"代理"的意思。

第三节 汇票、本票和支票

一、汇票

(一)汇票的概念和种类

汇票是出票人签发的,委托付款人在见票时或者在指定日期无条件支付确定的金额给收款人或者持票人的票据。

汇票根据不同的标准可以划分为不同的种类。根据出票人的不同可以分为银行汇票和商业汇票(商业汇票又可分为商业承兑汇票和银行承兑汇票);按照付款的时间可以分为即期汇票和远期汇票(远期汇票又可分为定期付款汇票、出票日后定期付款汇票和见票后定期付款汇票三种);按照有无附属单据又可分为跟单汇票和光单汇票;按是否记载收款人名号,可分为记名汇票和无记名汇票;按流通区域不同,可分为国内汇票和国外汇票等。

《票据法》第十九条第二款规定,汇票分为银行汇票和商业汇票。可见,我国的汇票是按出票人不同来分类的。

> ⚠ **特别提示13-3** 由银行签发的汇票为银行汇票,由银行以外的企业、单位等签发的汇票为商业汇票。

> ⚠ **特别提示13-4** 汇票的出票人必须与付款人具有真实的委托付款关系,并且具有支付汇票金额的可靠资金来源。不得签发无对价的汇票用以骗取银行或者其他票据当事人的资金。

(二)银行汇票

银行汇票是出票银行签发的,由其在见票时按照实际结算金额无条件支付给收款人或者持票人的票据。银行汇票的基本当事人只有两个,即出票银行和收款人,银行既是出票人,又是付款人。银行汇票可以用于转账,填明"现金"字样的银行汇票也可以用于支取现金。单位和个人在同城、异地或统一票据交换区域的各种款项结算,均可使用银行汇票。

办理银行汇票的程序如下:

法条链接:
《票据法》第二十二条规定:"汇票必须记载下列事项:

(一)表明'汇票'的字样;

(二)无条件支付的委托;

(三)确定的金额;

(四)付款人名称;

(五)收款人名称;

(六)出票日期;

(七)出票人签章。

汇票上未记载前款规定事项之一的,汇票无效。"

1.申请

申请人使用银行汇票,应向出票银行填写"银行汇票申请书",填明收款人名称、汇票金额、申请人名称、申请日期等事项并签章,签章为其预留银行的签章。

2.签发并交付

出票银行受理银行汇票申请书,收妥款项后签发银行汇票。签发银行汇票必须记载法定事项。欠缺记载法定事项之一的,银行汇票无效。

3.流通转让

申请人应将银行汇票和解讫通知一并交付给汇票上记名的收款人。收款人收到申请人交付的银行汇票后,应在出票金额以内,根据实际需要的款项办理结算,并将实际结算金额和多余金额准确、清晰地填入银行汇票和解讫通知的有关栏内。银行汇票的实际结算金额低于出票金额的,其多余金额由出票银行退交申请人。收款人可以将银行汇票背书转让给被背书人。银行汇票的背书转让以不超过出票金额的实际结算金额为准。

4.提示付款

银行汇票的提示付款期为自出票日起一个月。持票人超过提示付款期限提示付款的,代理付款人不予受理。持票人向银行提示付款时,必须同时提交银行汇票和解讫通知。

5.银行汇票退款和丧失

申请人因银行汇票超过付款提示期限或其他原因要求退款时,应将银行汇票和解讫通知同时提交到出票银行。申请人为单位的,应出具该单位的证明;申请人为个人的,应出具本人的身份证件。申请人缺少解讫通知要求退款的,出票银行应于银行汇票提示付款期满一个月后办理。银行汇票丧失,失票人可以凭人民法院出具的其享有票据权利的证明,向出票银行请求付款或退款。

(三)商业汇票

商业汇票是出票人签发的,委托付款人在指定日期无条件支付确定的金额给收款人或者持票人的票据。商业汇票一般有三个当事人,即出票人、付款人和收款人。

按照承兑人的不同,商业汇票分为商业承兑汇票和银行承兑汇票。

商业承兑汇票是指出票人签发汇票后,付款人(企业法人或购货人)在汇票上签章,表示承诺到期付款的汇票。

银行承兑汇票是指出票人开出汇票后,应出票人的请求,银行在汇票上签章,表示承诺到期付款的汇票,汇票一经银行承兑,银行就以自己的信用对收款人或持票人作出了付款保证。

办理商业汇票的程序如下:

1.签发商业汇票并记载法定事项

商业承兑汇票可以由付款人签发并承兑,也可以由收款人在出票后先使用,再向付款人签发,交由付款人承兑。银行承兑汇票应由在承兑银行开立存款账户的存款人签发。商业汇票签发后应交付交易当事人。

2.承兑

商业汇票提示承兑是指持票人向付款人出示汇票,并要求付款人承诺付款的行为。定日付款或者见票后定期付款的商业汇票,持票人应当在汇票到期日前向付款人提示承兑。见票后定期付款的汇票,持票人应当自出票日起一个月内向付款人提示承兑。

⚠️ **特别提示 13-5** 商业汇票未按照规定期限提示承兑的,持票人丧失对其前手的追索权。

商业汇票的付款人接到出票人或持票人向其提示承兑的汇票时,应当向出票人或持票人签发收到汇票的回单,记明汇票提示承兑日期并签章。付款人应当在自收到提示承兑的汇票之日起三日内承兑或者拒绝承兑。付款人拒绝承兑的,必须出具拒绝承兑的证明。付款人承兑汇票后,应当承担到期付款的责任。

银行承兑汇票的出票人或持票人向银行提示承兑时,银行信贷部门负责按照有关规定和审批程序,对出票人的资格、资信、购销合同和汇票记载的内容进行认真审查,必要时可由出票人提供担保。符合规定和承兑条件的,与出票人签订承兑协议。

3.提示付款

商业汇票的提示付款期限,为自汇票到期日起十日内。持票人应在提示付款期限内通过开户银行委托收款或直接向付款人提示付款。持票人未按规定期限提示付款的,在作出说明后,承兑人或者付款人仍应当继续对持票人承担付款责任。商业汇票的付款期限,最长不得超过六个月。

4.付款

付款分为商业承兑汇票的付款和银行承兑汇票的付款两种。

(1)商业承兑汇票的付款。商业承兑汇票的付款人开户银行收到通过委托收款寄来的商业承兑汇票,将商业承兑汇票留存,并及时通知付款人。付款人收到开户银行的付款通知,应该在当日通知银行付款。付款人在接到通知日的次日起三日内(遇法定节假日顺延,下同)未通知银行付款的,视同付款人承诺付款。付款人提前收到由其承兑的商业汇票,应通知银行于汇票到期日付款。银行应于汇票到期日将票款划给持票人。

付款人存在合法抗辩事由拒绝支付的,应自接到通知日的次日起三日内,做成拒绝付款证明送交开户银行,银行将拒绝付款证明和商业承兑汇票邮寄持票人开户银行转交持票人。

(2)银行承兑汇票的付款。银行承兑汇票的出票人应于汇票到期前将票款足额交存其开户银行。承兑银行应在汇票到期日或到期日后的见票当日支付票款。承兑银行存在合法抗辩事由拒绝支付的,应自见票日的次日起三日内,做成拒绝付款证明,连同银行承兑汇票邮寄持票人开户银行转交持票人。

5.商业汇票贴现

商业汇票贴现是指票据持票人在票据未到期之前为获得现金向银行贴付一定利息而发生的票据转让行为。通过贴现,贴现银行获得票据的所有权。

(1)贴现条件。商业汇票的持票人向银行办理贴现必须具备下列条件:为在银行开立存款账户的企业法人以及其他组织;与出票人或者直接前手之间具有真实的商品交易关系;提供与其直接前手之间的增值税发票和商品发运单据复印件。

(2)贴现利息的计算。贴现的期限从贴现之日起至汇票到期日止,实付贴现金额按票面金额扣除贴现日至汇票到期前一日的利息计算。承兑人在异地的,贴现的期限以及贴现利率的计算应另加三天的划款日期。

(3)贴现的收款。贴现到期,贴现银行应向付款人收取票款。不获付款的,贴现银行应向其前手追索票款。贴现银行追索票款时可从申请人的存款账户收取票款。

【例13-6】 北京的甲公司从天津的乙公司购进一批电脑,于2021年4月20日开出了10万元的、见票后3个月付款的银行承兑汇票支付该笔货款,乙公司于4月28日提示承兑,则乙公司最迟应于何时向承兑人提示付款?

【解析】 该汇票是见票后定期付款的银行汇票,乙于4月28日提示承兑,3个月是到7月28日,提示付款日是到期日起10日内,所以最迟是8月6日。

⚠️ **特别提示13-6** 根据中国人民银行下发的《关于规范和促进电子商业汇票业务发展的通知》，中国人民银行要求自2017年1月1日起，单张出票金额在300万元以上的商业汇票应全部通过电票办理；自2018年1月1日起，原则上单张出票金额在100万元以上的商业汇票应全部通过电票办理。

【例13-7】 下列有关汇票出票人的说法中错误的有（   ）。

A．汇票出票人是票据债务人之一，他和其他票据债务人一样，对持票人承担连带责任

B．汇票出票人的出票行为完成后，就表示他承担票据的承兑、付款义务，他始终是票据的第一债务人

C．汇票的出票人如和其后手之一存在《票据法》规定的抗辩事由的，则可以对抗持票人的追索权

D．汇票的出票人是持票人时，汇票的其他债务人仍应在汇票遭到拒绝付款后对出票人所持汇票权利承担连带责任

【解析】 B、C、D。汇票的出票人、背书人、承兑人和保证人对持票人承担连带责任，故 A 项正确。汇票的出票人与承兑人、付款人是不同的主体，出票人不一定承担承兑或付款义务，故 B 项不正确。持票人有向其前手（包括出票人）追索的权利；被追索人不得以其与后手之间的抗辩事由，对抗持票人，而只能在承担了票据责任后，再向其前手追索，故 C 项不正确。持票人为出票人的，对其前手无追索权，故 D 项不正确。

二、本票

（一）本票的概念、种类和使用范围

本票是出票人签发的，承诺自己在见票时无条件支付确定的金额给收款人或者持票人的票据。本票是出票人约定自己付款的一种自付票据，票据到期前无须进行承兑。

我国使用的本票仅限于银行本票，且为记名式本票和即期本票，是申请人将款项交存银行，由银行签发给申请人凭以办理同一票据交换区域内转账或支取现金的票据。

（二）办理本票的程序

1.申请

申请人使用银行本票，应向银行填写本票申请书。

2.签发并交付

出票银行受理银行本票申请书，收妥款项后签发银行本票。出票银行在银行本票上签章后交给申请人。本票的出票人必具有支付本票金额的可靠资金来源，并保证支付。

签发银行本票必须记载下列事项：表明"本票"的字样；无条件支付的承诺；确定的金额；收款人名称；出票日期；出票人签章。

法条链接：
《票据法》第七十五条规定："本票必须记载下列事项：
（一）表明'本票'的字样；
（二）无条件支付的承诺；
（三）确定的金额；
（四）收款人名称；
（五）出票日期；
（六）出票人签章。
本票上未记载前款规定事项之一的，本票无效。"

⚠ **特别提示 13-7** 本票上未记载付款地的,出票人的营业场所为付款地。本票上未记载出票地的,出票人的营业场所为出票地。

3.流通转让

出票人应将银行本票交付给本票上记明的收款人。收款人可以将银行本票背书转让给被背书人。

4.提示付款

银行本票的提示付款期限自出票日起最长不得超过二个月。本票的持票人未按照规定期限提示见票的,丧失对出票人以外的前手的追索权。

汇票关于出票、背书、保证、付款及追索权等有关规定,除法律另有规定的,均适用于本票。

三、支票

(一)支票的概念、种类和使用范围

支票是出票人签发的,委托办理支票存款业务的银行或者其他金融机构在见票时无条件支付确定的金额给收款人或者持票人的票据。支票为见票即付。《票据法》按照支付票款方式,将支票分为现金支票和转账支票。

⚠ **特别提示 13-8** 单位和个人在同一支票交换区域的各种款项结算,均可以使用支票。

(二)办理支票的程序

1.签发

签发支票必须记载下列事项:表明"支票"的字样;无条件支付的委托;确定的金额;付款人名称;出票日期;出票人签章。支票的付款人为支票上记载的出票人开户银行。支票的金额、收款人名称,可以由出票人授权补记,未补记前不得背书转让和提示付款。支票上未记载付款地的,付款人的营业场所为付款地。支票上未记载出票地的,出票人的营业场所、住所或者经常居住地为出票地。出票人可以在支票上记载自己为收款人。支票的出票人签发支票的金额不得超过付款时付款人处实有的存款金额。

支票上出票人的签章,出票人为单位的,为与该单位在银行预留签章一致的财务专用公章或者盖章。支票的出票人预留银行签章是银行审核支票付款的依据。出票人不得签发与其预留银行签章不符的支票。

2.提示付款

支票的提示付款期限为自出票日期起十日;异地使用的支票,其提示付款的期限由中国人民银行另行规定。持票人可以委托开户银行收款或直接向付款人提示付款。用于支取现金的支票仅限于收款人向付款人提示付款。

3.付款

出票人必须按照签发的支票金额承担保证向该持票人付款的责任。出票人在付款人处

的存款足以支付支票金额时,付款人应当在见票当日足额付款。

支票的其他行为,诸如背书、付款行为和追索权的行使,除支票的规定外,适用《票据法》中有关汇票的规定。

课后思考题

1. 什么是票据?票据有哪些功能?
2. 什么是票据行为?票据行为的种类有哪些?
3. 什么是票据权利?票据权利具体包括哪些内容?
4. 什么是汇票?汇票必须记载的事项有哪些?
5. 办理支票的具体程序是什么?

课后案例

【背景资料】 某科研所因转让专利技术得到一张280万元的银行承兑汇票。离到期日还有3个月的时间,该科研所派人持该汇票到某银行办理质押贷款,但在途中遭抢劫。有人告诉他们,最好去申请公示催告。

【问题】

1. 科研所应当去何处申请公示催告?
2. 失票人依照法律的规定向有权受理公示催告的机关提出了符合法律需要的申请,该机关决定受理。受理后,该机关应当进行哪些事项?
3. 法定机关依法做了一定的工作后,如果有人持票来申请权利,申报后将会发生怎样的结果?
4. 如果在一定的期限内无人来申报权利或者申报被驳回,又将会发生怎样的结果?

第十四章 税 法

内容提示

1. 税收的概念和特征
2. 税收的分类
3. 税法的概念及其构成要素
4. 我国现行主要税种
5. 税收征收管理法

学习目标

【掌握】 税收的特征;税法的构成要素;增值税、消费税、企业所得税、个人所得税的含义及其相关规定和计税方法。

【了解】 税收征收管理法律制度。

思政目标

通过税法教学,达到引领学生价值观的目的,使学生既能够熟知税法,又能够认同法律的价值导向。使其在今后的学习和工作中,不仅能够切实履行依法纳税的义务,还具有运用法律武器捍卫自身正当权益的意识。

课前案例导入

【背景资料】 某作家 2020 年在某出版社出版一部长篇小说,2 月份收到预付稿酬 20 000 元。10 月份将小说手稿在某国公开拍卖,取得拍卖收入 90 000 元,并按该国有关税法缴纳了个人所得税 10 000 元。

【问题】 该作家在中国境内应缴纳多少个人所得税(以上货币均为人民币)?

第一节 税法概述

一、税收的概念和特征

(一)税收的概念

税收是国家为实现其职能,凭借政治权力,按照法律规定的标准,无偿取得财政收入的一种特定分配方式。税收体现的是作为主体的国家与纳税人在征税、纳税的利益分配上的一种特定分配关系,它是国家财政收入的主要形式和调节经济的重要杠杆。

(二)税收的特征

税收具有强制性、无偿性、固定性三个特征。

1. 强制性

国家以社会管理者的身份,凭借政治权力,通过颁布法律或政令强制征收税收。负有纳税义务的社会集团和社会成员,都必须遵守国家强制性的税收法令,依法纳税,否则,就要受到法律制裁。

2. 无偿性

国家凭借政治权力,将社会集团和社会成员的一部分收入收归国家所有,这部分收入即税收。国家不需向纳税人支付任何报酬或代价,也不再直接偿还给原来的纳税人。

3. 固定性

税收是按照国家法令预定的标准征收的,即征税对象、税目、税率、纳税义务人、计算纳税办法和纳税期限等,都是税收法令预先核准了的,有一个比较稳定的适用期限,是国家的一种固定的连续性的收入。

二、税收的分类

(一)按照征收对象分类

按照征收对象不同进行划分,税收分为流转税、所得税、财产税、资源税和行为税。

(1)流转税是以商品生产、商品流通或提供劳动服务的流转额为征税对象的一种税收。包括增值税、消费税和关税。

(2)所得税也称收益税,是以纳税人的各种收益额为征税对象的一类税收,包括企业所得税、个人所得税。

(3)财产税是以纳税人拥有的财产数量或财产价值为征税对象的一种税收,包括房产税、契税、车船税、土地增值税、城镇土地使用税等。

(4)资源税是以自然资源和某些社会资源为征税对象的一种税收,包括陆地矿产资源税、海洋石油、盐类资源税。

(5)行为税也称特定行为目的税类,是国家为了实现某种特定目的,以纳税人某些特定行为为征税对象的一种税收,包括印花税、车辆购置税、城市维护建设税、耕地占用税等。

(二)按照征收管理的分工体系分类

按照征收管理的分工体系不同进行划分,税收分为工商税和关税。

(1)工商税是指以工业产品、商业零售、交通运输、服务性业务的流转额为征税对象的各种税收的总称,是我国现行税制的主体部分。工商税由税务机关负责征收管理。

(2)关税是指对进出境的货物、物品征税的总称,主要包括进出口关税,由海关代征的进口环节增值税、消费税和船舶吨税。关税由海关负责征收管理。

(三)按照税收征收权限和收入支配权限分类

按照税收征收权限和收入支配权限不同进行划分,税收分为中央税、地方税、中央和地方共享税。

(1)中央税是指由中央政府财政支配、委托地方政府国家税务局征收、管理的税收,包括关税、消费税和车辆购置税等。

(2)地方税是指由地方政府财政支配、地方税务局征收并管理的税收,包括车船税、城镇土地使用税、城市维护建设税、印花税和契税等。

(3)中央和地方共享税是指中央和地方按比例支配的税收。如:①增值税,由国家税务局征收,中央财政支配50%,地方财政支配50%;②企业所得税,除一部分企业所缴纳的税款全部归中央外,其他企业的企业所得税由中央和地方四六分成,即中央财政支配60%,地方财政支配40%。

三、税法的概念及其构成要素

(一)税法的概念

税法是国家制定的用于调整国家和纳税人之间在征纳税方面的权利与义务关系的法律规范的总称。

(二)税法的构成要素

税法的构成要素是指税法应当具备的必要因素和内容。一般包括征税人、纳税义务人、征税对象、税目、税率、计税依据、纳税期限、纳税环节、纳税地点、减免税、法律责任等。

⚠ **特别提示14-1** 纳税义务人、征税对象和税率是构成税法的三个最基本的要素。

(1)征税人是指代表国家行使税收征管职权的各级税务机关和其他征收机关。因税种的不同,可能有不同的征税人,如国家税务局和地方税务局分别行使不同的征管职权。

(2)纳税义务人也称纳税人,是指税法规定的直接负有纳税义务的单位或个人。纳税义务人可以是自然人,也可以是法人或其他经济组织和社会组织。纳税义务人是税收制度中区别不同税种的重要标志之一,因此,每个税种都应明确规定各自的纳税义务人。

(3)征税对象又称课税对象,是指对什么征税,是税收法律关系中权利与义务共同指向的对象。征税对象包括物或行为,它是区别不同类型税种的主要标志。

(4)税目是指税法中规定的征税对象的具体项目,是征税的具体根据,它规定了征税对象的具体范围。

(5)税率是指应纳税额与征税对象的比例或征收额度,它是计算税额的尺度。税率是税法的核心要素。目前我国现行税率主要有比例税率、定额税率、累进税率。

(6)计税依据又称计税标准,是指计算应纳税额的依据或标准,即根据什么来计算纳税人应纳税额。计税依据可以分为从价计征、从量计征、复合计征三种形式。

(7)纳税期限是指纳税人发生纳税义务后,应依法缴纳税款的期限。纳税期限可以分为按期纳税和按次纳税两种。

(8)纳税环节是指税法规定的征税对象在从生产到消费的流转过程中应当缴纳税款的环节。

(9)纳税地点是指纳税人依据税法规定向征税机关申报纳税的具体地点。税法规定的纳税地点主要有机构所在地、经济活动发生地、财产所在地、报关地等。

(10)减免税是指国家对某些纳税人和征税对象给予鼓励和照顾的一种特殊规定。它主要包括三方面的内容:减税和免税、起征点、免征额。

(11)法律责任是指对违反税法规定的行为人采取的处罚措施。因违反税法而应承担的法律责任包括行政责任和刑事责任。

【例14-1】 税收与费有什么区别?

【解析】 (1)税收具有无偿性,而费则具有有偿性。费是向受益者收取的代价,是提供某种服务或准许某种作用权力而获得的补偿。

(2)征收的主体不同。税收的征收主体是代表国家的各级税务机关和海关,而费的征收主体有的是政府部门,有的是事业单位,有的是经济部门。

(3)税收具有稳定性,而费则具有灵活性。税法一经制定对全国有统一效力,相对具有稳定性,而费的收取一般由不同部门、不同地区根据实际情况灵活确定,具有灵活性。

(4)两者的使用方向不一。税收收入由国家预算统一安排使用,用于固定资产投资、物资储备及文教、行政、国防、援外等支出,而费一般有专门的用途,专款专用。

第二节 我国现行主要税种

根据我国税收法律制度的规定,我国现行的税种主要有:增值税、消费税、车辆购置税、关税、企业所得税、个人所得税、土地增值税、房产税、城镇土地使用税、耕地占用税、契税、资源税、车船税、船舶吨税、印花税、城市维护建设税、烟叶税等。下面介绍增值税、消费税、企业所得税、个人所得税四种常见的税种。

一、增值税

增值税是以应税货物和应税劳务新增加的价值(增值额)为征税对象的一种税收。所谓增值额,是指纳税人在我国境内销售货物或者加工、修理修配劳务(以下简称劳动)销售服务、无形资产、不动产以及进口货物过程中新增加的价值额,即所取得的收入大于所购进商品或者取得劳务时所支付的金额的差额。

2016年5月1日起,我国营改增工作全面展开,建筑业、房地产业、金融业、生活服务等全部营业税纳税人,由缴纳营业税改为缴纳增值税。

> **特别提示 14-2** 营改增是指以前缴纳营业税的应税项目改成缴纳增值税。营改增的最大特点是减少重复征税,可以促使社会形成更好的良性循环,有利于企业降低税负。2011年,经国务院批准,财政部、国家税务总局联合下发营业税改增值税试点方案。2012年底,国务院扩大营改增试点至10省市;2013年把营改增范围推广到全国试行,将广播影视服务业纳入试点范围;2014年将铁路运输和邮政服务业纳入营改增试点,至此交通运输业已全部纳入营改增范围;2016年5月1日,营改增工作全面展开,将建筑业、房地产业、金融业、生活服务业全部纳入营改增试点。2017年10月30日,国务院第191次常务会议通过《国务院关于废止〈中华人民共和国营业税暂行条例〉和修改〈中华人民共和国增值税暂行条例〉的决定》,至此,营业税退出历史舞台,增值税制度更加规范。

(一)纳税主体

根据2017年10月30日国务院第191次常务会议通过的《国务院关于废止〈中华人民共和国营业税暂行条例〉和修改〈中华人民共和国增值税暂行条例〉的决定》的第一条,在中华人民共和国境内销售货物或者提供加工、劳务、服务、无形资产、不动产以及进口货物的单位和个人,为增值税的纳税人(以下简称纳税人),应当依照本条例缴纳增值税。

纳税人分为一般纳税人和小规模纳税人。

1.一般纳税人

(1)生产货物或者提供应税劳务的纳税人,以及以生产货物或者提供应税劳务为主(纳税人的货物生产或者提供应税劳务的年销售额占应税销售额的比重在50%以上),并兼营货物批发或者零售的纳税人,年应税销售额超过50万元的。

(2)从事货物批发或者零售经营,年应税销售额超过80万元的。

(3)营改增后,年应税销售额超过500万元的。

(4)年应税销售额未超过规定标准的纳税人,会计核算健全,能够提供准确税务资料的,可以向主管税务机关办理一般纳税人资格登记,成为一般纳税人。

2.小规模纳税人

(1)从事货物生产或者提供应税劳务的纳税人,以及以从事货物生产或者提供应税劳务为主(纳税人的货物生产或者提供应税劳务的年销售额占年应税销售额的比重在50%以上),并兼营货物批发或者零售的纳税人,年应税销售额在50万元以下(含本数)的。

(2)除上述规定以外的纳税人,年应税销售额在80万元以下的。

(3)营改增后,年应税销售额小于或等于500万元的。

(4)非企业性单位、不经常提供应税服务的企业和个体工商户可选择按照小规模纳税人纳税。

(二)征税范围

凡在我国境内销售货物、劳务、服务、无形资产、不动产以及进口货物的,均属于增值税的征收范围。

1.销售货物

货物是增值税的基本课税对象,具体是指土地、房屋和其他建筑物等不动产之外的有形动产,包括电力、热力、气体在内,不包括无形资产。

以下行为在《中华人民共和国增值税暂行条例》(以下简称《增值税暂行条例》)中被视同销售货物,均要征收增值税:

(1)将货物交由他人代销。

(2)代他人销售货物。

(3)将货物从一地移送至另一地(同一县、市除外)。

(4)将自产或委托加工的货物用于非应税项目。

(5)将自产、委托加工或购买的货物作为对其他单位的投资。

(6)将自产、委托加工或购买的货物分配给股东或投资者。

(7)将自产、委托加工的货物用于职工福利或个人消费。

(8)将自产、委托加工或购买的货物无偿赠送他人。

(9)单位或者个体工商户向其他单位或者个人无偿提供服务,但用于公益事业或者以社会公益为对象的除外。

(10)单位或者个人向其他单位或者个人无偿转让无形资产或者不动产,但用于公益事业或者以社会公益为对象的除外。

(11)财政部和国家税务总局规定的其他情形。

2.销售劳务

销售劳务指销售加工、修理修配劳动。加工是指委托方提供原料和主要材料,受托方按照委托方的要求制造货物并收取加工费的业务。修理修配是指接受委托对损坏或丧失功能的物品进行修复,使其恢复原状和功能的业务。

3.销售服务

销售服务是指提供交通运输服务、邮政服务、电信服务、建筑服务、金融服务、现代服务、生活服务。

4.销售无形资产

销售无形资产是指有偿转让无形资产,是转让无形资产所有权或者使用权的业务活动。无形资产是指不具有实物形态,但能带来经济利益的资产,包括技术、商标、著作权、商誉、自然资源使用权和其他权益性无形资产。技术包括专利技术和非专利技术。自然资源使用权包括土地使用权、海域使用权、探矿权、采矿权、取水权和其他自然资源使用权。其他权益性无形资产,包括基础设施资产经营权(例如高速公路经营权)、公共事业特许权、配额、经营权(包括特许经营权、连锁经营权、其他经营权)、经销权、分销权、代理权、会员权、席位权、网络游戏虚拟道具、域名、名称权、肖像权、冠名权、转会费等。

5.销售不动产

销售不动产是指有偿转让不动产,是转让不动产所有权的业务活动。不动产是指不能移动或者移动后会引起性质、形状改变的财产,包括建筑物和构筑物等。建筑物包括住宅、商业营业用房、办公楼等可供居住、工作或者进行其他活动的建造物。构筑物包括道路、桥梁、隧道、水坝等建造物。转让建筑物有限产权或者永久使用权的,转让在建的建筑物或者构筑物所有权的,以及在转让建筑物或者构筑物时一并转让其所占土地的使用权的,按照销售不动产缴纳增值税。有偿是指取得货币、货物或者其他经济利益。

6.进口货物

进口货物是指申报进口中国海关的货物。我国增值税法规定,只要是报关进口的应税货物,均属于增值税的征税范围,除享受免税政策外,在进口环节缴纳增值税。

(三)特殊经营情况的税务处理

(1)纳税人销售货物、劳务、服务、无形资产、不动产适用不同税率或者征收率的,应分别核算适用不同税率或者征收率的销售额,未分别核算销售额的,从高适用税率。

(2)一项销售行为如果既涉及服务,又涉及货物,为混合销售行为。从事货物的生产、批发或者零售的单位和个体工商户的混合销售行为,按照销售货物缴纳增值税;其他单位和个体工商户的混合销售行为,按照销售服务缴纳增值税。

(3)纳税人兼营免税、减税项目的,应当分别核算免税、减税项目的销售额;未分别核算的,不得免税、减税。

【例14-2】 下列行为中,不属于视同销售货物征收增值税的是( )。
A.将外购货物分配给投资者　　B.将外购货物用于集体福利
C.将外购货物无偿赠送他人　　D.将外购货物作为投资提供给个体工商户

【解析】 B。对于外购的货物用于集体福利,不视同销售货物,而是其进项税额不得抵扣。

(四)增值税税率和征收率

我国的增值税计征方式目前有两种:一般纳税人实行按比例税率征收增值税,有13%、9%、6%和零税率四档;小规模纳税人发生应税销售行为,实行按照销售额和征收率计算应纳税额的简易办法。

1.增值税税率

(1)纳税人销售货物、劳务、有形动产租赁服务或者进口货物,除第(2)项、第(4)项、第(5)项另有规定外,税率为13%。

(2)纳税人销售交通运输、邮政、基础电信、建筑、不动产租赁服务,销售不动产,转让土地使用权,销售或者进口下列货物,税率为9%:
①粮食等农产品、食用植物油、食用盐;
②自来水、暖气、冷气、热水、煤气、石油液化气、天然气、二甲醚、沼气、居民用煤炭制品;
③图书、报纸、杂志、音像制品、电子出版物;
④饲料、化肥、农药、农机、农膜;
⑤国务院规定的其他货物。

(3)纳税人销售增值电信服务、金融服务、现代服务(除有形动产租赁服务和不动产租赁服务外)、生活服务、销售无形资产(除转让土地使用权外)的,税率为6%。

(4)纳税人出口货物,增值税率为零;国务院另有规定的除外。

(5)境内单位和个人跨境销售国务院规定范围内的服务、无形资产,增值税率为零,包括国际运输服务、航天运输服务、向境外单位提供的完全在境外消费的服务及财政部和国家税务总局规定的其他服务。

2.征收率

增值税小规模纳税人以及采用简易计税的一般纳税人计算税款时使用征收率,除了财政部和国家税务总局另有规定的外,目前增值税征收率一共有 4 档,分别为 0.5％,1％,3％和 5％,不过一般是 3％。

知识拓展35 增值税征收率

(五)增值税的计算方法

1.一般纳税人应纳税额的计算

一般纳税人销售货物、劳务、服务、无形资产、不动产,其应纳税额适用"扣税法"。其计算公式为

$$应纳税额=当期销项税额-当期进项税额$$

$$销项税额=销售额×税率$$

$$销售额=含税销售额÷(1+税率)$$

销项税额是指纳税人提供应税服务按照销售额和增值税税率计算的增值税额。

进项税额是指纳税人购进货物、劳务、服务、无形资产或者不动产,支付或者负担的增值税税额。

【例 14-3】 A 公司 4 月份购买甲产品支付货款 10 000 元,增值税进项税额 1 300 元,取得增值税专用发票。销售甲产品含税销售额为 22 600 元。A 公司销售甲产品的应纳税额是多少?

【解析】 进项税额=1 300(元)

销项税额=22 600/(1+13％)×13％=2 600(元)

应纳税额=2 600-1 300=1 300(元)

2.小规模纳税人应纳税额的计算

小规模纳税人销售货物或者提供应税劳务的应纳税额适用简易计税方法计算,其计算公式为:

$$应纳税额=销售额×征收率$$

$$销售额=含税销售额÷(1+征收率)$$

3.进口货物应纳税额的计算

进口货物的纳税人,无论是一般纳税人还是小规模纳税人,均应按照组成计税价格和规定的税率计算应纳税额,不得抵扣进项税额。其计算公式为

$$应纳税额=组成计税价格×税率$$

(六)增值税税收减免

我国增值税税收减免的项目很多,《增值税暂行条例》第十五条规定,下列项目免征增值税:

(1)农业生产者销售的自产农产品;

(2)避孕药品和用具;

> **法条链接:**
> 《增值税暂行条例》第十条规定:"下列项目的进项税额不得从销项税额中抵扣:
> (一)用于简易计税方法计税项目、免征增值税项目、集体福利或者个人消费的购进货物、劳务、服务、无形资产和不动产;
> (二)非正常损失的购进货物,以及相关的劳务和交通运输服务;
> (三)非正常损失的在产品、产成品所耗用的购进货物(不包括固定资产)、劳务和交通运输服务;
> (四)国务院规定的其他项目。"

(3)古旧图书;

(4)直接用于科学研究、科学试验和教学的进口仪器、设备;

(5)外国政府、国际组织无偿援助的进口物资和设备;

(6)由残疾人的组织直接进口供残疾人专用的物品;

(7)销售的自己使用过的物品。

> **⚠ 特别提示 14-3** 除前款规定外,增值税的免税、减税项目由国务院规定。任何地区、部门均不得规定免税、减税项目。

二、消费税

消费税是指对特定的消费品和消费行为在特定的环节征收的一种流转税,具体地说,是指对从事生产、委托加工及进口应税消费品的单位或个人,就其消费品的消费额或消费数量或销售额与销售数量相结合征收的一种流转税。

(一)纳税主体

消费税的纳税人是在我国境内生产、委托加工和进口《中华人民共和国消费税暂行条例》(以下简称《消费税暂行条例》)(1993年12月13日中华人民共和国国务院令第135号发布,2008年11月5日国务院第34次常务会议修订通过)规定的消费品的单位或个人,具体指在我国境内生产、委托加工、零售和进口应税消费品的国有企业、集体企业、私有企业、股份制企业、其他企业、行政单位、事业单位、军事单位、社会团体和其他单位、个体经营者及其他个人。《国务院关于外商投资企业和外国企业适用增值税、消费税、营业税等税收暂行条例有关问题的通知》规定,在我国境内生产、委托加工、零售和进口应税消费品的外商投资企业和外国企业,也是消费税的纳税人。

(二)征税范围

《消费税暂行条例》明确规定了消费税的应税消费品:

(1)过度消费会对人类健康、社会秩序、生态环境等造成危害的特殊消费品,包括烟、酒、鞭炮与焰火、木制一次性筷子、实木地板、铅蓄电池、涂料等。

(2)奢侈品、非生活必需品。包括贵重首饰及珠宝玉石、化妆品、高尔夫球及球具、高档手表、游艇。

(3)高能耗及高档消费品,包括游艇、摩托车、小汽车。

(4)使用和消耗后不可再生和替代的稀缺资源的消费品,包括成品油等。

法条链接:
《消费税暂行条例》第一条规定:"在中华人民共和国境内生产、委托加工和进口本条例规定的消费品的单位和个人,以及国务院确定的销售本条例规定的消费品的其他单位和个人,为消费税的纳税人,应当依照本条例缴纳消费税。"

(三)消费税税目和税率(表 14-1)

表 14-1　　　　　　　　　消费税税目和税率

税　目	税　率
一、烟	
1.卷烟	
(1)甲类卷烟(调拨价 70 元(不含增值税)/条以上(含 70 元))	56%＋0.003 元/支(生产环节)
(2)乙类卷烟(调拨价 70 元(不含增值税)/条以下)	36%＋0.003 元/支(生产环节)
(3)商业批发	11%＋0.005 元/支
2.雪茄烟	36%
3.烟丝	30%
二、酒	
1.白酒	20%加 0.5 元/500 克(或者 500 毫升)
2.黄酒	240 元/吨
3.啤酒	
(1)甲类啤酒	250 元/吨
(2)乙类啤酒	220 元/吨
4.其他酒	10%
三、高档化妆品	15%
四、贵重首饰及珠宝玉石	
1.金银首饰、铂金首饰和钻石及钻石饰品	5%
2.其他贵重首饰和珠宝玉石	10%
五、鞭炮、焰火	15%
六、成品油	
1.汽油	1.52 元/升
2.柴油	1.20 元/升
3.航空煤油	1.20 元/升
4.石脑油	1.52 元/升
5.溶剂油	1.52 元/升
6.润滑油	1.52 元/升
7.燃料油	1.20 元/升
七、摩托车	
1.气缸容量(排气量)在 250 毫升(只这一个容量)的	3%
2.气缸容量在 250 毫升以上的	10%

续表

税 目	税 率
八、小汽车	
1.乘用车	
(1)气缸容量在1.0升(含1.0升)以下的	1%
(2)气缸容量在1.0升以上至1.5升(含1.5升)的	3%
(3)气缸容量在1.5升以上至2.0升(含2.0升)的	5%
(4)气缸容量在2.0升以上至2.5升(含2.5升)的	9%
(5)气缸容量在2.5升以上至3.0升(含3.0升)的	12%
(6)气缸容量在3.0升以上至4.0升(含4.0升)的	25%
(7)气缸容量在4.0升以上的	40%
2.中轻型商用客车	5%
3.超豪华小汽车	按子税目1和子税目2的规定征收,零售环节10%
九、高尔夫球及球具	10%
十、高档手表	20%
十一、游艇	10%
十二、木制一次性筷子	5%
十三、实木地板	5%
十四、铅蓄电池	4%
十五、涂料	4%

(四)消费税应纳税额的计算方法

消费税计税方法主要有从价定率计税、从量定额计税、从价定率和从量定额复合计税(以下简称复合计税)三种方式。

(1)从价定率计税。计算公式为

$$应纳税额＝应税消费品的销售额×比例税率$$

应税消费品的销售额是纳税人销售应税消费品向购买方收取的全部价款和价外费用。价外费用是指价外收取的基金、集资费、返还利润等各种性质的价外收费。

> **⚠ 特别提示 14-4** 应税消费品的销售额不包括应向购货方收取的增值税税款。如果纳税人应税消费品的销售额中未扣除增值税税款或者因不得开具增值税专用发票而发生价款和增值税税款合并计算的,在计算消费税时,应将含税销售额换算成不含增值税税款的销售额。

换算公式为

$$应税消费品的销售额＝含增值税的销售额÷(1＋增值税税率或征收率)$$

(2)从量定额计税。计算公式为

$$应纳税额＝应税消费品的销售数量×定额税率$$

(3)复合计税。现行消费税的征税范围中,只有卷烟、粮食白酒、薯类白酒采用该计税方法。计算公式为

$$应纳税额＝应税消费品的销售额×比例税率＋应税消费品的销售数量×定额税率$$

税法对应税消费品已纳税款的扣除另有规定。应税消费品若是用外购已缴纳消费税的应税消费品连续生产出来的,在对这些连续生产出来的应税消费品征税时,按当期生产领用数量计算准予扣除的外购应税消费品已缴纳的消费税税款。

三、企业所得税

企业所得税是指在中国境内设立的企业和其他取得收入的组织(以下统称企业)为企业所得税纳税人,应当依照税法规定缴纳企业所得税。但个人独资企业、合伙企业除外。

(一)纳税主体

企业所得税的纳税主体为在我国境内实行独立核算的企业或者组织,包括居民企业和非居民企业。

(1)居民企业是指依法在中国境内成立,或者依照外国(地区)法律成立但实际管理机构在中国境内的企业。居民企业在中国境内、境外所得应缴纳企业所得税。

(2)非居民企业是指依照外国(地区)法律成立且实际管理机构不在中国境内,但在中国境内设立机构、场所的,或者在中国境内未设立机构、场所,但有来源于中国境内所得的企业。

非居民企业在中国境内未设立机构、场所的,或者虽然设立机构、场所但取得的所得与其所设机构、场所没有实际联系的,应当就其来源于中国境内的所得缴纳企业所得税。

【例 14-4】 依据《企业所得税法》的规定,判定居民企业的标准有( )。

A.登记注册地标准

B.所得来源地标准

C.经营行为实际发生地标准

D.实际管理机构所在地标准

【解析】 A、D。居民企业是指依法在中国境内成立,或者依照外国(地区)法律成立但实际管理机构在中国境内的企业。《企业所得税法》采用了"登记注册地标准"和"实际管理机构所在地标准"两个衡量标准,对居民企业和非居民企业做了明确界定。

法条链接:
《中华人民共和国企业所得税法实施条例》第一条规定:"根据《中华人民共和国企业所得税法》(以下简称《企业所得税法》)的规定,制定本条例。"

第二条规定:"企业所得税法第一条所称个人独资企业、合伙企业,是指依照中国法律、行政法规成立的个人独资企业、合伙企业。"

（二）征税范围

企业每一纳税年度的收入总额,减除不征税收入、免税收入、各项扣除以及允许弥补的以前年度亏损后的余额,为应纳税所得额。

应纳税所得额＝收入总额－不征税收入－免税收入－各项扣除－以前年度亏损

1. 收入总额

企业以货币形式和非货币形式从各种来源取得的收入,为收入总额。包括:

(1)销售货物收入;
(2)提供劳务收入;
(3)转让财产收入;
(4)股息、红利等权益性投资收益;
(5)利息收入;
(6)租金收入;
(7)特许权使用费收入;
(8)接受捐赠收入;
(9)其他收入。

2. 不征税收入

(1)财政拨款;
(2)依法收取并纳入财政管理的行政事业性收费、政府性基金;
(3)国务院规定的其他不征税收入。

（三）所得税税率

企业所得税的税率为25%。非居民企业取得《企业所得税法》规定的所得,适用税率为20%。

（四）应纳企业所得税额的计算方法

企业所得税的计税依据是企业的应纳税所得额,所谓应纳税所得额是指企业每一纳税年度的收入总额与税法规定的准予扣除项目金额的差额。应纳企业所得税额的计算公式为

应纳企业所得税额＝应纳税所得额×适用税率－减免和抵免的税额

（五）企业所得税税收优惠

我国企业所得税的税收优惠包括免税收入、可以减免税的所得、优惠税率、民族区域自治地方的减免税、加计扣除、抵扣应纳税所得额、加速折旧、减计收入、抵免应纳税额和其他专项优惠政策。企业同时从事适用不同企业所得税待遇的项目的,其优惠项目应当单独计算所得,并合理分摊企业的期间费用;没有单独计算的,不得享受企业所得税税收优惠。下面介绍不同类型企业的税收优惠。

(1)符合条件的小型微利企业,减按20%的税率征收企业所得税。小型微利企业是指从事国家非限制和禁止行业,且符合年度应纳税所得额不超过300万元、从业人数不超过300人、资产总额不超过5 000万元三个条件的企业。

2019年1月1日至2021年12月31日,对小型微利企业年应纳税所得额不超过100万元的部分,减按25%计入应纳税所得额,按20%的税率缴纳企业所得税(实际税率为5%);对年应纳税所得额超过100万元但不超过300万元的部分,减按50%计入应纳税所得额,按20%的税率缴纳企业所得税(实际税率为10%)。

(2)2021年1月1日至2022年12月31日,对小型微利企业和个体户所得税年应纳税所得额不到100万元的部分,在现行小型微利企业优惠政策的基础上,再减半征收,小型微利企业的所得税负将低至2.5%。

(3)国家需要重点扶持的高新技术企业,减按15%的税率征收企业所得税。

(4)自2018年1月1日起,对经认定的技术先进型服务企业(服务贸易类),减按15%的税率征收企业所得税。

(5)依法成立且符合条件的集成电路设计企业和软件企业,在2019年12月31日前自获利年度起计算优惠期,第一年至第二年免征企业所得税,第三年至第五年按照25%的法定税率减半征收企业所得税,并享受至期满为止。

(6)2019年1月1日至2023年12月31日,经营性文化事业单位转制为企业,自转制注册之日起五年内免征企业所得税。2018年12月31日之前已完成转制的企业,自2019年1月1日起可继续免征五年企业所得税。经营性文化事业单位是指从事新闻出版、广播影视和文化艺术的事业单位。

四、个人所得税

个人所得税是指对个人(即自然人)取得的各项应税所得额征收的一种税。

(一)纳税主体

在中国境内有住所或者无住所而一个纳税年度内在中国境内居住累计满183天的个人,从中国境内和境外取得的所得,依照《中华人民共和国个人所得税法》(以下简称《个人所得税法》)规定缴纳个人所得税。

在中国境内无住所又不居住或者无住所而一个纳税年度内在中国境内居住累计不满183天的个人,从中国境内取得的所得,依照《个人所得税法》规定缴纳个人所得税。

(二)征税范围

(1)工资、薪金所得。
(2)劳务报酬所得。
(3)稿酬所得。
(4)特许权使用费所得。
(5)经营所得。
(6)利息、股息、红利所得。
(7)财产租赁所得。
(8)财产转让所得。
(9)偶然所得。

法条链接:
《中华人民共和国个人所得税法实施条例》第二条规定:"《个人所得税法》所称在中国境内有住所,是指因户籍、家庭、经济利益关系而在中国境内习惯性居住;所称从中国境内和境外取得的所得,分别是指来源于中国境内的所得和来源于中国境外的所得。"

(三) 个人所得税税率

1. 综合所得

居民个人每一纳税年度内取得的综合所得包括：工资、薪金所得；劳务报酬所得；稿酬所得；特许权使用费所得。综合所得适用3%～45%的超额累进税率。具体税率见表14-2。

表14-2　　　　　　　　　　个人所得税税率表一（综合所得适用）

级数	全年应纳税所得额	税率/%
1	不超过36 000元的	3
2	超过36 000元至144 000元的部分	10
3	超过144 000元至300 000元的部分	20
4	超过300 000元至420 000元的部分	25
5	超过420 000元至660 000元的部分	30
6	超过660 000元至960 000元的部分	35
7	超过960 000元的部分	45

注：①本表所称全年应纳税所得额是指依照法律规定，居民个人取得综合所得以每一纳税年度收入额减除费用6万元以及专项扣除、专项附加扣除和依法确定的其他扣除后的余额。

②非居民个人取得工资、薪金所得，劳务报酬所得，稿酬所得和特许权使用费所得，依照本表按月换算后计算应纳税额。

2. 经营所得

经营所得适用5%～35%的超额累进税率。具体税率见表14-3。

表14-3　　　　　　　　　　个人所得税税率表二（经营所得适用）

级数	全年应纳税所得额	税率/%
1	不超过30 000元的	5
2	超过30 000元至90 000元的部分	10
3	超过90 000元至300 000元的部分	20
4	超过300 000元至500 000元的部分	30
5	超过500 000元的部分	35

注：本表所称全年应纳税所得额是指依照法律规定，以每一纳税年度的收入总额减除成本、费用以及损失后的余额。

3. 利息、股息、红利所得，财产租赁所得，财产转让所得和偶然所得

利息、股息、红利所得，财产租赁所得，财产转让所得和偶然所得，适用比例税率，税率为20%。

（四）个人所得税应纳税所得额的确定

个人所得税的计税依据是纳税人取得的应纳税所得额。应纳税所得额为个人取得的各项收入减去《个人所得税法》规定的费用扣除金额和减免税收入后的余额。由于个人所得税的应税项目不同，扣除费用标准也各不相同，需要按不同应税项目分项计算。

应纳税所得额确定方式如下：

（1）居民个人的综合所得，以每一纳税年度的收入额减除费用6万元以及专项扣除、专项附加扣除和依法确定的其他扣除后的余额，为应纳税所得额。综合所得包括工资、薪金所得，劳务报酬所得，稿酬所得，特许权使用费所得四项。劳务报酬所得、稿酬所得、特许权使用费所得以收入减除20%的费用后的余额为收入额。稿酬所得的收入额减按70%计算。

①专项扣除包括居民个人按照国家规定的范围和标准缴纳的基本养老保险、基本医疗保险、失业保险等社会保险费和住房公积金等。

②专项附加扣除包括子女教育、继续教育、大病医疗、住房贷款利息或者住房租金、赡养老人等支出。

③其他扣除包括个人缴付符合国家规定的企业年金、职业年金,个人购买符合国家规定的商业健康保险、税收递延型商业养老保险的支出,以及国务院规定可以扣除的其他项目。

专项扣除、专项附加扣除和依法确定的其他扣除,以居民个人一个纳税年度的应纳税所得额为限额,一个纳税年度扣除不完的,不结转以后年度扣除。

(2)非居民个人的工资、薪金所得,以每月收入额减除费用5 000元后的余额为应纳税所得额;劳务报酬所得、稿酬所得、特许权使用费所得,以每次收入额为应纳税所得额。

(3)经营所得,以每一纳税年度的收入总额减除成本、费用以及损失后的余额,为应纳税所得额。

(4)财产租赁所得,每次收入不超过4 000元的,减除费用800元;4 000元以上的,减除20%的费用,其余额为应纳税所得额。

(5)财产转让所得,以转让财产的收入额减除财产原值和合理费用后的余额,为应纳税所得额。

(6)利息、股息、红利所得和偶然所得,以每次收入额为应纳税所得额。

(五)个人所得税应纳税额的计算

1.综合所得应纳税额的计算

综合所得应纳税额的计算公式为:

应纳税额=应纳税所得额×适用税率-速算扣除数

=(每一纳税年度的收入额-费用6万元-专项扣除-专项附加扣除

-依法确定的其他扣除)×适用税率-速算扣除数

2.扣缴义务人对居民个人工资、薪金所得,劳务报酬所得,稿酬所得,特许权使用费所得预扣预缴个人所得税的计算

(1)扣缴义务人向居民个人支付工资、薪金所得时,应当按照累计预扣法计算预扣税款,并按月办理全员全额扣缴申报。累计预扣法是指扣缴义务人在一个纳税年度内预扣预缴税款时,以纳税人在本单位截至当前月份工资、薪金所得累计收入减除累计免税收入、累计减除费用、累计专项扣除、累计专项附加扣除和累计依法确定的其他扣除后的余额为累计预扣预缴应纳税所得额,计算累计应预扣预缴税额,再减除累计减免税额和累计已预扣预缴税额,其余额为本期应预扣预缴税额。余额为负值时,暂不退税。纳税年度终了后余额仍为负值时,由纳税人通过办理综合所得年度汇算清缴,税款多退少补。

具体计算公式如下:

本期应预扣预缴税额=(累计预扣预缴应纳税所得额×预扣率-速算扣除数)-累计减免税额-累计已预扣预缴税额

累计预扣预缴应纳税所得额=累计收入-累计免税收入-累计减除费用-累计专项扣除-累计专项附加扣除-累计依法确定的其他扣除

其中,累计减除费用,按照5 000元/月乘以纳税人当年截至本月在本单位的任职受雇月份数计算。

上述公式中,计算居民个人工资、薪金所得预扣预缴税额的预扣率、速算扣除数,按表14-4执行。

表 14-4　　　个人所得税预扣率表一（居民个人工资、薪金所得预扣预缴适用）

级数	累计预扣预缴应纳税所得额	预扣率/%	速算扣除数
1	不超过 36 000 元的部分	3	0
2	超过 36 000 元至 144 000 元的部分	10	2 520
3	超过 144 000 元至 300 000 元的部分	20	16 920
4	超过 300 000 元至 420 000 元的部分	25	31 920
5	超过 420 000 元至 660 000 元的部分	30	52 920
6	超过 660 000 元至 960 000 元的部分	35	85 920
7	超过 960 000 元的部分	45	181 920

自 2020 年 7 月 1 日起，对一个纳税年度内首次取得工资、薪金所得的居民个人，扣缴义务人在预扣预缴个人所得税时，可按照 5 000 元/月乘以纳税人当年截至本月月份数计算累计减除费用。首次取得工资、薪金所得的居民个人是指自纳税年度首月起至新入职时，未取得工资、薪金所得或者未按照累计扣法预扣预缴过连续性劳务报酬所得个人所得税的居民个人。

（2）扣缴义务人向居民个人支付劳务报酬所得、稿酬所得、特许权使用费所得，按次或者按月预扣预缴个人所得税。劳务报酬所得、稿酬所得、特许权使用费所得，属于一次性收入的，以取得该项收入为一次；属于同一项目连续性收入的，以一个月内取得的收入为一次。具体预扣预缴方法如下：

劳务报酬所得、稿酬所得、特许权使用费所得以收入减除费用后的余额为收入额。

其中，稿酬所得的收入额减按 70% 计算。

减除费用：劳务报酬所得、稿酬所得、特许权使用费所得每次收入不超过 4 000 元的，减除费用按 800 元计算；每次收入 4 000 元以上的，减除费用按 20% 计算。

应纳税所得额：劳务报酬所得、稿酬所得、特许权使用费所得，以每次收入额为预扣预缴应纳税所得额。

劳务报酬所得适用 20%～40% 的超额累进预扣率，见"个人所得税预扣率表二"（表 14-5），稿酬所得、特许权使用费所得适用 20% 的比例预扣率。

劳务报酬所得应预扣预缴税额＝预扣预缴应纳税所得额×预扣率－速算扣除数

稿酬所得、特许权使用费所得应预扣预缴税额＝预扣预缴应纳税所得额×20%

表 14-5　　　个人所得税预扣率表二（居民个人劳务报酬所得预扣预缴适用）

级数	累计预扣预缴应纳税所得额	预扣率/%	速算扣除数
1	不超过 20 000 元的部分	20	0
2	超过 20 000 元至 50 000 元的部分	30	2 000
3	超过 50 000 元的部分	40	7 000

居民个人工资、薪金所得，劳务报酬所得，稿酬所得，特许权使用费所得年度预扣预缴税额与年度应纳税额不一致的，由居民个人于次年 3 月 1 日至 6 月 30 日向主管税务机关办理综合所得年度汇算清缴，税款多退少补。

3.扣缴义务人对非居民个人工资、薪金所得，劳务报酬所得，稿酬所得，特许权使用费所得扣缴个人所得税的计算

扣缴义务人向非居民个人支付工资、薪金所得，劳务报酬所得，稿酬所得和特许权使用

费所得时,应当按以下方法按月或者按次代扣代缴个人所得税:

非居民个人的工资、薪金所得,以每月收入额减除费用5 000元后的余额为应纳税所得额;劳务报酬所得、稿酬所得、特许权使用费所得,以每次收入额为应纳税所得额,适用按月换算后的非居民个人月度税率表,见"个人所得税预扣率表三"(表14-6),计算应纳税额。其中,劳务报酬所得、稿酬所得、特许权使用费所得以收入减除20%的费用后的余额为收入额。稿酬所得的收入额减按70%计算。

非居民个人工资、薪金所得,劳务报酬所得,稿酬所得,特许权使用费所得应纳税额=应纳税所得额×税率－速算扣除数

表14-6　　　　　　　　　　个人所得税预扣率表三
(非居民个人工资、薪金所得,劳务报酬所得,稿酬所得,特许权使用费所得适用)

级数	应纳税所得额	税率/%	速算扣除数
1	不超过3 000元的部分	3	0
2	超过3 000元至12 000元的部分	10	210
3	超过12 000元至25 000元的部分	20	1 410
4	超过25 000元至35 000元的部分	25	2 660
5	超过35 000元至55 000元的部分	30	4 410
6	超过55 000元至80 000元的部分	35	7 160
7	超过80 000元的部分	45	15 160

4. 经营所得应纳税额的计算

个体工商户的生产、经营所得应纳税额的计算公式为

应纳税额＝应纳税所得额×适用税率－速算扣除数
　　　　＝(全年收入总额－成本、费用、税金、损失、其他支出及以前年度亏损)
　　　　　×适用税率－速算扣除数

5. 利息、股息、红利所得应纳税额的计算

利息、股息、红利所得应纳税额的计算公式为

应纳税额＝应纳税所得额×适用税率＝每次收入额×适用税率

6. 财产租赁所得应纳税额的计算

财产租赁所得应纳税额的计算公式为

(1)每次(月)收入不足4 000元的:

应纳税额＝[每次(月)收入额－财产租赁过程中缴纳的税费－由纳税人负担的租赁财产实际开支的修缮费用(800元为限)－800元]×20%

(2)每次(月)收入在4 000元以上的:

应纳税额＝[每次(月)收入额－财产租赁过程中缴纳的税费－由纳税人负担的租赁财产实际开支的修缮费用(800元为限)]×(1－20%)×20%

个人出租房屋的个人所得税应税收入不含增值税,计算房屋出租所得可扣除的税费不包括本次出租缴纳的增值税。个人转租房屋的,其向房屋出租方支付的租金及增值税额,在

计算转租所得时予以扣除。

7. 财产转让所得应纳税额的计算

财产转让所得应按照一次转让财产的收入额减除财产原值和合理费用后的余额计算纳税。

财产转让所得应纳税额的计算公式为

$$应纳税额 = 应纳税所得额 \times 适用税率$$
$$= (收入总额 - 财产原值 - 合理费用) \times 20\%$$

个人转让房屋的个人所得税应税收入不含增值税,其取得房屋时所支付价款中包含的增值税计入财产原值,计算转让所得时可扣除的税费不包括本次转让缴纳的增值税。

受赠人转让受赠房屋的,以其转让受赠房屋的收入减除原捐赠人取得该房屋的实际购置成本以及赠与和转让过程中受赠人支付的相关税费后的余额,为受赠人的应纳税所得额,依法计征个人所得税。受赠人转让受赠房屋价格明显偏低且无正当理由的,税务机关可以依据该房屋的市场评估价格或其他合理方式确定的价格核定其转让收入。

8. 偶然所得应纳税额的计算

偶然所得应纳税额的计算公式为

$$应纳税额 = 应纳税所得额 \times 适用税率 = 每次收入额 \times 20\%$$

【例 14-5】 中国某公司职员张某 2019 年 1~3 月每月取得工资、薪金收入均为 10 000 元。当地规定的社会保险和住房公积金个人缴存比例为:基本养老保险 8%,基本医疗保险 2%,失业保险 0.5%,住房公积金 12%。社保部门核定的张某 2019 年社会保险费的缴费工资基数为 8 000 元。张某 1~2 月累计已预扣预缴个人所得税税额为 192 元。计算张某 3 月应预扣预缴的个人所得税税额。

【解析】 (1) 累计收入 = 10 000 × 3 = 30 000(元)

(2) 累计减除费用 = 5 000 × 3 = 15 000(元)

(3) 累计专项扣除 = 8 000 × (8% + 2% + 0.5% + 12%) × 3 = 5 400(元)

(4) 累计预扣预缴应纳税所得额 = 30 000 - 15 000 - 5 400 = 9 600(元)

(5) 应预扣预缴税额 = 9 600 × 3% - 192 = 96(元)

【例 14-6】 2019 年 5 月李某为某公司提供设计服务,取得劳务报酬所得 5 500 元。计算李某当月该笔劳务报酬所得应预扣预缴的个人所得税税额。

【解析】 劳务报酬所得收入不超过 4 000 元的,减除费用按 800 元计算;每次收入 4 000 元以上的,减除费用按 20% 计算。预扣预缴应纳税所得额不超过 20 000 元的,预扣率为 20%。

应预扣预缴的个人所得税税额 = 5 500 × (1 - 20%) × 20% = 880(元)

第三节 税收征收管理法

税收征收管理制度是税务机关代表国家行使征税权,指导纳税人正确履行纳税义务,对日常税收活动进行组织、管理、监督和检查的法律制度。它是保证税法得以实施和加强税收活动法制化的一个重要方式。

《中华人民共和国税收征收管理法》(以下简称《税收征收管理法》)由第七届全国人民代表大会常务委员会第二十七次会议于1992年9月4日审议通过，并自1993年1月1日起施行。该法于1995年2月28日第八届全国人民代表大会常务委员会第十二次会议第一次修正，2001年4月28日第九届全国人民代表大会常务委员会第二十一次会议修订，自2001年5月1日起施行。根据2013年6月29日第十二届全国人民代表大会常务委员会第三次会议《全国人民代表大会常务委员会关于修改〈中华人民共和国文物保护法〉等十二部法律的决定》第二次修正，根据2015年4月24日第十二届全国人民代表大会常务委员会第十四次会议《全国人民代表大会常务委员会关于修改〈中华人民共和国港口法〉等七部法律的决定》第三次修正。

2019年11月1日，国家税务总局全面实施《税收征管操作规范》，这是2018年国税、地税征管体制改革后，契合新税收的征管流程，实现了税费业务征管的流程化、规范化和标准化，降低税费遵从成本，提高税费征管效率。

一、税务管理

(一)税务登记

凡是税法规定的应当纳税的个人、企业及其分支机构，都必须在领取营业执照之日起30日内，持有关证件向税务机关申请办理税务登记。纳税人如发生需要改变税务登记内容的情形时，也应当在有关部门批准或者自宣告之日起30日内，向主管税务机关申报办理变更或者注销税务登记。

> ⚠ **特别提示14-5** 随着"多证合一"登记制度改革的相继实施，营业执照成为企业唯一的"身份证"，统一社会信用代码成为企业唯一的身份代码，从而实现了企业"一照一码"走天下。

(二)账簿、凭证管理

账簿、凭证是纳税人生产经营的重要管理工具，也是税务机关进行税务监督的主要依据。纳税人必须按国家财务、会计法规和税务主管部门的规定设置账簿，根据合法、有效的凭证记账，进行核算，并按规定完整地保存账簿、记账凭证等纳税资料。个体工商户确实不能设置账簿的，经税务机关批准可以不设。

(三)纳税申报

纳税人必须在规定的申报期限内办理纳税申报，向主管税务机关报

法条链接：
《税收征收管理法》第十五条规定第一款规定："企业，企业在外地设立的分支机构和从事生产、经营的场所，个体工商户和从事生产、经营的事业单位(以下统称从事生产、经营的纳税人)自领取营业执照之日起三十日内，持有关证件，向税务机关申报办理税务登记。税务机关应当于收到申报的当日办理登记并发给税务登记证件。"

送纳税申报表、财务会计报表和有关纳税资料。遇有特殊情况不能按期办理纳税申报时，必须向税务机关提出书面延期申请，经税务机关核准可以延期申报。

二、税款征收

税款征收是指税务机关依法将纳税人的应纳税款征收入库的一系列活动的总称。围绕税款征收，税法规定了一系列制度，包括征纳主体、税务管辖、税款征收方式、征纳期限、税收减免、税收退补、税收保全、强制执行、文书送达等内容。

（一）税款征收方式

依据《税收征收管理法》及其实施细则的规定，税务机关可以采取查账征收、查定征收、查验征收、定期定额征收以及其他方式征收税款。其他方式如代扣代缴、委托征收等。

（二）税款征纳期限

纳税人应按照法定或者税务机关依法确定的期限缴纳税款。纳税人未按照上述期限缴纳税款的，税务机关除责令其限期缴纳外，从滞纳税款之日起，按日加收滞纳税款万分之五的滞纳金。纳税人因有特殊困难，不能按期缴纳税款的，经县级以上税务局（分局）批准，可以延期缴纳税款，但最长不得超过3个月。

（三）税收的减免、退补

纳税人可以依法向税务机关书面申请减税、免税。减税、免税的申请须经法律、行政法规规定的机关审批。纳税人超过应纳税额缴纳的税款，税务机关发现后，应当立即退还；纳税人自结算缴纳税款之日起3年内发现的，可以向税务机关要求退还多缴的税款并加算银行同期存款利息，税务机关查实后应当立即返还。因为税务机关的责任，致使纳税人、扣缴义务人未缴或少缴税款的，税务机关在3年内可以要求其补缴税款，但不得加收滞纳金。因为纳税人、扣缴义务人计算错误等失误，未缴或少缴税款的，税务机关在3年内可以追征，有特殊情况的，追征期可以延长到5年。

（四）税收保全

税收保全措施是税务机关在纳税期限以前，为预防纳税人逃避税款缴纳义务而采取的措施。包括：①责令限期缴纳税款；②责成提供纳税担保；③通知金融机构暂停支付相当于应缴税额的存款金额；④扣押、查封纳税人的价值相当于应纳税款的商品、财产等；⑤附条件限制出境。

小微企业税收优惠政策

法条链接：
《税收征收管理法》第二十八条第一款规定："税务机关依照法律、行政法规的规定征收税款，不得违反法律、行政法规的规定开征、停征、多征、少征、提前征收、延缓征收或者摊派税款。"

法条链接：
《税收征收管理法》第四十二条规定："税务机关采取税收保全措施和强制执行措施必须依照法定权限和法定程序，不得查封、扣押纳税人个人及其所扶养家属维持生活必需的住房和用品。"

(五)强制执行

在纳税人超过纳税期限仍未缴纳税款的情况下,税务机关在符合法定条件时,可以采取以下强制措施:①书面通知其开户银行或其他金融机构从其存款中扣缴税款;②扣押、查封、拍卖其价值相当于应缴税款的商品、财产等,以拍卖所得抵缴税款。

三、税务检查

税务检查是指税务机关依法对纳税主体履行纳税义务的情况所进行的检验、核查。税务检查是税收征收管理的重要内容。

我国税务机关的税务检查权包括:资料检查权;实地检查权;资料取得权;单证查核权;税情询问权;存款查核权。在税务机关依法进行税务检查时,纳税人必须依法接受检查,据实报告情况和提供有关资料,并为查验盘点实物提供方便,不得隐瞒、阻碍、刁难。税务机关派员对纳税人进行检查时,应当出示证件并负有退还资料和保守秘密的义务。

课后思考题

1. 税法构成的要素有哪些?
2. 我国现行主要税种有哪些?
3. 增值税的纳税范围包括哪些?
4. 个人所得税的征税范围包括哪些?
5. 什么是税收保全?税收保全的主要措施有哪些?

课后案例

【背景资料】 2020年中国公民黄某在境外A国取得劳务报酬40 000元,按A国税法规定缴纳了个人所得税6 500元;取得偶然所得10 000元,按A国税法规定缴纳了个人所得税3 000元。

【问题】 回国后,黄某应补缴个人所得税多少元?

劳动法律制度

内容提示

1. 劳动法
2. 劳动合同法
3. 劳动保障法
4. 劳动争议调解仲裁法

学习目标

【掌握】 劳动法的调整对象;劳动法律关系;劳动合同的订立;劳动合同的内容;工时基准;工资基准;劳动合同的解除和终止;社会保险制度;劳动争议仲裁。

【了解】 劳动合同的履行和变更;劳动合同法的适用范围;违反劳动合同法的法律责任;社会福利制度和社会优抚制度。

思政目标

通过学习,学生理解"公正、法治"等社会主义核心价值观的深刻含义,并能够在职业生活中诚实守信,爱岗敬业。

课前案例导入

【背景资料】 刘某原是甲公司的技术总监,公司曾与他签订竞业限制协议,约定合同解除或终止后3年内,刘某不得在本行业从事相关业务,公司每月支付其补偿金2万元。在刘某离职后,甲公司只在第一年按时给予了补偿金,此后一直没有支付,刘某遂在离职1年半后到甲公司的竞争对手乙公司上班。甲公司得知此事后要求刘某支付违约金。

【问题】
甲公司与刘某应如何解决该纠纷?

第一节　劳动法概述

一、劳动法的概念

劳动法是调整劳动关系以及与劳动关系密切的其他社会关系的法律规范的总称。

制定劳动法的目的是保护劳动者的合法权益，维护、发展和谐稳定的劳动关系，维护社会安定，促进经济发展和社会进步。

《中华人民共和国劳动法》(以下简称《劳动法》)于1994年7月5日第八届全国人民代表大会常务委员会第八次会议通过，自1995年1月1日起施行。根据2009年8月27日经第十一届全国人民代表大会常务委员会第十次会议通过的《全国人民代表大会常务委员会关于修改部分法律的决定》第一次修正，根据2018年12月29日第十三届全国人民代表大会常务委员会第七次会议通过的《全国人民代表大会常务委员会关于修改〈中华人民共和国劳动法〉等七部法律的决定》第二次修正。

二、劳动法的调整对象

劳动法的主要调整对象是劳动关系，但并非所有的劳动关系均由劳动法调整，劳动法调整的劳动关系是狭义的，一般指劳动者与用人单位之间在实现劳动过程中发生的社会关系。它是劳动者在运用劳动能力、实现劳动过程中与劳动力使用者发生的社会关系。

第二节　劳动合同法

一、劳动合同法概述

劳动合同也称劳动契约，是劳动者与用人单位(包括企业、事业、国家机关、社会团体、雇主)确立劳动关系、明确双方权利和义务的书面协议。

《中华人民共和国劳动合同法》(以下简称《劳动合同法》)于2007年6月29日第十届全国人民代表大会常务委员会第二十八次会议通过，自2008年1月1日起施行。根据2012年12月28日第十一届全国人民代表大会常务委员会第三十次会议通过的《全国人民代表大会常务委员会

法条链接：
《劳动合同法》第一条规定："为了完善劳动合同制度，明确劳动合同双方当事人的权利和义务，保护劳动者的合法权益，构建和发展和谐稳定的劳动关系，制定本法。"

关于修改《中华人民共和国劳动合同法的规定》》修正,自2013年7月1日起施行。

(一)劳动合同法的立法宗旨

《劳动合同法》明确了该法的立法宗旨,主要包括三方面的内容:完善劳动合同制度,明确劳动合同双方当事人的权利和义务;保护劳动者的合法权益;构建和发展和谐稳定的劳动关系。

(二)劳动合同法的适用范围

(1)中华人民共和国境内的企业、个体经济组织、民办非企业单位、依法成立的会计师事务所、律师事务所等合伙组织和基金会等(简称用人单位)与劳动者建立劳动关系,订立、履行、变更、解除或者终止劳动合同,适用《劳动合同法》。

(2)国家机关、事业单位、社会团体和与其建立劳动关系的劳动者,订立、履行、变更、解除或者终止劳动合同,依照《劳动合同法》执行。

(3)事业单位与实行聘用制的工作人员订立、履行、变更、解除或者终止劳动合同,法律、行政法规或者国务院另有规定的,依照其规定,未作规定的,依照《劳动合同法》有关规定执行。

二、劳动合同的订立

劳动合同与劳务合同的区别

(一)劳动合同订立的原则

劳动合同的订立是劳动者和用人单位经过相互选择和平等协商,就劳动合同的各项条款协商一致,并以书面形式明确规定双方权利、义务及责任,从而确立劳动关系的法律行为。

劳动合同的订立应遵循合法、公平、平等自愿、协商一致以及诚实信用的原则。

(二)劳动合同订立的形式

用人单位自用工之日起即与劳动者建立劳动关系。建立劳动关系,应当订立书面劳动合同。

对于已建立劳动关系,未同时订立书面劳动合同的,应当自用工之日起一个月内订立书面劳动合同。用人单位与劳动者在用工前订立书面劳动合同的,劳动关系自用工之日起建立。

> ⚠ **特别提示 15-1** 非全日制用工双方当事人可以订立口头协议。

【例 15-1】 2015年3月1日,甲公司与韩某签订劳动合同,约定合同期限1年,试用期1个月,每月15日发放工资。韩某3月10日上岗工作。问:甲公司是在何时与韩某建立劳动关系的?

【解析】 劳动者与用人单位建立劳动关系的时间不是订立合同之日,而是用工之日,所以双方是2015年3月10日建立劳动关系的。

法条链接:
《劳动合同法》第三条规定:"订立劳动合同,应当遵循合法、公平、平等自愿、协商一致、诚实信用的原则。

依法订立的劳动合同具有约束力,用人单位与劳动者应当履行劳动合同约定的义务。"

三、劳动合同的内容

(一) 劳动合同必备条款

劳动合同的必备条款是指劳动合同必须具备的内容。《劳动合同法》第十七条规定,劳动合同应当具备以下条款:

(1) 用人单位的名称、住所和法定代表人或者主要负责人;

(2) 劳动者的姓名、住址和居民身份证或者其他有效身份证件号码;

(3) 劳动合同期限;

(4) 工作内容和工作地点;

(5) 工作时间和休息休假;

(6) 劳动报酬;

(7) 社会保险;

(8) 劳动保护、劳动条件和职业危害防护;

(9) 法律、法规规定应当纳入劳动合同的其他事项。

(二) 劳动合同约定条款

劳动合同除前项规定的必备条款外,用人单位与劳动者可以约定试用期、服务期、保守商业秘密和竞业限制期限、医疗期等其他事项。

1. 试用期

(1) 试用期期限的强制性规定。劳动合同期限三个月以上不满一年的,试用期不得超过一个月;劳动合同期限一年以上不满三年的,试用期不得超过二个月;三年以上固定期限和无固定期限的劳动合同,试用期不得超过六个月。以完成一定工作任务为期限的劳动合同或者劳动合同期限不满三个月的,不得约定试用期。

> ⚠ **特别提示 15-2**　试用期包含在劳动合同期限内。劳动合同仅约定试用期的,试用期不成立,该期限为劳动合同期限。

(2) 试用期工资的强制性规定。劳动者在试用期的工资不得低于本单位相同岗位最低档工资或者劳动合同约定工资的百分之八十,并不得低于用人单位所在地的最低工资标准。

(3) 试用期内劳动合同的解除。劳动者有以下情形之一的,用人单位可以解除劳动合同,但应当向劳动者说明理由。

① 在试用期间被证明不符合录用条件的;

② 严重违反用人单位的规章制度的;

③ 严重失职,营私舞弊,给用人单位造成重大损害的;

④ 劳动者同时与其他用人单位建立劳动关系,对完成本单位的工作任务造成严重影响,或者经用人单位提出,拒不改正的;

⑤ 以欺诈、胁迫的手段或者乘人之危,使对方在违背真实意思的情况下订立或者变更劳动合同,致使劳动合同无效的;

⑥ 被依法追究刑事责任的;

⑦劳动者患病或者非因工负伤,在规定的医疗期满后不能从事原工作,也不能从事由用人单位另行安排的工作的;

⑧劳动者不能胜任工作,经过培训或者调整工作岗位,仍不能胜任工作的。

劳动者在试用期内提前三日通知用人单位,可以解除劳动合同。

2. 服务期

用人单位为劳动者提供专项培训费用,对其进行专业技术培训的,可以与该劳动者订立协议,约定服务期。

劳动者违反服务期约定提前终止劳动合同的,应当按照约定向用人单位支付违约金。违约金的数额不得超过用人单位提供的培训费用。对已经履行部分服务期限的,用人单位要求劳动者支付的违约金不得超过服务期尚未履行部分所应分摊的培训费用。

用人单位与劳动者约定了服务期,劳动者依照《劳动合同法》第三十八条的规定解除劳动合同的,不属于违反服务期的约定,用人单位不得要求劳动者支付违约金。

(1)未按照劳动合同约定提供劳动保护或者劳动条件的;

(2)未及时足额支付劳动报酬的;

(3)未依法为劳动者缴纳社会保险费的;

(4)用人单位的规章制度违反法律、法规的规定,损害劳动者权益的;

(5)以欺诈、胁迫的手段或者乘人之危,使对方在违背真实意思的情况下订立或者变更劳动合同,致使劳动合同无效的;

(6)法律、行政法规规定劳动者可以解除劳动合同的其他情形;

(7)用人单位以暴力、威胁或者非法限制人身自由的手段强迫劳动者劳动的,或者用人单位违章指挥、强令冒险作业危及劳动者人身安全的,劳动者可以立即解除劳动合同,不需要事先告知用人单位。

【例 15-2】 甲公司与张某签订了为期 3 年的固定期限劳动合同,并为其支付培训费 1 万元,双方约定服务期为 5 年。3 年后,张某以劳动合同期满为由,不肯再续签合同。公司要求其支付违约金。请分析张某是否应支付违约金。

【解析】 张某违反服务期约定,应支付违约金。公司为其支付培训费为 1 万元,约定的服务期为 5 年,每年分摊的费用为 10 000÷5＝2 000(元)。因张某已经履行劳动合同 3 年,因此应支付的违约金数额为 10 000－2 000×3＝4 000(元)。

3. 保守商业秘密和竞业限制期限

用人单位与劳动者可以在劳动合同中约定保守用人单位的商业秘密和与知识产权相关的保密事项。

对负有保密义务的劳动者,用人单位可以在劳动合同或者保密协议中与劳动者约定竞业限制条款,并约定在解除或者终止劳动合同后,在竞业限制期限内按月给予劳动者经济补偿。劳动者违反竞业限制条款约定的,应当按照约定向用人单位支付违约金。

4. 医疗期

医疗期是指企业职工因患病或非因工负伤停止工作,治病休息,但不得解除劳动合同的期限。

企业职工因患病或非因工负伤,需要停止工作,进行医疗时,根据本人实际参加工作年限和在本单位工作年限,给予三至二十四个月的医疗期。

医疗期内用人单位与职工不得解除劳动合同。医疗期内合同终止,则合同必须延续至医疗期满,职工仍然享受医疗期内待遇。

四、工作时间、休息休假、工资制度

(一)工作时间

工作时间又称劳动时间,是指法律规定的劳动者在一定时间内从事生产或工作的小时数。它包括每日工作的小时数、每周工作的天数和小时数。工作时间的种类如下:

1.标准工作时间

标准工作时间,又称标准工时,是指法律规定的在一般情况下普遍适用的,按照正常作息时间安排的工作日和工作周的工时制度。我国的标准工时为劳动者每日工作八小时,每周工作四十小时,在一周(七日)内工作五日。实行计件工作的劳动者,用人单位应当根据每日工作八小时、每周工作四十小时的工作制度,合理确定其劳动定额和计件报酬标准。

2.缩短工作时间

缩短工作时间是指法律规定的在特殊情况下劳动者的工作时间长度少于标准工作时间的工时制度,即每日工作少于八小时。缩短工作时间适用于:

(1)从事矿山、井下、高山、有毒有害、特别繁重或过度紧张等作业的劳动者。

(2)从事夜班工作的劳动者。

(3)哺乳期内的女职工。

3.延长工作时间

延长工作时间是指超过标准工作日的工作时间,即日工作时间超过八小时,每周工作时间超过四十小时。延长工作时间必须符合法律、法规的规定。

4.不定时工作时间与综合计算工作时间

不定时工作时间又称不定时工作制,是指无固定工作时数限制的工时制度。适用于工作性质和职责范围不受固定工作时间限制的劳动者,如企业中的高级管理人员、外勤人员、推销人员、部分值班人员,从事交通运输的工作人员以及其他因生产特点、工作特殊需要或职责范围的关系,适合实行不定时工作制的职工等。

综合计算工作时间又称综合计算工时工作制,是指以一定时间为周期,集中安排并综合计算工作时间和休息时间的工时制度。即分别以周、月、季、年为周期综合计算工作时间,但其平均日工作时间和平均周工作时间应与法定标准工作时间基本相同。

对符合下列条件之一的职工,可以实行综合计算工时工作制:

(1)交通、运输、邮电、航空、渔业等行业中因工作性质特殊,需连续作业的职工;

(2)地质及资源勘探、建筑、制盐、制糖、旅游等受季节和自然条件限制的行业的部分职工;

(3)其他适合实行综合计算工时工作制的职工。

实行不定时工作制和综合计算工时工作制的企业,应根据《劳动合同法》的有关规定,履行审批手续,在保障职工身体健康并充分听取职工意见的基础上,采用集中工作、集中休息、轮流调休、弹性工作时间等方式,确保职工的休息休假权利的实现和生产、工作任务的完成。

(二)休息休假

休息休假是指劳动者为行使休息权在国家规定的法定工作时间以外,不从事生产或工作而自行支配的时间。

1.休息时间的种类

(1)工作日内的间歇时间。工作日内的间歇时间是指在工作日内给予劳动者休息和用膳的时间。一般为一至二小时,最少不得少于半小时。

(2)工作日间的休息时间。即两个邻近工作日之间的休息时间。一般不少于十六小时。

(3)公休假日。公休假日又称周休息日,是劳动者在一周(七日)内享有的休息日,公休假日一般为每周二日,一般安排在星期六和星期日休息。不能实行国家标准工时制度的企业和事业组织,可根据实际情况灵活安排周休息日,应当保证劳动者每周至少休息一日。

2.休假的种类

(1)法定节假日。法定节假日是指法律规定用于开展纪念、庆祝活动的休息时间。我国劳动法规定的法定节假日有:新年,即月1日,放假一天;春节,即农历正月初一、初二、初三,放假三天;清明节,即农历清明当日,放假一天;劳动节,即5月1日,放假一天;端午节,即农历端午当日,放假一天;中秋节,即农历中秋当日,放假一天;国庆节,即10月1日、2日、3日,放假三天;法律、法规规定的其他休假节日。

(2)探亲假。探亲假是指劳动者享有保留工资、工作岗位而同分居两地的父母或配偶团聚的假期。探亲假适用于在国家机关、人民团体、全民所有制企业、事业单位工作满一年的固定职工。

(3)年休假。年休假是指职工工作满一定年限,每年可享有的带薪连续休息的时间。根据劳动法的规定,机关、团体、企业、事业单位、民办非企业单位、有雇工的个体工商户等单位的职工连续工作一年以上的,享受带薪年休假。单位应当保证职工享受年休假。职工在年休假期间享受与正常工作期间相同的工资收入。职工累计工作已满一年不满十年的,年休假五天;已满十年不满二十年的,年休假十天;已满二十年的,年休假十五天。

你了解带薪年休假吗

⚠ **特别提示 15-3** 国家法定休假日、休息日不计入年休假的假期。

【例 15-3】方某工作已满十五年,2015年上半年在甲公司已休年休假五天;下半年调到乙公司工作,提出补休年休假的申请。乙公司应如何答复方某补休年休假的申请?

【解析】职工累计工作已满十年不满二十年的,年休假十天。方某工作已满十五年,可享受年休假十天。方某已经休息五天,还可再休五天。

(三)工资制度

工资是指用人单位依照国家有关规定和集体合同、劳动合同约定的标准,根据劳动者提供劳动的数量和质量,以货币形式支付给劳动者的劳动报酬。

1.工资形式

工资形式是指计量劳动和支付劳动报酬的方式。企业可根据本单位的生产经营特点和经济效益,依法自主确定本单位的工资分配形式。我国的工资形式主要有:

(1)计时工资。计时工资是按单位时间工资标准和劳动者实际工作时间计付劳动报的工资形式。我国常见的计时工资有小时工资、日工资和月工资。

(2)计件工资。计件工资是按照劳动者生产合格产品的数量或作业量以及预先规定的计件单价支付劳动报酬的一种工资形式。计件工资是计时工资的转化形式。

(3)奖金。奖金是给予劳动者的超额劳动报酬和增收节支的物质奖励。奖金的形式有月奖、季度奖和年度奖;经常性奖金和一次性奖金;综合奖和单项奖等。

(4)津贴。津贴是对劳动者在特殊条件下的额外劳动消耗或额外费用支出给予物质补偿的一种工资形式。主要有岗位津贴、保健性津贴、技术性津贴等。

(5)补贴。补贴是为了保障劳动者的生活水平不受特殊因素的影响而支付给劳动者的工资形式。它与劳动者的劳动没有直接联系,其发放根据主要是国家有关政策规定,如物价补贴、边远地区生活补贴等。

(6)特殊情况下的工资。特殊情况下的工资是对非正常工作情况下的劳动者依法支付工资的一种工资形式。主要有加班加点工资,事假、病假、婚假、探亲假等工资以及履行国家和社会义务期间的工资等。

2.工资支付保障

工资支付保障是为保障劳动者劳动报酬权的实现,防止用人单位滥用工资分配权而制定的有关工资支付的一系列规则。有如下内容:

(1)工资应以法定货币支付,不得以实物及有价证券代替货币支付。

(2)工资应在用人单位与劳动者约定的日期支付。工资一般按月支付,至少每月支付一次。实行周、日、小时工资制的,可按周、日、小时支付。

(3)劳动者依法享受年休假、探亲假、婚假、丧假期间,以及依法参加社会活动期间,用人单位应按劳动合同规定的标准支付工资。

(4)工资应支付给劳动者本人,也可由劳动者家属或委托他人代领,用人单位可委托银行代发工资。

(5)工资应依法足额支付,除法定或约定允许扣除工资的情况外,严禁非法克扣或无故拖欠劳动者工资。

(6)对代扣工资的限制。用人单位不得非法克扣劳动者工资,有下列情况之一的,用人单位可以代扣劳动者工资:用人单位代扣代缴的个人所得税;用人单位代扣代缴的应由劳动者个人负担的社会保险费用;法院判决、裁定中要求代扣的抚养费、赡养费;法律、法规规定可以从劳动者工资中扣除的其他费用。

(7)对扣除工资金额的限制。因劳动者本人原因给用人单位造成经济损失的,用人单位可以按照劳动合同的约定要求劳动者赔偿其经济损失。经济损失的赔偿,可从劳动者本人的工资中扣除,但每月扣除金额不得超过劳动者月工资的百分之二十;若扣除后的余额低于当地月最低工资标准的,则应按最低工资标准支付;用人单位对劳动者违纪罚款,一般不得超过本人月工资标准的百分之二十。

(8)用人单位依法破产时,劳动者有权获得其工资。在破产清偿顺序中,用人单位应按企业破产法规定的清偿顺序,首先支付本单位劳动者的工资。

3.加班加点的工资标准

用人单位在劳动者完成劳动定额或规定的工作任务后,根据实际需要安排劳动者在法定标准工作时间以外工作的,应当按照下列标准支付高于劳动者正常工作时间工资的工资报酬：

(1)用人单位依法安排劳动者在日标准工作时间以外延长工作时间的,按照不低于劳动合同规定的劳动者本人小时工资标准的百分之一百五十支付劳动者工资。

(2)用人单位依法安排劳动者在休息日工作,不能安排补休的,按照不低于劳动合同规定的劳动者本人日或小时工资标准的百分之二百支付劳动者工资。

(3)用人单位依法安排劳动者在法定休假日工作的,按照不低于劳动合同规定的劳动者本人日或小时工资的300%支付劳动者工资。

【例15-4】 赵某日工资300元,2019年5月1日至3日公司安排其加班,未支付加班费,但安排其节后休息3天,请问公司的做法是否正确?如果不正确,如何处理?

【解析】 5月1日为法定节假日,不能以安排补休一天来代替,加班费是日工资的300%,即900元。5月2日和5月3日加班占用周末休息2天,安排了补休,就不再支付加班费。单位的正确做法是,应当支付赵某加班费900元,5月2日和5月3日安排补休两天。单位不支付加班费,经主管部门责令限期支付,逾期仍不支付,则主管部门可以要求单位加付应付金额50%以上、100%以下的赔偿金。

五、劳动合同的履行、变更、解除和终止

(一)劳动合同的履行

(1)用人单位与劳动者应当按照劳动合同的约定,全面履行各自的义务。用人单位变更名称、法定代表人、主要负责人或者投资人等事项,不影响劳动合同的履行。用人单位发生合并或者分立等情况,原劳动合同继续有效,劳动合同由承继其权利和义务的用人单位继续履行。用人单位应当依法建立和完善劳动规章制度,保障劳动者享有劳动权利、履行劳动义务。

(2)用人单位应当按照劳动合同约定和国家规定,向劳动者及时足额支付劳动报酬。用人单位拖欠或者未足额支付劳动报酬的,劳动者可以依法向当地人民法院申请支付令,人民法院应当依法发出支付令。

(3)用人单位应当严格执行劳动定额标准,不得强迫或者变相强迫劳动者加班。用人单位安排加班的,应当按照国家有关规定向劳动者支付加班费。劳动者拒绝用人单位管理人员违章指挥、强令冒险作业的,不视为违反劳动合同。

(4)劳动者对危害生命安全和身体健康的劳动条件,有权对用人单位提出批评、检举和控告。

(5)国家采取措施,建立健全劳动者社会保险关系跨地区转移接续制度。

(二)劳动合同的变更

劳动合同的变更是指在劳动合同开始履行但尚未完全履行完毕之前,因订立劳动合同的主客观条件发生了变化,当事人依照法律规定的条件和程序,对原合同中的某些条款修改、补充的法律行为。用人单位与劳动者协商一致,可以变更劳动合同约定的内容。

⚠ **特别提示15-4** 变更劳动合同,应当采用书面形式。

【例 15-5】 李某大学毕业后到一家外资公司工作,劳动合同书约定的工作岗位是会计,基本工资为 2 800 元,合同期为 2 年。但是 1 年后因公司一名职员离职,单位将李某的岗位变更为销售员,报酬也改为基本工资 1 000 元,绩效工资随销售业绩浮动。李某不同意,认为自己学的是会计专业,不适合做销售,并且调动岗位应双方协商一致。李某到劳动仲裁委员会申诉,要求公司继续履行合同。请问:单位能否单方变更劳动合同?

【解析】 单位不能单方变更劳动合同。用人单位与劳动者协商一致,才可以变更劳动合同约定的内容。

(三)劳动合同的解除

劳动合同解除是在劳动合同订立后,劳动合同期限届满之前,因出现法定的情形,一方单方通知终止劳动关系或用人单位与劳动者双方协商提前终止劳动关系的法律行为。

1. 协商解除

用人单位和劳动者协商一致,可以解除劳动合同。由用人单位提出解除劳动合同而与劳动者协商一致的,必须依法向劳动者支付经济补偿。由劳动者主动辞职而与用人单位协商一致解除劳动合同的,用人单位无须向劳动者支付经济补偿。

2. 法定解除

(1)劳动者单方解除劳动合同:

①预告解除。劳动者提前三十日以书面形式通知用人单位,可以解除劳动合同。劳动者在试用期内提前三日通知用人单位,可以解除劳动合同。

②即时解除。用人单位有下列情形之一的,劳动者可以解除劳动合同:未按照劳动合同约定提供劳动保护或者劳动条件的;未及时足额支付劳动报酬的;未依法为劳动者缴纳社会保险费的;用人单位的规章制度违反法律、法规的规定,损害劳动者合法权益的;因用人单位过错致使劳动合同无效的;法律、行政法规规定劳动者可以解除劳动合同的其他情形;用人单位以暴力、威胁或者非法限制人身自由的手段强迫劳动者劳动的,或者用人单位违章指挥、强令冒险作业危及劳动者人身安全的,劳动者可以立即解除劳动合同,不需要事先告知用人单位。

(2)用人单位单方解除劳动合同:

①即时解除(劳动者有过错)。劳动者有下列情形之一的,用人单位可以解除劳动合同:在试用期间被证明不符合录用条件的;严重违反用人单位的规章制度的;严重失职,营私舞弊,给用人单位造成重大损害的;劳动者同时与其他用人单位建立劳动关系,对完成本单位的工作任务造成严重影响,或者经用人单位提出,拒不改正的;因劳动者过错致使劳动合同无效的;被依法追究刑事责任的。

②预告解除(劳动者无过错,有补偿)。有下列情形之一的,用人单位提前三十日以书面形式通知劳动者本人或者额外支付劳动者一个月工资后,可以解除劳动合同:劳动者患病或者非因工负伤,在规定的医疗期满后不能从事原工作,也不能从事由用人单位另行安排的工作的;劳动者不能胜任工作,经过培训或者调整工作岗位,仍不能胜任工作的;劳动合同订立时所依据的客观情况发生重大变化,致使劳动合同无法履行,经用人单位与劳动者协商,未能就变更劳动合同内容达成协议的。

③经济性裁员(单位原因,有补偿)。有下列情形之一,需要裁减人员二十人以上或者裁

减不足二十人但占企业职工总数百分之十以上的,用人单位提前三十日向工会或者全体职工说明情况,听取工会或者职工的意见后,裁减人员方案经向劳动行政部门报告,可以裁减人员;依照企业破产法规定进行重整的;生产经营发生严重困难的;企业转产、重大技术革新或者经营方式调整,经变更劳动合同后,仍需裁减人员的;其他因劳动合同订立时所依据的客观经济情况发生重大变化,致使劳动合同无法履行的。

裁减人员时,应当优先留用下列劳动者:与本单位订立较长期限的固定期限劳动合同的;与本单位订立无固定期限劳动合同的;家庭无其他就业人员,有需要扶养的老人或者未成年人的。

用人单位依法裁减人员,在六个月内重新招用人员的,应当通知被裁减的人员,并在同等条件下优先招用被裁减的人员。

3.用人单位不得解除劳动合同的情形

劳动者有下列情形之一的,用人单位不得预告解除和裁员解除劳动合同:

(1)从事接触职业病危害作业的劳动者未进行离岗前职业健康检查,或者疑似职业病病人在诊断或者医学观察期间的;

(2)在本单位患职业病或者因工负伤并被确认丧失或者部分丧失劳动能力的;

(3)患病或者非因工负伤,在规定的医疗期内的;

(4)女职工在孕期、产期、哺乳期的;

(5)在本单位连续工作满十五年,且距法定退休年龄不足五年的;

(6)法律、行政法规规定的其他情形。

【例15-6】 王某与某有限责任公司签订了为期3年的劳动合同,自2017年2月1日起至2020年1月31日止,双方约定试用期为6个月。2017年6月18日王某向公司提出解除劳动合同,并向公司索要经济补偿金。公司认为王某没有提出解除合同的正当理由,且解除合同未征求公司意见,未经双方协商,因而不同意解除合同,并提出如果王某一定要解除合同,责任自负,公司不但不给予王某经济补偿金,还要求王某赔偿公司的损失,即在试用期内培训王某的费用。

请问:(1)王某提出解除劳动合同时是否需要说明理由?

(2)用人单位是否应该给予王某经济补偿金?

【解析】 (1)不需要。王某提出解除劳动合同是在试用期内,劳动者在试用期内提前3日通知用人单位,可以解除劳动合同。

(2)不需要给予王某经济补偿金。劳动者单方提出解除劳动合同,用人单位没有《劳动合同法》所要求的义务,无须支付经济补偿金。

(四)劳动合同的终止

劳动合同终止是劳动合同订立后,因出现某种法定的事实,导致用人单位与劳动者之间形成的劳动关系自动归于消灭,或导致双方劳动关系的继续履行成为不可能而不得不消灭的情形。

1.劳动合同终止的情形

(1)劳动合同期满的;

(2)劳动者开始依法享受基本养老保险待遇的;

(3)劳动者达到法定退休年龄的；

(4)劳动者死亡，或者被人民法院宣告死亡或者宣告失踪的；

(5)用人单位被依法宣告破产的；

(6)用人单位被吊销营业执照、责令关闭、撤销或者用人单位决定提前解散的；

(7)法律、行政法规规定的其他情形。

2.劳动合同解除或终止的法律后果和责任

劳动合同解除或终止后，双方不再继续履行劳动合同。用人单位应当在解除或者终止劳动合同时向劳动者支付经济补偿的，在办理工作交接时支付。劳动者应当按照双方约定，办理工作交接。

3.劳动合同解除和终止的经济补偿

经济补偿是按照《劳动合同法》规定，在劳动者无过错的情况下，用人单位与劳动者解除或者终止劳动合同而依法应给予劳动者的经济上的补助，也称经济补偿金。

(1)用人单位应当向劳动者支付经济补偿的情形如下：

①由用人单位提出解除劳动合同并与劳动者协商一致而解除劳动合同的；

②劳动者符合随时通知解除和不需要事先通知即可解除劳动合同的规定情形而解除劳动合同的；

③用人单位符合提前三十日以书面形式通知劳动者本人或者额外支付劳动者一个月工资后可以解除劳动合同的规定情形而解除劳动合同的；

④用人单位符合可裁减人员规定而解除与劳动者的劳动合同的；

⑤除用人单位维持或者提高劳动合同约定条件续订劳动合同，劳动者不同意续订的情形外，劳动合同期满终止固定期限劳动合同的；

⑥以完成一定工作任务为期限的劳动合同因任务完成而终止的；

⑦用人单位被依法宣告破产终止劳动合同的；

⑧用人单位被吊销营业执照、责令关闭、撤销或者用人单位决定提前解散而终止劳动合同的；

⑨法律、行政法规规定解除或终止劳动合同应当向劳动者支付经济补偿的其他情形。

(2)经济补偿的支付标准如下：

一般根据劳动者在用人单位的工作年限和工资标准来计算具体金额，并以货币形式支付给劳动者。

①经济补偿按劳动者在本单位工作的年限，每满一年支付一个月工资的标准向劳动者支付。六个月以上不满一年的，按一年计算，不满六个月的，向劳动者支付半个月工资的经济补偿。

②劳动者在劳动合同解除或者终止前十二个月的平均工资低于当地最低工资标准的，按照当地最低工资标准计算。劳动者工作不满十二个月的，按照实际工作的月数计算平均工资。

③劳动者月工资高于用人单位所在直辖市、设区的市级人民政府公布的本地区上年度职工月平均工资三倍的，向其支付经济补偿的标准按职工月平均工资三倍的数额支付，向其支付经济补偿的年限最高不超过十二年。

六、违反劳动合同法的法律责任

(一)用人单位违反劳动合同法的法律责任

1.用人单位规章制度违法的法律责任

用人单位直接涉及劳动者切身利益的规章制度违反法律、法规规定的,由劳动行政部门责令改正,给予警告;给劳动者造成损害的,应当承担赔偿责任。

2.用人单位订立劳动合同违法的法律责任

(1)用人单位提供的劳动合同文本未载明《劳动合同法》规定的劳动合同必备条款或者用人单位未将劳动合同文本交付劳动者的,由劳动行政部门责令改正;给劳动者造成损害的,应当承担赔偿责任。

(2)用人单位自用工之日起超过一个月不满一年未与劳动者订立书面劳动合同的,应当向劳动者每月支付二倍的工资。

(3)用人单位违反《劳动合同法》规定不与劳动者订立无固定期限劳动合同的,自应当订立无固定期限劳动合同之日起向劳动者每月支付二倍的工资。

(4)用人单位违反《劳动合同法》规定与劳动者约定试用期的,由劳动行政部门责令改正;违法约定的试用期已经履行的,由用人单位以劳动者试用期满月工资为标准,按已经履行的超过法定试用期的期间向劳动者支付赔偿金。

(5)用人单位违反《劳动合同法》规定,扣押劳动者居民身份证等证件的,由劳动行政部门责令限期退还劳动者本人,并依照有关法律规定给予处罚。

(6)用人单位违反《劳动合同法》规定,以担保或者其他名义向劳动者收取财物的,由劳动行政部门责令限期退还劳动者本人,并以每人五百元以上二千以下的标准处以罚款;给劳动者造成损害的,应当承担赔偿责任。

3.用人单位履行劳动合同违法的法律责任

(1)用人单位有下列情形之一的,依法给予行政处罚;构成犯罪的,依法追究刑事责任;给劳动者造成损害的,应当承担赔偿责任:

①以暴力、威胁或者非法限制人身自由的手段强迫劳动的;

②违章指挥或者强令冒险作业危及劳动者人身安全的;

③侮辱、体罚、殴打、非法搜查或者拘禁劳动者的;

④劳动条件恶劣、环境污染严重,给劳动者身心健康造成严重损害的。

(2)用人单位有下列情形之一的,由劳动行政部门责令限期支付劳动报酬、加班费或者经济补偿;劳动报酬低于当地最低工资标准的,应当支付其差额部分;逾期不支付的,责令用人单位按应付金额百分之五十以上百分之一百以下的标准向劳动者加付赔偿金:

①未按照劳动合同的约定或者国家规定及时足额支付劳动者劳动报酬的;

②低于当地最低工资标准支付劳动者工资的;

③安排加班不支付加班费的;

④解除或者终止劳动合同,未依照《劳动合同法》规定向劳动者支付经济补偿的。

4.用人单位违法解除和终止劳动合同的法律责任

(1)用人单位违反《劳动合同法》规定解除或者终止劳动合同的,应当依照《劳动合同法》规定的经济补偿支付标准的二倍向劳动者支付赔偿金。

(2)用人单位违反《劳动合同法》规定,未向劳动者出具解除或者终止劳动合同的书面证明,由劳动行政部门责令改正;给劳动者造成损害的,应当承担赔偿责任。

(二)劳动者违反劳动合同法的法律责任

(1)劳动合同被确认为无效,给用人单位造成损失的,有过错的劳动者应当承担赔偿责任。

(2)劳动者违反《劳动合同法》规定解除劳动合同,给用人单位造成损失的,应当承担赔偿责任。

(3)劳动者违反劳动合同约定的保密义务或者竞业限制,劳动者应当按照劳动合同的约定,向用人单位支付违约金。给用人单位造成损失的,应当承担赔偿责任。

(4)劳动者违反培训协议,未满服务期解除或者终止劳动合同的,或者因劳动者严重违纪,用人单位与劳动者解除约定服务期的劳动合同,劳动者应当按照劳动合同的约定,向用人单位支付违约金。

第三节 社会保障法

社会保障是指国家通过立法,积极动员社会各方面资源,通过收入再分配,保证无收入、低收入以及遭受各种意外灾害的公民能够维持生存,保障劳动者在年老、失业、患病、工伤、生育时的基本生活不受影响,同时根据经济和社会发展状况,逐步提高公共福利水平和国民生活质量的制度。具体来讲,社会保障包括社会保险、社会救助、社会福利、优抚安置、社会互助等联合保障。

社会保障法是调整一个国家或地区的社会保障关系的法律规范的总和。它既包括国家立法机关制定的社会保障法律,也包括国家行政机关颁布的社会保障法规、命令和条例等。

一、社会保险制度

社会保险制度是指国家通过立法设立社会保险基金,使劳动者在暂时或永久丧失劳动能力以及失业时获得物质帮助和补偿的社会保障制度。这一制度对于保障社会稳定、解除劳动者的后顾之忧、促进社会主义市场经济体制的发展有着极为重要的意义。《中华人民共和国社会保险法》(以下简称《社会保险法》)第二条规定,国家建立基本养老保险、基本医疗保险、工伤保险、失业保险、生育保险等社会保险制度,保障公民在年老、疾病、工伤、失业、生育等情况下依法从国家和社会获得物质帮助的权利。

法条链接:
《社会保险法》第一条规定:"为了规范社会保险关系,维护公民参加社会保险和享受社会保险待遇的合法权益,使公民共享发展成果,促进社会和谐稳定,根据宪法,制定本法。"

(一)基本养老保险制度

基本养老保险制度是指国家和社会根据一定的法律和法规,为解决劳动者在达到国家规定的解除劳动义务的劳动年龄界限,或因年老而丧失劳动能力的情况下,从国家和社会获得物质帮助,以满足其老年生活需要的一项社会保险制度。在我国,基本养老保险制度包括职工基本养老保险制度和城乡居民基本养老保险制度。

1.职工基本养老保险制度

职工应当参加基本养老保险,由用人单位和职工共同缴纳基本养老保险费。无雇工的个体工商户、未在用人单位参加基本养老保险的非全日制从业人员以及其他灵活就业人员可以参加基本养老保险,由个人缴纳基本养老保险费。公务员和参照公务员法管理的工作人员养老保险适用《国务院关于机关事业单位工作人员养老保险制度改革的决定》。

基本养老保险实行社会统筹与个人账户相结合。基本养老保险基金由用人单位和个人缴费以及政府补贴等组成。

用人单位应当按照国家规定的本单位职工工资总额的比例缴纳基本养老保险费,记入基本养老保险统筹基金。职工应当按照国家规定的本人工资的比例缴纳基本养老保险费,记个人账户。无雇工的个体工商户、未在用人单位参加基本养老保险的非全日制从业人员以及其他灵活就业人员参加基本养老保险的,应当按照国家规定缴纳基本养老保险费,分别记入基本养老保险统筹基金和个人账户。

基本养老金根据个人累计缴费年限、缴费工资、当地职工平均工资、个人账户余额、城镇人口平均预期寿命等因素确定。

参加基本养老保险的个人,达到法定退休年龄时累计缴费满十五年的,按月领取基本养老金。参加基本养老保险的个人,达到法定退休年龄时累计缴费不足十五年的,可以缴费至满十五年,按月领取基本养老金;也可以转入新型农村社会养老保险或者城镇居民社会养老保险,按照国务院规定享受相应的养老保险待遇。

参加基本养老保险的个人,因病或者非因工死亡的,其遗属可以领取丧葬补助金和抚恤金;在未达到法定退休年龄时因病或者非因工致残完全丧失劳动能力的,可以领取病残津贴。

个人跨统筹地区就业的,其基本养老保险关系随本人转移,缴费年限累计计算。个人达到法定退休年龄时,基本养老金分段计算、统一支付。

2.城乡居民基本养老保险制度

依据《社会保险法》的有关规定,在总结新型农村社会养老保险和城镇居民社会养老保险试点经验的基础上,根据《国务院关于建立统一的城乡居民基本养老保险制度的意见》,国务院决定,将新型农村社会养老保险和城镇居民社会养老保险两项制度合并实施,在全国范围内建立统一的城乡居民基本养老保险制度。

城乡居民基本养老保险制度坚持和完善社会统筹与个人账户相结合的制度模式,巩固和拓宽个人缴费、集体补助、政府补贴相结合的资金筹集渠道,完善基础养老金和个人账户养老金相结合的待遇支付政策,强化长缴多得、多缴多得等制度的激励机制,建立基础养老金正常调整机制,健全服务网络,提高管理水平,为参保居民提供方便快捷的服务。

年满16周岁(不含在校学生),非国家机关和事业单位工作人员及不属于职工基本养老保险制度覆盖范围的城乡居民,可以在户籍地参加城乡居民养老保险。

（二）基本医疗保险制度

基本医疗保险制度是为了补偿劳动者因疾病风险造成的经济损失而建立的一项社会保险制度。

1.城镇职工基本医疗保险制度

职工应当参加职工基本医疗保险。由用人单位和职工按照国家规定共同缴纳基本医疗保险费，建立医疗保险基金。无雇工的个体工商户、未在用人单位参加职工基本医疗保险的非全日制从业人员以及其他灵活就业人员可以参加职工基本医疗保险，由个人按照国家规定缴纳基本医疗保险费。

参加职工基本医疗保险的个人，达到法定退休年龄时累计缴费达到国家规定年限的，退休后不再缴纳基本医疗保险费，按照国家规定享受基本医疗保险待遇；未达到国家规定年限的，可以缴费至国家规定年限。符合基本医疗保险药品目录、诊疗项目、医疗服务设施标准以及急诊、抢救的医疗费用，按照国家规定从基本医疗保险基金中支付。

下列医疗费用不纳入基本医疗保险基金支付范围：①应当从工伤保险基金中支付的；②应当由第三人负担的；③应当由公共卫生负担的；④在境外就医的。医疗费用依法应当由第三人负担，第三人不支付或者无法确定第三人的，由基本医疗保险基金先行支付。基本医疗保险基金先行支付后，有权向第三人追偿。

2.城乡居民基本医疗保险制度

《国务院关于整合城乡居民基本医疗保险制度的意见》中指出，整合城镇居民基本医疗保险和新型农村合作医疗保险（以下简称新农合）两项制度，建立统一的城乡居民基本医疗保险制度。是推进医药卫生体制改革、实现城乡居民公平享有基本医疗保险权益、促进社会公平正义、增进人民福祉的重大举措，对促进城乡经济社会协调发展、全面建成小康社会具有重要意义。

该意见明确指出，统一覆盖范围，城乡居民医疗保险制度覆盖范围包括现有城镇居民医疗保险和新农合所有应参保（合）人员，即覆盖除职工基本医疗保险应参保人员以外的其他所有城乡居民。农民工和灵活就业人员依法参加职工基本医疗保险，有困难的可按照当地规定参加城乡居民医疗保险。

（三）工伤保险制度

工伤保险制度是指对在工作中或者特殊情况下遭受意外伤害或患职业病导致暂时或永久丧失劳动能力甚至死亡的劳动者或者其遗属给予经济赔偿和物质帮助的一项社会保险制度。

职工有下列情形之一的，应当认定为工伤：

(1)在工作时间和工作场所内，因工作原因受到事故伤害的；

(2)工作时间前后在工作场所内，从事与工作有关的预备性或者收尾性工作受到事故伤害的；

(3)在工作时间和工作场所内，因履行工作职责受到暴力等意外伤害的；

(4)患职业病的；

(5)因工外出期间，由于工作原因受到伤害或者发生事故下落不明的；

(6)在上下班途中，受到非本人主要责任的交通事故或者城市轨道交通、客运轮渡、火车事故伤害的；

(7)法律、行政法规规定应当认定为工伤的其他情形。

职工有下列情形之一的，视同工伤：

(1)在工作时间和工作岗位，突发疾病死亡或者在48小时之内经抢救无效死亡的；

(2)在抢险救灾等维护国家利益、公共利益活动中受到伤害的；

(3)职工原在军队服役，因战、因公负伤致残，已取得革命伤残军人证，到用人单位后旧伤复发的。

职工因下列情形之一导致本人在工作中伤亡的，不认定为工伤：

(1)故意犯罪；

(2)醉酒或者吸毒；

(3)自残或者自杀；

(4)法律、行政法规规定的其他情形。

职工因工作遭受事故伤害或者患职业病进行治疗，享受工伤医疗待遇。职工治疗工伤应当在签订服务协议的医疗机构就医，情况紧急时可以先到就近的医疗机构急救。治疗工伤所需费用符合工伤保险诊疗项目目录、工伤保险药品目录、工伤保险住院服务标准的，从工伤保险基金支付。工伤保险诊疗项目目录、工伤保险药品目录、工伤保险住院服务标准，由国务院社会保险行政部门会同国务院卫生行政部门、食品药品监督管理部门等部门规定。职工住院治疗工伤的伙食补助费，以及经医疗机构出具证明，报经办机构同意，工伤职工到统筹地区以外就医所需的交通、食宿费用从工伤保险基金支付，基金支付的具体标准由统筹地区人民政府规定。

工伤职工治疗非工伤引发的疾病，不享受工伤医疗待遇，按照基本医疗保险办法处理。工伤职工到签订服务协议的医疗机构进行工伤康复的费用，符合规定的，从工伤保险基金支付。

【例 15-7】 某面粉厂的女职工王某下夜班后，骑自行车准备回家，快要骑到面粉厂大门时，由于天黑，她没有注意路面状况而使自行车前轮陷入路面井盖早已被压碎的污水井里，自行车前轮严重变形，不能再用。事后，王某除受点惊吓外，身体没有受到伤害。天亮后，王某将上述情况报告给单位，要求单位按工伤事故处理，赔偿其精神损失和自行车损失共计500元。

请问：面粉厂是否应该赔偿王某的精神损失和自行车损失？

【解析】 面粉厂不能赔偿王某的精神损失和自行车损失。因为工伤保险主要是保障因工作遭受事故伤害或者患职业病的职工获得医疗救助和经济补偿。而本案中，职工王某身体没有受到伤害，所以不构成工伤，并且工伤保险中不包括精神损失和财产损失。

(四)失业保险制度

失业保险制度指劳动者在失业期间，由国家和社会给予一定的物质帮助，以保障其基本生活并促进其再就业的一项社会保险制度。

职工应当参加失业保险，由用人单位和职工按照国家规定共同缴纳失业保险费。

失业人员符合下列条件的，从失业保险基金中领取失业保险金：失业前用人单位和本人已经缴纳失业保险费满一年的；非因本人意愿中断就业的；已经进行失业登记，并有求职要求的。

失业人员在领取失业保险金期间有下列情形之一的,停止领取失业保险金,并同时停止享受其他失业保险待遇:重新就业的;应征服兵役的;移居境外的;享受基本养老保险待遇的;被判刑收监执行或者被劳动教养的;无正当理由,拒不接受当地人民政府指定的部门或者机构介绍的工作的;有法律、行政法规规定的其他情形的。

失业人员失业前用人单位和本人累计缴费满一年不足五年的,领取失业保险金的期限最长为十二个月;累计缴费满五年不足十年的,领取失业保险金的期限最长为十八个月;累计缴费十年以上的,领取失业保险金的期限最长为二十四个月。重新就业后,再次失业的,缴费时间重新计算,领取失业保险金的期限与前次失业应当领取而尚未领取的失业保险金的期限合并计算,最长不超过二十四个月。

失业人员在领取失业保险金期间死亡的,参照当地对在职职工死亡的规定,向其遗属发放一次性丧葬补助金和抚恤金。

(五)生育保险制度

生育保险制度是指对女职工因生育而从国家和社会获得医疗、休息等方面物质帮助和补偿的一项社会保险制度。

职工应当参加生育保险,由用人单位按照国家规定缴纳生育保险费,职工不缴纳生育保险费。

生育保险待遇包括生育医疗费用和生育津贴。用人单位已经缴纳生育保险费的,其职工享受生育保险待遇;职工未就业的配偶按照国家规定享受生育医疗保险待遇。所需资金从生育保险基金中支付。

生育医疗费用包括下列各项:生育的医疗费用;计划生育的医疗费用;法律、法规规定的其他项目费用。

职工有下列情形之一的,可以按照国家规定享受生育津贴:女职工生育享受产假;享受计划生育手术休假;法律、法规规定的其他情形。

《国务院办公厅关于全面推进生育保险和职工基本医疗保险合并实施的意见》规定,参加职工基本医疗保险的在职职工同步参加生育保险。生育保险基金并入职工基本医疗保险基金,统一征缴,统筹层次一致。按照用人单位参加生育保险和职工基本医疗保险的缴费比例之和确定新的用人单位职工基本医疗保险费率,个人不缴纳生育保险费。同时,根据职工基本医疗保险基金支出情况和生育待遇的需求,按照收支平衡的原则,建立费率确定和调整机制。职工基本医疗保险基金严格执行社会保险基金财务制度,不再单列生育保险基金收入,在职工基本医疗保险统筹基金待遇支出中设置生育待遇支出项目。生育保险待遇包括《社会保险法》规定的生育医疗费用和生育津贴,所需资金从职工基本医疗保险基金中支付。生育津贴支付期限按照《女职工劳动保护特别规定》等法律法规规定的产假期限执行。

二、社会救助制度

(一)社会救助制度的概念

社会救助是指国家和其他社会主体对遭受自然灾害、失去劳动能力或者其他低收入公民给予物质帮助或精神救助,以维持其基本生活需求,保障其最低生活水平的各种措施。社会救助是最古老、最基本的社会保障方式,在矫正"市场失灵"、调整资源配置、实现社会公平、维护社会稳定、构建社会主义和谐社会等方面发挥着重要的和不可替代的作用。

(二)社会救助制度的内容

《中华人民共和国社会救助暂行办法》规定,社会救助制度主要包括以下内容:

(1)国家对共同生活的家庭成员人均收入低于当地最低生活保障标准,且符合当地最低生活保障家庭财产状况规定的家庭,给予最低生活保障。

(2)国家对无劳动能力、无生活来源且无法定赡养、抚养、扶养义务人,或者其法定赡养、抚养、扶养义务人无赡养、抚养、扶养能力的老年人、残疾人以及未满16周岁的未成年人,给予特困人员供养。

(3)国家建立健全自然灾害救助制度,对基本生活受到自然灾害严重影响的人员,提供生活救助。

(4)国家建立健全医疗救助制度,保障医疗救助对象获得基本医疗卫生服务。

(5)国家对在义务教育阶段就学的最低生活保障家庭成员、特困供养人员,给予教育救助。

(6)国家对符合规定标准的住房困难的最低生活保障家庭、分散供养的特困人员,给予住房救助。

(7)国家对最低生活保障家庭中有劳动能力并处于失业状态的成员,通过贷款贴息、社会保险补贴、岗位补贴、培训补贴、费用减免、公益性岗位安置等办法,给予就业救助。

(8)国家对因火灾、交通事故等意外事件,家庭成员突发重大疾病等原因,导致基本生活暂时出现严重困难的家庭,或者因生活必需支出突然增加超出家庭承受能力,导致基本生活暂时出现严重困难的最低生活保障家庭,以及遭遇其他特殊困难的家庭,给予临时救助。

(9)国家鼓励单位和个人等社会力量通过捐赠、设立帮扶项目、创办服务机构、提供志愿服务等方式,参与社会救助。

三、社会福利制度

(一)社会福利制度的概念

社会福利制度是以国家为主体,通过现金补贴和提供服务等方式来满足全体社会成员的各种需要,并且使社会成员的生活质量随着社会经济水平的发展而不断提高的制度。《劳动法》规定,国家发展社会福利事业,兴建公共福利设施,为劳动者休息、休养和医疗提供条件。用人单位也应创造条件,改善集体福利待遇。

(二)社会福利制度的内容

1.公共福利

公共福利是国家和社会向全体社会成员提供的社会福利,目的是改善和提高所有社会成员的生活质量,丰富人民群众的精神生活。其内容包括教育福利、卫生福利、文化康乐福利和环境福利。

2.职业福利

职业福利是用人单位和社会服务机构为满足职工物质文化生活需要,保证职工一定生活质量而提供的工资收入以外的津贴、设施和福利性服务项目。其内容包括职工集体生活福利、职工文化娱乐设施福利、职工福利补贴。

3. 特殊群体福利

特殊群体福利是指国家和社会向特定群体提供的社会福利。特定群体包括老人、妇女、儿童、残疾人等,属于社会弱势成员。

四、社会优抚制度

(一)社会优抚制度的概念

社会优抚制度是针对军人及其家属所建立的社会保障制度,是指国家和社会对军人及其家属所提供的各种优待、抚恤、养老、就业安置等待遇和服务的保障制度。

(二)社会优抚制度的内容

1. 死亡抚恤

死亡抚恤是社会优抚制度中最基本的内容。军人或警察为国捐躯,必然使其家属尤其是被赡养人蒙受巨大的损失。因此,国家有责任抚慰其家属,保障其生活,提供既有褒扬意义,又有物质补偿性的抚恤金。死亡抚恤金是政府按规定向遗属提供的。根据现役军人死亡的不同性质,生前是否立功和被授予荣誉称号,以及生前收入和级别的情况,确定不同的抚恤金待遇标准。

2. 伤残抚恤

伤残抚恤也是社会优抚制度中的基本内容之一。军人在服役期受伤致残或患病致残的情况出现以后,将会给其本人及其家属的生活带来很大困难。因此,国家应当通过保障措施,对他们本人及其家属的生活进行保障,以体现国家对他们所做贡献的褒扬和抚恤。

3. 社会优待

社会优待是国家和社会按照立法规定和社会习俗对优抚对象提供资金和服务的优待性保障制度。社会优待手段既包括资金保障,又包括服务保障。资金保障通常是向优待对象提供各种生活津贴;服务保障主要由社会各界提供,既有生活服务,又有生产服务,以保证为国家作出贡献的人员及其家属维持一定的生活水平。根据我国的有关规定,社会优待更多地体现在革命伤残军人的优待措施中,如伤残军人疗养院的建立。

4. 退役安置

退役安置是国家和社会依法向退出现役的军人提供资金和服务保障,使之重返并适应社会的一种优抚保障制度。退役安置包括资金保障和服务保障,资金保障主要包括退役安置费、各种生活津贴及贷款;服务保障包括就业安置、就学安置、落户安置、职业培训、技术培训等项目。

5. 社会褒扬

社会褒扬是指政府和社会各界为优抚对象提供的各种优惠照顾措施以及授予优抚对象的各种荣誉称号、对其节日的慰问和表彰,表达人们对优抚对象的敬意,提高优抚对象的荣誉感和自豪感。

第四节 劳动争议调解仲裁法

一、劳动争议的类型

劳动争议根据其主体、客体、性质和内容的不同,可以有不同的分类。

(1)根据劳动争议的主体来分,劳动争议分为个人劳动争议和集体劳动争议。个人劳动争议指劳动者个人与用人单位发生的劳动争议。集体劳动争议则分两种:一种是劳动者一方为多人,且发生争议的原因和请求是共同的。这种集体劳动争议劳动者一方应推举代表参加法定的处理程序,在处理程序上与个人劳动争议相同,但根据相关法律、法规规定,职工一方在30人以上的集体劳动争议适用特别程序。另一种为团体劳动争议,即指以工会组织为一方,代表职工与用人单位因签订和执行集体协议而产生的争议。

(2)根据劳动争议的客体来分,即根据劳动争议涉及的劳动关系来分,劳动争议可分为:因执行劳动法律、法规,劳动合同或集体合同的规定而发生的劳动争议,也称权利争议;因确定或变更劳动条件而发生的争议,也称利益争议。

(3)根据劳动争议的性质来分,劳动争议可分为:因参加、组织工会及罢工等行使公民权行为而与用人单位产生的劳动争议;因要求增加工资、缩短工时等经济利益产生的争议。

(4)根据劳动争议的内容来分,劳动争议可分为:因执行国家有关工资、保险、福利、职业培训、劳动保护的规定发生的争议;因履行劳动合同发生的争议;因用人单位开除、除名、辞退职工和职工辞职、自动离职发生的争议等。而根据内容的难易程度来分,劳动争议又可分为简单的劳动争议和复杂的劳动争议。对简单的劳动争议,在处理程序上依法可以简化。

二、劳动争议的处理

(一)劳动争议处理的主要方式

1.协商

发生劳动争议,劳动者可以与用人单位协商,也可以请工会或者第三方共同与用人单位协商,达成和解协议。

2.调解、仲裁、诉讼

发生劳动争议,当事人不愿协商、协商不成或者达成和解协议后不履行的,可以向劳动争议调解组织申请调解;当事人不愿调解、调解不成或者达成调解协议后不履行的,可以向劳动争议仲裁委员会申请仲裁;当事人对仲裁裁决不服的,除《中华人民共和国劳动争议调解仲裁法》(以下简称《劳动争议调解仲裁法》)另有规定的外,可以向人民法院提起诉讼。

3.其他

发生劳动争议,当事人对自己提出的主张,有责任提供证据。与争议事项有关的证据属于用人单位掌握管理的,用人单位应当提供;用人单位不提供的,应当承担不利后果。发生劳动争议的劳动者一方在十人以上,并有共同请求的,可以推举代表参加调解、仲裁或者诉讼活动。县级以上人民政府劳动行政部门会同工会和企业方面代表建立协调劳动关系三方机制,共同研究解决劳动争议的重大问题。

(二)适用调解、仲裁的劳动争议范围

当我国境内的用人单位与劳动者发生下列劳动争议时,适用调解、仲裁的劳动争议范围:

(1)因确认劳动关系发生的争议;

(2)因订立、履行、变更、解除和终止劳动合同发生的争议;

(3)因除名、辞退和辞职、离职发生的争议;

(4)因工作时间、休息休假、社会保险、福利、培训以及劳动保护发生的争议;

(5)因劳动报酬、工伤医疗费、经济补偿或者赔偿金等发生的争议;

(6)法律、法规规定的其他劳动争议。

事业单位实行聘用制的工作人员与本单位发生劳动争议的,依照《劳动争议调解仲裁法》执行;法律、行政法规或者国务院另有规定的,依照其规定。

> ⚠ **特别提示 15-5** 劳动争议仲裁不收费,经费由财政予以保障。

(三)劳动争议调解

1.劳动争议调解主体

(1)企业劳动争议调解委员会。

(2)依法设立的基层人民调解组织。

(3)在乡镇、街道设立的具有劳动争议调解职能的组织。

企业劳动争议调解委员会由职工代表和企业代表组成。职工代表由工会成员担任或者由全体职工推举产生,企业代表由企业负责人指定。企业劳动争议调解委员会主任由工会成员或者双方推举的人员担任。

2.劳动争议调解程序

(1)当事人申请劳动争议调解可以书面申请,也可以口头申请。经调解达成协议的,应当制作调解协议书。

(2)调解协议书由双方当事人签名或者盖章,经调解员签名并加盖调解组织印章后生效,对双方当事人具有约束力,当事人应当履行。

(3)自劳动争议调解组织收到调解申请之日起十五日内未达成调解协议的,当事人可以依法申请仲裁。达成调解协议后,一方当事人在协议约定期限内不履行调解协议的,另一方当事人可以依法申请仲裁。

3.部分调解协议的司法效力

因支付拖欠劳动报酬、工伤医疗费、经济补偿或者赔偿金事项达成调解协议,用人单位在协议约定期限内不履行的,劳动者可以持调解协议书依法向人民法院申请支付令。人民法院应当依法发出支付令。

（四）劳动争议仲裁

1.劳动争议仲裁主体

劳动争议仲裁委员会由劳动行政部门代表、同级工会代表和用人企业方面的代表组成。劳动争议仲裁委员会组成人员应当是单数。省、自治区人民政府可以决定在市、县设立劳动争议仲裁委员会；直辖市人民政府可以决定在区、县设立劳动争议仲裁委员会。直辖市、设区的市也可以设立一个或者若干个劳动争议仲裁委员会。劳动争议仲裁委员会不按行政区划层层设立。

2.劳动争议仲裁管辖

劳动争议仲裁委员会负责管辖本区域内发生的劳动争议。劳动争议由劳动合同履行地或者用人单位所在地的劳动争议仲裁委员会管辖。双方当事人分别向劳动合同履行地和用人单位所在地的劳动争议仲裁委员会申请仲裁的，由劳动合同履行地的劳动争议仲裁委员会管辖。

发生劳动争议的劳动者和用人单位为劳动争议仲裁案件的双方当事人。劳务派遣单位或者用工单位与劳动者发生劳动争议的，劳务派遣单位和用工单位为共同当事人。

3.劳动争议后加的申请和受理

（1）申请应当采用书面形式，书写仲裁申请确有困难的，可以口头申请，由劳动争议仲裁委员会记入笔录，并告知对方当事人。

（2）劳动争议仲裁委员会收到仲裁申请之日起五日内，认为符合受理条件的，应当受理，并通知申请人；认为不符合受理条件的，应当书面通知申请人不予受理，并说明理由。对劳动争议仲裁委员会不予受理或者逾期未作出决定的，申请人可以就该劳动争议事项向人民法院提起诉讼。

劳动争议仲裁委员会受理仲裁申请后，应当在五日内将仲裁申请书副本送达被申请人。被申请人收到仲裁申请书副本后，应当在十日内向劳动争议仲裁委员会提交答辩书。劳动争议仲裁委员会收到答辩书后，应当在五日内将答辩书副本送达申请人。被申请人未提交答辩书的，不影响仲裁程序的进行。

4.劳动争议仲裁的开庭和裁决

（1）劳动争议仲裁委员会裁决劳动争议案件实行仲裁庭制。仲裁庭由三名仲裁员组成，设首席仲裁员。简单劳动争议案件可以由一名仲裁员独任仲裁。

劳动争议仲裁委员会应当在受理仲裁申请之日起五日内将仲裁庭的组成情况书面通知当事人。申请人收到书面通知，无正当理由拒不到庭或者未经仲裁庭同意中途退庭的，可以视为撤回仲裁申请。被申请人收到书面通知，无正当理由拒不到庭或者未经仲裁庭同意中途退庭的，可以缺席裁决。

（2）劳动者无法提供由用人单位掌握管理的与仲裁请求有关的证据，仲裁庭可以要求用人单位在指定期限内提供。用人单位在指定期限内不提供的，应当承担不利后果。

（3）当事人申请劳动争议仲裁后，可以自行和解。达成和解协议的，可以撤回仲裁申请。

（4）仲裁庭在作出裁决前，应当先行调解。调解达成协议的，仲裁庭应当制作调解书。

调解书应当写明仲裁请求和当事人协议的结果。调解书由仲裁员签名，加盖劳动争议仲裁委员会印章，送达双方当事人。调解书经双方当事人签收后，发生法律效力。调解不成或者调解书送达前,一方当事人反悔的,仲裁庭应当及时作出裁决。

(5)下列劳动争议,除《劳动争议调解仲裁法》另有规定的外,仲裁裁决为终局裁决,裁决书自作出之日起发生法律效力:

①追索劳动报酬、工伤医疗费、经济补偿或者赔偿金,不超过当地月最低工资标准十二个月金额的争议;

②因执行国家的劳动标准,在工作时间、休息休假、社会保险等方面发生的争议。

5.劳动争议仲裁的先予执行和仲裁期限

(1)仲裁庭对追索劳动报酬、工伤医疗费、经济补偿或者赔偿金的案件,根据当事人的申请,可以裁决先予执行,移送人民法院执行。

仲裁庭裁决先予执行的,应当符合下列条件:

①当事人之间权利义务关系明确;

②不先予执行将严重影响申请人的生活。

劳动者申请先予执行的,可以不提供担保。

(2)仲裁庭裁决劳动争议案件,应当自劳动争议仲裁委员会受理仲裁申请之日起四十五日内结束。案情复杂需要延期的,经劳动争议仲裁委员会主任批准,可以延期并书面通知当事人,但是延长期限不得超过十五日。逾期未作出仲裁裁决的,当事人可以就该劳动争议事项向人民法院提起诉讼。仲裁庭裁决劳动争议案件时,其中一部分事实已经清楚,可以就该部分先行裁决。

劳动者对仲裁裁决不服的,可以自收到仲裁裁决书之日起十五日内向人民法院提起诉讼。

6.劳动争议仲裁时效

(1)劳动争议申请仲裁的时效期间为一年。仲裁时效期间从当事人知道或者应当知道其权利被侵害之日起计算。

(2)仲裁时效因当事人一方向对方当事人主张权利,或者向有关部门请求权利救济,或者对方当事人同意履行义务而中断。从中断时起,仲裁时效期间重新计算。

(3)因不可抗力或者有其他正当理由,当事人不能在规定的仲裁时效期间申请仲裁的,仲裁时效中止。从中止仲裁时效的原因消除之日起,仲裁时效期间继续计算。

(4)劳动关系存续期间因拖欠劳动报酬发生争议的,劳动者申请仲裁不受一年仲裁时效期间的限制;但是,劳动关系终止的,应当自劳动关系终止之日起一年内提出。

(五)劳动争议诉讼

当事人对劳动争议仲裁裁决不服的,可自收到仲裁裁决书之日起十五日内向人民法院提起诉讼。对经过仲裁裁决,当事人向法院起诉的劳动争议案件,人民法院必须受理。

1.劳动人事诉讼案件的范围

(1)劳动争议:

①劳动合同纠纷。劳动合同纠纷包括确认劳动关系纠纷;集体劳动合同纠纷;劳务派遣合同纠纷;非全日制用工纠纷;追索劳动报酬纠纷;经济补偿金纠纷等。

②社会保险纠纷。社会保险纠纷包括养老金纠纷;工伤保险待遇纠纷;医疗费、医疗保险待遇纠纷;生育保险待遇纠纷;失业保险待遇纠纷等。

③福利待遇纠纷。

(2)人事争议：

人事争议包括辞职争议、辞退争议、聘任、聘用合同争议等。

2.劳动争议诉讼程序

劳动争议诉讼程序是处理劳动争议的最终程序。法院审理劳动争议案件的条件是：

(1)起诉人必须是劳动争议的当事人。当事人因故不能亲自起诉的，可以直接委托代理人起诉，其他人未经委托无权起诉；

(2)必须是不服劳动争议仲裁委员会的仲裁而向人民法院起诉，未经仲裁程序不得直接向人民法院起诉；

(3)必须有明确的被告、具体的诉讼请求和事实根据，不得将劳动争议仲裁委员会作为被告向人民法院起诉；

(4)起诉的时间，必须是劳动法律规定的时效内，否则不予受理；

(5)起诉必须向有管辖权的法院提出，一般应向仲裁委员会所在地人民法院起诉。

人民法院对劳动争议案件，依照《中华人民共和国民事诉讼法》(以下简称《民事诉讼法》)规定的诉讼程序进行审理。首先，由一审人民法院审理、判决。当事人不服的，可以向上一级人民法院上诉，上一级法院的判决是终审判决，当事人不得再上诉。

3.劳动争议诉讼时效

《民法典》第一百八十八条规定，向人民法院请求保护民事权利的诉讼时效期间为三年。法律另有规定的，依照其规定。诉讼时效期间自权利人知道或者应当知道权利受到损害以及义务人之日起计算。法律另有规定的，依照其规定。但是，自权利受到损害之日起超过二十年的，人民法院不予保护，有特殊情况的，人民法院可以根据权利人的申请决定延长。这表明，我国劳动争议诉讼的一般诉讼时效为三年。

课后思考题

1.什么是劳动合同？劳动合同的主要内容有哪些？
2.劳动合同解除的条件与不予解除的条件是什么？
3.劳动合同解除的经济补偿标准是什么？
4.哪些情形可以认定为工伤？
5.劳动仲裁的范围有哪些？

 课后案例1

【背景资料】 老赵因工作较忙无暇整理家务，遂与吴某口头约定，由吴某来老赵家整理家务，每周两次，每次3小时，每次工资100元，试用一次，试用期工资80元，工资每月支付一次。3个月后老赵发现，吴某同时在为多个家庭整理家务，她为赶时间工作比较马虎，遂通知吴某解除约定，吴某要求老赵多支付一次的工资作为经济补偿。

【问题】 该案例中，双方能否约定试用期？吴某有权要求经济补偿吗？

课后案例 2

【背景资料】 王某,女,20岁,高中文化程度。2020年8月,某公司向社会公开招聘员工,其中打字员2人,要求女性,高中文化程度,视力(裸眼)1.0以上。王某前往应聘,在体检时,王某让其妹妹代做视力检查。接着王某与公司订立为期2年的劳动合同,试用期3个月。由于王某工作中经常出现失误,有时还影响到公司对外关系,为此,公司认为王某不能胜任该工作,并且公司查明,王某在进行视力检查时,由其妹妹代检这一事实,遂决定解除与王某的劳动合同。王某不服,向当地劳动争议仲裁委员会申请仲裁,要求维持劳动关系,其理由是:工作中的差错是因为不熟悉公司业务造成的,现在试用期已过,公司不能单方面解除劳动合同。

【问题】
1.王某与公司签订的劳动合同是否有效?
2.公司有权利单方解除劳动合同吗?

第十六章

经济纠纷的解决

内容提示

1. 经济仲裁
2. 行政复议
3. 经济诉讼

学习目标

【掌握】 仲裁的原则及范围、仲裁机构、仲裁协议、仲裁程序;行政复议的范围、行政复议机关;民事诉讼的适用范围、民事诉讼管辖、审判程序、诉讼时效。

【了解】 涉外仲裁的特别规定;民事诉讼的简易程序和二审程序。

思政目标

1. 帮助学生理解本章涉及的法律原则里所体现的社会主义核心价值观内容,树立价值观自信。

2. 教育学生自觉遵守法律,学会用法律武器维护自身合法权益,追求社会公平与正义,敢于同违法犯罪行为做斗争,维护社会秩序,创建有序的法治环境,引领良好的社会风尚。

课前案例导入

【背景资料】 某食品厂与某商场签订了买卖饼干机的合同。合同中约定了付款及提货等方式,同时,合同中还约定了解决争议的仲裁条款。食品厂在提货时发现饼干机质量有问题,于是要求商场退款,双方为此发生纠纷。食品厂向仲裁委员会申请仲裁。食品厂选定了两名仲裁员,商场选定了一名仲裁员,首席仲裁员是该商场的常年法律顾问,食品厂要求其回避。仲裁委员会集体讨论决定驳回了食品厂的回避申请。于是,三名仲裁员组成仲裁庭公开审理了该案。

【问题】 本案在程序上有何不合法之处?请指出并说明理由。

第一节 经济纠纷概述

一、经济纠纷的概念

经济纠纷是指市场经济主体之间因经济权利和经济义务的矛盾而引起的权益争议,包括平等主体之间涉及经济内容的纠纷和公民、法人或者其他组织作为行政管理相对人与行政机关之间因行政管理所发生的涉及经济内容的纠纷。

二、处理经济纠纷的方式

(一)协商

协商是经济争议发生之后,当事人双方在自愿互谅的基础上沟通交流,一方或者双方作出一定的让步,在双方都可以接受的情况下,达成一种和解协议。

自行协商解决经济纠纷,有两个特点:一是能及时解决经济纠纷,有利于双方团结和继续合作;二是协商解决程序简单,成本低,也可防止经济损失进一步扩大。

(二)调解

调解是指当事人发生经济纠纷后,不愿意协商或者协商达不成协议时,由第三方主持从中斡旋以解决经济纠纷的行为。

(三)向有关行政主管机关投诉

当发生经济纠纷或者合法权益受到损害时,当事人可以依照法律法规的相关规定,向行政主管机关进行投诉、反映,由行政主管机关依照法律法规进行行政处理。《消费者权益保护法》《专利法》《商标法》《产品质量法》等多种法律法规都有关于向行政主管机关投诉的规定。

(四)仲裁

仲裁是指由经济纠纷的当事人共同选定仲裁机构,对纠纷依照法定程序作出具有法律约束力的裁决活动。仲裁具有三个要素:第一,以当事人自愿协商为基础;第二,由当事人自愿选择的中立第三方进行仲裁;第三,裁决对双方都具有约束力。

(五)行政复议

公民、法人或者其他组织对行政机关作出的行政许可、行政处罚、行政强制等具体行政行为不服所引起的行政争议,可以依照法定程序和条件向作出该具体行政行为的上一级行政机关或法定机关提出申请,由受理申请的行政机关对该行政行为进行复查并作出复议决定。行政复议是保护行政相对人免受行政机关具体行政行为侵害的一种重要法律制度。对行政复议不服的,可以依照法律规定提起行政诉讼。

(六)诉讼

诉讼是指国家审判机关即人民法院依照法律规定,在当事人和其他诉讼参与人的参加下,依法解决纷争的活动。当一切公民、法人或者其他组织认为其民事权益受到损害或者与他人发生争议时,可向人民法院提起民事诉讼,请求人民法院依法审判,给予法律保护。

第二节 仲 裁

一、仲裁概述

(一)仲裁和仲裁法

仲裁是指经济纠纷的双方当事人根据自愿达成的仲裁协议,将彼此之间的争议提交专门的仲裁机构作出具有约束力的裁决,从而解决经济争议的一种方法。

1994年8月31日第八届全国人民代表大会常务委员会第九次会议通过了《中华人民共和国仲裁法》(以下简称《仲裁法》),自1995年9月1日起施行。本法根据2009年8月27日第十一届全国人民代表大会常务委员会第十次会议通过的《全国人民代表大会常务委员会关于修改部分法律的决定》第一次修正,根据2017年9月1日第十二届全国人民代表大会常务委员会第二十九次会议通过的《全国人民代表大会常务委员会关于修改〈中华人民共和国法官法〉等八部法律的决定》第二次修正。

《仲裁法》是调整仲裁关系的法律规范。《仲裁法》第二条规定,平等主体的公民、法人和其他经济组织之间发生的合同纠纷和其他财产权益纠纷,可以仲裁。

《仲裁法》第三条规定,下列纠纷不能仲裁:①婚姻、收养、监护、抚养、继承纠纷;②依法应当由行政机关处理的行政争议。

此外,劳动争议的仲裁和农村集体经济组织内部的农业承包合同纠纷的仲裁由其他法律调整,不适用《仲裁法》。

法条链接:《仲裁法》第一条规定:"为保证公正、及时地仲裁经济纠纷,保护当事人的合法权益,保障社会主义市场经济健康发展,制定本法。"

法条链接:《仲裁法》第二条规定:"平等主体的公民、法人和其他组织之间发生的合同纠纷和其他财产权益纠纷,可以仲裁。"

(二)仲裁的原则

仲裁的原则贯穿于仲裁的整个过程,是仲裁机构和当事人必须遵守的准则。

1.自愿仲裁原则

仲裁机构对案件行使仲裁权,依据的是当事人的自愿申请,即当事人双方在纠纷发生前或发生后自愿达成仲裁协议,一旦纠纷发生,由当事人提出仲裁申请,仲裁机构依申请对纠纷行使仲裁权。

2.公平合理原则

仲裁要以事实为根据,以法律为准绳,依法评断,不偏不倚,公正公平。在法律没有规定或规定不完备的情况下,仲裁庭可以按照公平合理的原则解决纠纷。

3.依法独立仲裁原则

《仲裁法》第八条规定,仲裁依法独立进行,不受行政机关、社会团体和个人的干涉。仲裁委员会独立于行政机关,与行政机关没有隶属关系;仲裁庭独立裁决案件,仲裁委员会以及其他机关、社会团体和个人不得干预。

4.一裁终局原则

仲裁是双方当事人自愿选择的解决经济纠纷的途径,仲裁裁决结果具有法律效力,双方当事人必须履行;裁决作出后,当事人就同一纠纷再申请仲裁或向人民法院提起诉讼的,仲裁委员会或人民法院不予受理。

【例 16-1】 甲、乙双方签订货物运输合同,合同中双方约定解决争议的条款是:发生争议由甲所在地的仲裁机构仲裁;发生争议,作出裁决之后,乙方对裁决结果不服的,可再次申请甲方所在地的仲裁机构重新仲裁,并且向人民法院起诉。请问"乙方可再次申请仲裁并且向人民法院起诉"这一条款是否符合法律规定?

【解析】 不符合法律规定。仲裁遵循一裁终局原则。

(三)仲裁机构

1.仲裁委员会

仲裁委员会是指依法设立的,依据仲裁协议行使一定范围内的民商事纠纷仲裁权的机构。

仲裁委员会可以在直辖市和省、自治区人民政府所在地的市设立,也可以根据需要在其他设区的市设立,不按行政区划层层设立。

仲裁委员会由设立的市的人民政府组织有关部门和商会统一组建。

设立仲裁委员会,应当经省、自治区、直辖市的司法行政部门登记。

仲裁委员会由主任一人、副主任二至四人和委员七至十一人组成。

仲裁委员会的主任、副主任和委员由法律、经济贸易专家和有实际工作经验的人员担任。仲裁委员会的组成人员中,法律、经济贸易专家不得少于三分之二。

仲裁委员会应当从公道正派的人员中聘任仲裁员。

仲裁委员会独立于行政机关,与行政机关没有隶属关系。仲裁委员会之间也没有隶属关系。

2.仲裁协会

仲裁协会是仲裁机构为共同发展和维护仲裁事业而组建的自我管理、自我教育和自我服务的社会团体。中国仲裁协会是社会团体法人。仲裁委员会是中国仲裁协会的会员。中国仲裁协会依照《仲裁法》和《民事诉讼法》的有关规定制定仲裁规则,根据协会章程对仲裁委员会及其组成人员、仲裁员的违纪行为进行监督。

(四)仲裁协议

1.仲裁协议的概念

仲裁协议是指当事人达成的将他们之间已经发生或者将来可能发生的实体权利义务争议提交仲裁机构仲裁的意思表示。

2.仲裁协议的形式和内容

仲裁协议一般要求采用书面形式且其内容必须符合法律规定。

仲裁协议包括合同中订立的仲裁条款和以其他书面形式在纠纷发生前或纠纷发生后达成的仲裁协议。当事人既可以在合同中订立仲裁条款,也可以在纠纷发生前或者纠纷发生后,以其他书面形式(如信函、电报、传真等)达成请求仲裁的协议。

3.仲裁协议的效力

有下列情形之一的,仲裁协议无效:

(1)约定的仲裁事项超出法律规定的仲裁范围的;

(2)无民事行为能力人或者限制民事行为能力人订立的仲裁协议;

(3)一方采取胁迫手段,迫使对方订立仲裁协议的。

仲裁协议对仲裁事项或者仲裁委员会没有约定或者约定不明确的,当事人可以补充协议;达不成补充协议的,仲裁协议无效。

仲裁协议独立存在,合同的变更、解除、终止或者无效,不影响仲裁协议的效力。

仲裁庭有权确认合同的效力。

当事人对仲裁协议的效力有异议的,可以请求仲裁委员会作出决定或者请求人民法院作出裁定。一方请求仲裁委员会作出决定,另一方请求人民法院作出裁定的,由人民法院裁定。

当事人对仲裁协议的效力有异议,应当在仲裁庭首次开庭前提出。

二、仲裁程序

(一)申请与受理

1.申请仲裁应递交的文件

当事人申请仲裁,应当向仲裁委员会递交仲裁协议、仲裁申请书及副本。

仲裁申请书应当载明下列事项:当事人的姓名、性别、年龄、职业、工作单位和住所,法人或者其他组织的名称、住所和法定代表人或者主要负责人的姓名、职务;仲裁请求和所根据的事实、理由;证据和证据来源、证人姓名和住所。

2.当事人申请仲裁应符合的条件

(1)有仲裁协议;

(2)有具体的仲裁请求和事实、理由;

(3)属于仲裁委员会的受理范围。

> **法条链接:**
> 《仲裁法》第二十一条规定:"当事人申请仲裁应当符合下列条件:(一)有仲裁协议;(二)有具体的仲裁请求和事实、理由;(三)属于仲裁委员会的受理范围。"

> ⚠ **特别提示 16-1**　劳动争议仲裁由隶属劳动部门的劳动争议仲裁委员会解决。

【**例 16-2**】甲地方税务局向乙百货商场购买了一批办公用品,因办公用品质量与该商场发生纠纷。同时,甲地方税务局又因向乙百货商场征收房产税而与其发生争议。这两项争议是否可以通过仲裁方式解决?

【**解析**】第一个争议属于合同纠纷,可以用仲裁的方式解决;第二个争议属于行政争议,不适用仲裁的方式解决,可以用行政复议的方式解决。

(二)开庭和裁决

1.仲裁庭的组成

仲裁庭是指由当事人选定或者由仲裁委员会主任指定的仲裁员组成的,对当事人申请仲裁的案件按照仲裁程序进行审理并作出裁决的组织形式。

仲裁庭可以由三名仲裁员组成或者一名仲裁员独任。由三名仲裁员组成的,设首席仲裁员。

2.开庭、裁决

(1)开庭。仲裁以开庭和不公开为原则。当事人协议不开庭的,仲裁庭可以根据仲裁申请书、答辩书以及其他材料作出裁决。当事人协议公开的,可以公开进行,但涉及国家秘密的除外。

仲裁委员会应当在仲裁规则规定的期限内将开庭日期通知双方当事人。当事人经书面通知,无正当理由不到庭或者未经仲裁庭许可中途退庭的,对于申请人可以视为撤回仲裁申请,对于被申请人可以缺席裁决。

(2)证据。当事人应当对自己的主张提供证据。仲裁庭认为有必要收集的证据,可以自行收集。仲裁庭对专门性问题认为需要鉴定的,可以交由当事人约定的鉴定部门鉴定,也可以由仲裁庭指定的鉴定部门鉴定。

(3)辩论。当事人在仲裁过程中有权进行辩论。辩论终结时,首席仲裁员或者独任仲裁员应当征询当事人的最后意见,并记入仲裁笔录。

(4)自行和解。当事人申请仲裁后,可以自行和解。达成和解协议的,可以请求仲裁庭根据和解协议作出裁决书,也可以撤回仲裁申请。当事人达成和解协议,撤回仲裁申请后反悔的,可以根据仲裁协议申请仲裁。

(5)先行调解。仲裁庭在作出裁决前,可以先行调解。当事人自愿调解的,仲裁庭应当调解。调解不成的,应当及时作出裁决。在调解书签收前当事人反悔的,仲裁庭应当及时作出裁决。

(6)作出裁决。裁决应当按照多数仲裁员的意见作出,少数仲裁员的不同意见可以记入笔录。仲裁庭不能形成多数意见时,裁决应当按照首席仲裁员的意见作出。

当事人可以申请撤销裁决的情形

裁决书自作出之日起发生法律效力,当事人应认真履行裁决。仲裁庭作出的仲裁裁决具有终局性,非经法定程序,任何人及任何组织都无权更改。

为了保证仲裁机构裁决的准确性与合法性,保护当事人的合法权益,遵循有错必纠的原则,《仲裁法》第五十八条规定,当事人可以向仲裁委员会所在地的中级人民法院申请撤销裁决。

人民法院受理撤销裁决申请后,认为可以由仲裁庭重新仲裁的,通知仲裁庭在一定期限内重新仲裁,并裁定中止撤销程序;仲裁庭拒绝重新仲裁的,人民法院应当裁定恢复撤销程序。

法条链接:
《仲裁法》第四十九条规定:"当事人申请仲裁后,可以自行和解。达成和解协议的,可以请求仲裁庭根据和解协议作出裁决书,也可以撤回仲裁申请。"

法条链接:
《仲裁法》第五十一条第一款规定:"仲裁庭在作出裁决前,可以先行调解。当事人自愿调解的,仲裁庭应当调解。调解不成的,应当及时作出裁决。"

法条链接:
《仲裁法》第五十七条规定:"裁决书自作出之日起发生法律效力。"

(三)人民法院对仲裁的支持

按照现行的《仲裁法》,人民法院对仲裁并不进行干涉,而是对其进行积极的配合和支持,主要表现在以下几个方面:

1.财产保全

在我国,财产保全的管辖权属于人民法院,仲裁机构无权行使。《仲裁法》第二十八条规定,一方当事人因另一方当事人的行为或者其他原因,可能使裁决不能执行或者难以执行的,可以申请财产保全。当事人申请财产保全的,仲裁委员会应当将当事人的申请依照《民事诉讼法》的有关规定提交人民法院。申请有错误的,申请人应当赔偿被申请人因财产保全所遭受的损失。

2.证据保全

与财产保全一样,在仲裁程序进行中,证据保全的管辖权也属于人民法院。当事人申请证据保全的,仲裁委员会应当将当事人的申请提交证据所在地的基层人民法院。在涉外仲裁中,当事人申请证据保全的,涉外仲裁委员会应当将当事人的申请提交证据所在地的中级人民法院。

3.对仲裁裁决的强制执行

《仲裁法》第六十二条,当事人应当履行裁决,一方当事人不履行的,另一方当事人可以依照《民事诉讼法》的有关规定向人民法院申请执行。受申请的人民法院应当执行。

一般来说,只有当一方不履行义务时,另一方才可申请强制执行;一方当事人申请执行裁决,另一方当事人申请撤销裁决的,人民法院应当裁定中止执行。

仲裁裁决不予执行的情形

第三节 行政复议

一、行政复议概述

(一)行政复议和行政复议法

行政复议是指公民、法人或者其他组织认为行政机关的具体行政行为或者部分抽象行政行为侵犯其合法权益,按照法定的程序和条件向作出该具体行政行为的上一级行政机关或法定的其他机关提出申请,由受理申请的行政机关对该具体行政行为进行审查并作出处理决定的活动。行政复议是现代国家保护公民免受行政机关具体行政行为不法侵害的一种重要法律制度。

1999年4月29日第九届全国人民代表大会常务委员会第九次会议通过了《中华人民共和国行政复议法》(以下简称《行政复议法》),自1999年10月1日起施行。根据2009年8月27日第十一届全国人民代表大会常务委员会第十次会议通过的《全国人民代表大会常务委员会关于修改部分法律的决定》第一次修正。根据2017年9月1日第十二届全国人民代表大会常务委员会第二十九次会议通过的《全国人民代表大会常务委员会关于修改〈中华人民共和国法官法〉等八部法律的决定》第二次修正。

> 法条链接:
> 《行政复议法》第一条规定:"为了防止和纠正违法的或者不当的具体行政行为,保护公民、法人和其他组织的合法权益,保障和监督行政机关依法行使职权,根据宪法,制定本法。"

(二)行政复议的原则

1.合法原则
合法原则指行政复议机关必须严格地按照宪法和法律规定的职责权限,以事实为根据,以法律为准绳,对行政管理相对方申请复议的具体行政行为,按法定程序进行审查。

2.公正原则
公正原则是指行政复议机关在行使复议权时应当公正地对待复议双方当事人,不能有所偏袒。

3.公开原则
公开原则是指行政复议活动应当公开进行。

4.及时原则
行政复议作为行政系统内部解决行政争议的途径,必须符合行政的一般要求,其中包含着及时的要求。

5.便民原则
便民原则在行政复议中表现为以下几个方面:①在管辖上,原则上让申请人自己选择;②在申请形式上规定可以口头申请;③放宽了行政复议的时限;④行政复议不得向当事人收取任何费用。

6.有错必纠原则
有错必纠原则是指行政复议机关对被申请复议的行政行为进行全面审查,不论是违法,还是不当,也不论申请人是否请求,只要有错误一概予以纠正,这是行政复议不同于行政诉讼的重要之处。

二、行政复议制度的运行条件

行政复议制度的运行需要具备一定的条件,包括行政复议的范围;行政复议参加人和行政复议机关;具体行政行为在行政复议期间的执行力。

(一)行政复议的范围

公民、法人或其他组织认为行政机关的具体行政行为侵犯其合法权益,符合《行政复议法》规定范围的,可以申请行政复议。

1.可以申请行政复议的具体行政行为
(1)行政处罚案件。行政处罚案件指对行政机关作出的警告、罚款、没收违法所得、没收非法财物、责令停产停业、暂扣或吊销许可证、暂扣或吊销执照、行政拘留等行政处罚决定不服的。

> 法条链接:
> 《行政复议法》第二条规定:"公民、法人或者其他组织认为具体行政行为侵犯其合法权益,向行政机关提出行政复议申请,行政机关受理行政复议申请、作出行政复议决定,适用本法。"

(2)行政强制措施案件。行政强制措施案件指对行政机关作出限制人身自由或者查封、扣押、冻结财产等行政强制措施决定不服的。

(3)许可证管理案件。许可证管理案件指对行政机关作出的有关许可证、执照、资质证、资格证等证书变更、中止、撤销的决定不服的。

(4)行政确权案件。行政确权案件指对行政机关作出的关于确认土地、矿藏、水流、森林、山岭、草原、荒地、滩涂、海域等自然资源的所有权或者使用权的决定不服的。

(5)侵犯法定经营自主权案件。侵犯法定经营自主权案件指公民、法人或其他组织认为行政机关侵犯其合法的经营自主权的。

(6)农业承包合同案件。农业承包合同案件指当事人认为行政机关变更或废止农业承包合同,侵犯其合法权益的。

(7)违法要求履行义务案件。违法要求履行义务案件指当事人认为行政机关违法集资、征收财物、摊派费用或违法要求其履行其他义务的。

(8)行政许可案件。行政许可案件指公民、法人或其他组织认为符合法定条件,申请行政机关颁发许可证、执照、资质证、资格证等证书,或者申请行政机关审批、登记有关事项,行政机关没有依法办理的。

(9)不履行法定职责案件。不履行法定职责案件指公民、法人或其他组织申请行政机关履行保护其人身权利、财产权利、受教育权利的法定职责,行政机关没有依法履行的。

(10)行政给付案件。行政给付案件指公民申请行政机关依法发放抚恤金、社会保险金或最低生活保障费,行政机关没有依法发放的。

(11)认为行政机关的其他具体行政行为侵犯其合法权益的。

2.行政复议的排除事项

(1)行政机关的抽象行政行为。行政机关的抽象行政行为包括行政机关制定和发布的行政法规、规章以及其他具有普遍约束力的决定、命令。

(2)内部行政行为。不服行政机关对其所属国家公务员作出的行政处分或者其他人事处理决定的,可以依照有关法律、行政法规的规定提出申诉。

(3)居间行为。不服行政机关对民事纠纷作出的调解或者其他处理的,可以依法申请仲裁或者向人民法院提起诉讼。

【例16-3】 根据《行政复议法》的规定,下列各项中不属于行政复议范围的有(   )。
A.某公司不服税务机关对其作出的罚款决定
B.某公司不服市场监督管理局对其作出的吊销营业执照的决定
C.某公司不服公安局对其作出的查封财产的决定
D.某行政机关公务员不服单位对其作出的记过处分决定
【解析】 D。不服行政机关对其所属国家公务员作出的行政处分或者其他人事处理的,不属于行政复议范围。

(二)行政复议参加人和行政复议机关

1.行政复议参加人

行政复议参加人是指具体参加行政复议活动全过程,以保护其合法权益不受非法侵害的人。行政复议参加人包括申请人、被申请人和第三人。

《行政复议法》第十条规定,申请行政复议的公民、法人或者其他组织是申请人,作出具体行政行为的行政机关是被申请人。

同与申请人申请行政复议的具体行政行为有利害关系的公民、法人或者其他组织,经行政复议机关批准可以作为第三人参加行政复议。

2.行政复议机关

依照《行政复议法》履行行政复议职责的行政机关是行政复议机关。

对县级以上地方各级人民政府工作部门的具体行政行为不服的,由申请人选择,可以向该部门的本级人民政府申请行政复议,也可以向上一级主管部门申请行政复议。

对地方各级人民政府的具体行政行为不服的,可以向上一级人民政府申请行政复议。

对国务院部门或者省、自治区、直辖市人民政府的具体行政行为不服的,向作出该具体行政行为的国务院部门或者省、自治区、直辖市人民政府申请行政复议。

对实行垂直领导的行政机关和国家安全机关的具体行政行为不服的,向上级主管部门申请行政复议。

【例 16-4】 王某对甲市 A 区国家税务局的某一具体行政行为不服,决定申请行政复议。根据《行政复议法》的规定,受理王某行政复议申请的行政复议机关应当是(　　)。

A.A 区人民政府　　　　　　B.甲市国家税务局
C.A 区国家税务局　　　　　　D.甲市人民政府

【解析】 D。根据《行政复议法》的规定,对海关、金融、国税等实行垂直领导的行政机关和国家安全机关的具体行政行为不服的,向上一级主管部门申请行政复议。

3.行政复议机构

与行政复议机关相关的是行政复议机构,它是行政复议机关设立的具体办理行政复议事项的工作机构,是享有行政复议权的行政机关内部设立的一种专门负责复议案件审理、审查和裁决工作的办事机构,一般是由行政复议机关中负责法制工作的机构办理行政复议事项。

(三)具体行政行为在行政复议期间的执行力

原则上,行政复议期间具体行政行为不停止执行,即复议不停止执行制度。它是保证国家行政管理的连续性、有效性的主要手段,是行政法上的一项重要制度。但是它也有例外,有下列情形之一的,可以停止执行:

(1)被申请人认为需要停止执行的;
(2)行政复议机关认为需要停止执行的;
(3)申请人申请停止执行,行政复议机关认为其要求合理,决定停止执行的;
(4)法律规定停止执行的。

三、行政复议程序

(一)申请与受理

公民、法人或其他组织认为具体行政行为侵犯其合法权益的,可以自知道该具体行政行为之日起六十日内提出行政复议申请;但是法律规定的申请期限超过六十日的除外。因不可抗力或其他正当理由耽误法定申请期限的,申请日自障碍消除之日起继续计算。

申请人申请行政复议,可以书面申请,也可以口头申请。口头申请的,行政复议机关应当当场记录申请人的基本情况,行政复议请求,申请行政复议的主要事实、理由和时间。

公民、法人或者其他组织向人民法院提起行政诉讼,人民法院已经依法受理的,不得申请行政复议。

行政复议机关受理行政复议申请,不得向申请人收取任何费用。

行政复议机关审查,认为符合立案条件的,应当立案受理,凡不符合法定条件的,应当裁定不予受理。

> ⚠️ **特别提示 16-2** 依照《行政复议法》的规定,申请行政复议的公民、法人或其他社会组织是申请人。

(二)行政复议决定与执行

行政复议机关负责法制的机构应当对被申请人作出的具体行政行为进行审查,提出意见,经行政复议机关的负责人同意或者集体讨论通过后,按照下列规定作出行政复议决定:

(1)具体行政行为认定事实清楚、证据确凿、适用依据正确、程序合法、内容适当,决定维持;

(2)被申请人不履行法定职责,决定其在一定期限内履行;

(3)具体行政行为有下列情形之一的,决定撤销、变更或者确认该具体行政行为违法;决定撤销或确认该具体行政行为违法,可以责令被申请人在一定期限内重新作出具体行政行为:

①主要事实不清,证据不足的;

②适用依据错误的;

③违反法定程序的;

④超越或者滥用职权的;

⑤具体行政行为明显不当的。

(4)被申请人不按照《行政复议法》的规定提出书面答复,提交当初作出具体行政行为的证据、依据和其他有关材料的,视为该具体行政行为没有证据、依据,决定撤销该具体行政行为。

行政复议机关责令被申请人重新作出具体行政行为的,被申请人不得以同一事实和理由作出与原具体行政行为相同或者基本相同的具体行政行为。

行政复议机关作出行政复议决定,应当制作行政复议决定书,并加盖印章。行政复议决定书一经送达,即发生法律效力。

被申请人应当履行行政复议决定。被申请人不履行或者无正当理由拖延履行行政复议决定的,行政复议机关或者有关上级行政机关应当责令其限期履行。

申请人逾期不起诉又不履行行政复议决定的,或者不履行最终裁决的行政复议决定的,按照下列规定分别处理:

①维持具体行政行为的行政复议决定,由作出具体行政行为的行政机关依法强制执行,或者申请人民法院强制执行;

②变更具体行政行为的行政复议决定,由行政复议机关依法强制执行,或者申请人民法院强制执行。

第四节 民事诉讼

一、民事诉讼的概念和适用范围

（一）民事诉讼的概念

民事诉讼是指国家审判机关即人民法院，依照法律规定，在当事人和其他诉讼人的参加下，依法解决民事纠纷案件的活动。

平等主体当事人之间发生经济纠纷提起诉讼，适用《民事诉讼法》，该法于1991年4月9日第七届全国人民代表大会第四次会议通过，根据2007年10月28日第十届全国人民代表大会常务委员会第三十次会议通过的《全国人民代表大会常务委员会关于修改〈中华人民共和国民事诉讼法〉的决定》第一次修正，根据2012年8月31日第十一届全国人民代表大会常务委员会第二十八次会议通过的《全国人民代表大会常务委员会关于修改〈中华人民共和国民事诉讼法〉的决定》第二次修正，根据2017年6月27日第十二届全国人民代表大会常务委员会第二十八次会议通过的《全国人民代表大会常务委员会关于修改〈中华人民共和国民事诉讼法〉和〈中华人民共和国行政诉讼法〉的决定》第三次修正。

（二）民事诉讼的适用范围

公民之间、法人之间、其他组织之间以及他们相互之间因财产关系和人身关系发生纠纷，可以提起民事诉讼。适用民事诉讼法的案件主要有以下几大类：

1. 民事案件

（1）由民法典调整的物权关系、债权关系、知识产权关系、人身权关系引起的诉讼，如合同纠纷案件、房屋产权争议案件、侵犯著作权案件、侵犯名誉权案件等。

（2）由民法典调整的婚姻家庭关系、继承关系、收养关系引起的诉讼，如离婚案件、追索抚养费案件、财产继承案件、解除收养关系案件等。

（3）由经济法调整的经济关系中属于民事性质的诉讼，如因污染引起的侵权案件、因不正当竞争行为引起的损害赔偿案件等。

2. 商事案件

商事案件指由商法调整的商事关系引起的诉讼，如票据案件、股东权益纠纷案件、保险合同纠纷案件、海商案件等。

3. 劳动争议案件

劳动争议案件是指因劳动法调整的社会关系发生的争议，法律规定适用民事诉讼程序的案件，如劳动合同纠纷案件等。

法条链接：

《民事诉讼法》第二条规定："中华人民共和国民事诉讼法的任务，是保护当事人行使诉讼权利，保证人民法院查明事实，分清是非，正确适用法律，及时审理民事案件，确认民事权利义务关系，制裁民事违法行为，保护当事人的合法权益，教育公民自觉遵守法律，维护社会秩序、经济秩序，保障社会主义建设事业顺利进行。"

法条链接：

《民事诉讼法》第三条规定："人民法院受理公民之间、法人之间、其他组织之间以及他们相互之间因财产关系和人身关系提起的民事诉讼，适用本法的规定。"

4.法院规定人民法院适用《民事诉讼法》审理的非讼案件

(1)适用特别程序审理的案件,如选民资格案件、宣告失踪或者宣告死亡案件、认定公民无行为能力和限制行为能力案件等非诉案件;

(2)适用督促程序审理的案件;

(3)适用公示催告程序审理的案件。

二、民事诉讼管辖

民事诉讼管辖是指各级人民法院之间以及不同地区的同级人民法院之间,受理第一审民事案件、经济纠纷案件的职权范围和具体分工。

民事诉讼管辖按不同标准可分为不同的种类,其中,最主要、最常用的是级别管辖和地域管辖。

(一)级别管辖

级别管辖是指根据案件性质、案件繁简、影响范围来确定上下级人民法院受理第一审民事案件的分工和权限。大多数民事案件归基层人民法院管辖。

(1)基层人民法院管辖由其上级人民法院管辖以外的所有第一审民事案件。

(2)中级人民法院管辖下列第一审民事案件:

①重大涉外案件。重大涉外案件是指争议标的额大或者案情复杂或者居住在国外当事人人数众多的涉外案件。

②在本辖区有重大影响的案件。

> ⚠ **特别提示 16-3** 本辖区有重大影响的案件是指案情复杂、涉及范围比较广、诉讼标的额大、案件本身影响大,处理结果可能对社会产生较大影响的案件。

③最高人民法院确定由中级人民法院管辖的案件。此项规定是法律授权最高人民法院根据实际需要,以规范性文件确定由中级人民法院作为第一审管辖的案件,如专利纠纷案件由中级人民法院管辖。此外,重大的涉港、澳、台的案件,诉讼单位属地区、省辖市以上,且诉讼标的额较大、案情比较复杂的经济纠纷案件,一般也由中级人民法院作为第一审人民法院。

(3)高级人民法院管辖在本辖区有重大影响的第一审民事案件。

(4)最高人民法院管辖在全国有重大影响的案件以及认为应当由该院审理的案件。依照法律规定,最高人民法院管辖的案件实行一审终审,所做判决、裁定一旦送达即发生法律效力。

(二)地域管辖

地域管辖是指确定同级人民法院之间在各自的辖区内受理一审案件的权限和分工。地域管辖可以分为一般地域管辖、特殊地域管辖、协议管辖、专属管辖和共同管辖。

1. 一般地域管辖

一般地域管辖是指按照当事人所在地与人民法院辖区的隶属关系来确定案件管辖人民法院，也称普通管辖。一般地域管辖的原则是"原告就被告"，即由被告住所地人民法院管辖。但是，下列民事诉讼，由原告住所地人民法院管辖；原告住所地与经常居住地不一致的，由原告经常居住地人民法院管辖。

(1) 对不在中华人民共和国领域内居住的人提起的有关身份关系的诉讼；

(2) 对下落不明的人或者宣告失踪的人提起的有关身份关系的诉讼；

(3) 对被采取强制性教育措施的人或者对被监禁的人提起的诉讼。

2. 特殊地域管辖

特殊地域管辖是指以诉讼标的所在地、法律事实所在地以及被告住所地为标准确定的管辖。下列经济纠纷案件实行特殊地域管辖：

(1) 因合同纠纷提起的诉讼，由被告住所地或者合同履行地人民法院管辖；

(2) 因保险合同纠纷提起的诉讼，由被告住所地或者保险标的物所在地人民法院管辖；

(3) 因票据纠纷提起的诉讼，由票据支付地或者被告住所地人民法院管辖；

(4) 因公司设立、确认股东资格、分配利润、解散等纠纷提起的诉讼，由公司住所地人民法院管辖；

(5) 因铁路、公路、水上、航空运输和联合运输合同纠纷提起的诉讼，由运输始发地、目的地或者被告住所地人民法院管辖；

(6) 因侵权行为提起的诉讼，由侵权行为地或者被告住所地人民法院管辖；

(7) 因铁路、公路、水上和航空事故请求损害赔偿提起的诉讼，由事故发生地或者车辆、船舶最先到达地、航空器最先降落地或者被告住所地人民法院管辖；

(8) 因船舶碰撞或者其他海事损害事故请求损害赔偿提起的诉讼，由碰撞发生地、碰撞船舶最先到达地、加害船舶被扣留地或者被告住所地人民法院管辖；

(9) 因海难救助费用提起的诉讼，由救助地或者被救助船舶最先到达地人民法院管辖；

(10) 因共同海损提起的诉讼，由船舶最先到达地、共同海损理算地或者航程终止地的人民法院管辖。

3. 协议管辖

协议管辖是指经济案件的双方当事人在争议发生之前或者发生之后，用书面协议方式选择确定解决其争议的管辖法院。允许当事人协议管辖，是我国立法的一个重大突破，它是当事人意思自治的一种表现，它既可以减少当事人对管辖的争议，又有利于抑制和克服地方保护主义。根据以上规定，协议管辖必须具备下列条件：

法条链接：
《民事诉讼法》第二十一条规定："对公民提起的民事诉讼，由被告住所地人民法院管辖；被告住所地与经常居住地不一致的，由经常居住地人民法院管辖。对法人或其他组织提起的民事诉讼，由被告住所地人民法院管辖。同一诉讼的几个被告住所地、经常居住地在两个以上人民法院辖区的，各该人民法院都有管辖权。"

法条链接：
《民事诉讼法》第三十四条规定："合同或者其他财产权益纠纷的当事人可以书面协议选择被告住所地、合同履行地、合同签订地、原告住所地、标的物所在地等与争议有实际联系的地点的人民法院管辖，但不得违反本法对级别管辖和专属管辖的规定。"

(1)当事人只能协议选择第一审人民法院,不能以协议的方式选择第二审人民法院;

(2)必须是合同纠纷案件;

(3)选择管辖的协议必须明确并采用书面形式;

(4)只能在被告住所地、合同履行地、合同签订地、原告住所地、标的物所在地的人民法院中选择一个作为管辖法院;

(5)不得违反《民事诉讼法》对级别管辖和专属管辖的规定。

4.专属管辖

专属管辖是指法律规定某些案件必须由特定的人民法院管辖,其他法院无权管辖,当事人也不得协议变更管辖。专属管辖具有强制性和排他性。下列案件,由特定的人民法院专属管辖:

(1)因不动产纠纷提起的诉讼,由不动产所在地人民法院管辖;

(2)因港口作业发生纠纷提起的诉讼,由港口所在地人民法院管辖;

(3)因继承遗产纠纷提起的诉讼,由被继承人死亡时住所地或者主要遗产所在地人民法院管辖。

【例16-5】 B市的甲购买了乙在A市的一套房产,因为房屋质量问题发生了争议,甲准备起诉乙。请问甲应该向哪个法院提起诉讼?

【解析】 应该向A市人民法院提起诉讼。因不动产纠纷提起的诉讼,由不动产所在地人民法院管辖。

5.共同管辖

共同管辖是指两个或两个以上的人民法院,对同一诉讼案件依法均享有管辖权。同一诉讼的几个被告住所地、经常居住地在两个以上人民法院辖区的,各该人民法院都有管辖权。两个以上人民法院都有管辖权的诉讼,原告可以向其中一个人民法院起诉;原告向两个以上有管辖权的人民法院起诉的,由最先立案的人民法院管辖。

三、审判制度

(一)合议制度

合议制度是指由三名以上审判人员组成审判组织,代表人民法院行使审判权,对案件进行审理并作出裁判的制度。合议制度是相对于独任制度而言的,独任制度是指由一名审判员独立地对案件进行审理和裁判的制度。人民法院审理第一审民事案件,除了适用简易程序、特别程序(选民资格案件及重大、疑难的案件除外)、督促程序、公示催告程序审理的民事案件由审判员一人独任审理外,一律由审判员、陪审员共同组成合议庭或者由审判员组成合议庭;选民资格案件或者重大、疑难的案件,由审判员组成合议庭。人民法院审理第二审民事案件,由审判员组成合议庭。合议庭的成员人数,必须是单数。

法条链接:
《民事诉讼法》第三十七条规定:"有管辖权的人民法院由于特殊原因,不能行使管辖权的,由上级人民法院指定管辖。

人民法院之间因管辖权发生争议,由争议双方协商解决;协商解决不了的,报请它们的共同上级人民法院指定管辖。"

合议庭的审判长由院长或者庭长指定审判员一人担任;院长或者庭长参加审判的,由院长或者庭长担任。

合议庭评议案件,实行少数服从多数的原则。评议应当制作笔录,由合议庭成员签名。评议中的不同意见,必须如实记入笔录。

(二)回避制度

回避制度是指审判人员和其他有关人员,遇有法律规定的情形时,退出对某一案件的审理活动的制度。审判人员、书记员、翻译人员、鉴定人、勘验人有下列情形之一的,应当自行回避,当事人有权用口头或者书面方式申请他们回避:

(1)是本案当事人或者当事人、诉讼代理人近亲属的;

(2)与本案有利害关系的;

(3)与本案当事人、诉讼代理人有其他关系,可能影响对案件公正审理的。

上述人员接受当事人、诉讼代理人请客送礼,或者违反规定会见当事人、诉讼代理人的,当事人有权要求他们回避。

被申请回避的人员在人民法院作出是否回避的决定前,应当暂停参与本案的工作,但案件需要采取紧急措施的除外。

人民法院对当事人提出的回避申请,应当在申请提出的三日内,以口头或者书面形式作出决定。

(三)公开审判制度

公开审判制度是指人民法院的审判活动依法向社会公开的制度。人民法院审理民事案件,除涉及国家秘密、个人隐私或者法律另有规定的以外,应当公开进行。离婚案件、涉及商业秘密的案件,当事人申请不公开审理的,可以不公开审理。公开审理案件,应当在开庭前公开当事人姓名、案由和开庭的时间、地点,以便群众旁听。公开审判包括审判过程公开和审判结果公开。人民法院对公开审理或不公开审理的案件,一律公开宣告判决。

(四)两审终审制度

两审终审制度是指一个诉讼案件经过两级人民法院审判后即终结的制度。我国人民法院分为四级:最高人民法院、高级人民法院、中级人民法院和基层人民法院。除最高人民法院外,其他各级人民法院都有自己的上一级人民法院。按照两审终审制,一个案件经过第一审人民法院审判后,当事人如果不服,有权在法定期限内向上一级人民法院提起上诉,由该上一级人民法院进行第二审。第二审人民法院的判决、裁定是终审的判决、裁定。

不适用两审终审制度的有:

(1)适用特别程序、督促程序、公示催告程序和简易程序中的小额诉讼程序审理的案件,实行一审终审;

(2)最高人民法院所做的一审判决、裁定,为最终判决、裁定。

对终审判决、裁定,当事人不得上诉。如果发现终审判决确有错误,可以通过审判监督程序予以纠正。

四、审判程序

(一)普通程序

普通程序是第一审程序中最基本的程序,是整个民事审判程序的基础。普通程序具有完整性、独立性、广泛性以及适用的排他性等特点,是所有程序中系统最完整,适用范围最广泛的。

1.起诉与受理

起诉是指公民、法人或其他组织因自己的经济权益受到侵害或发生争议,向人民法院提起诉讼,请求人民法院依法审判,给予法律保护的诉讼行为。

> ⚠ **特别提示 16-4** 起诉是当事人享有的一项重要的诉讼权利,是当事人享有诉权的起点。

受理是人民法院通过审查原告的起诉,对认为起诉符合法定条件的案件予以立案并进行审理的诉讼行为。人民法院收到起诉状或者口头起诉,经审查,认为符合起诉条件的,应当在七日内立案,并通知当事人;认为不符合起诉条件的,应当在七日内作出裁定书,不予受理;原告对裁定不服的,可以提起上诉。

2.审理前的准备

(1)发送起诉状副本和答辩状副本。
(2)审阅诉讼材料,调查收集证据。
(3)更换和追加当事人。

3.开庭审理

开庭审理是审判程序的中心环节,是解决民事纠纷的关键环节,是指人民法院在当事人和其他诉讼参与人的参与下,对案件进行实体审理的诉讼活动过程。

> ⚠ **特别提示 16-5** 人民法院审理民事案件,除涉及国家秘密、个人隐私或者法律另有规定的以外,应当公开进行。

开庭审理分为以下几个阶段:
①开庭前准备;②宣布开庭;③法庭调查;④法庭辩论;⑤互相辩论;⑥评议和宣判。

> ⚠ **特别提示 16-6** 人民法院审理民事案件时,当事人有权进行辩论。

当事人在上诉期内不上诉的,期限届满,判决即发生法律效力。

人民法院适用普通程序审理的案件,应当在立案之日起六个月内审结。有特殊情况需要延长的,由本院院长批准,可以延长六个月;还需要延长的,报请上级人民法院批准。

法条链接:
《民事诉讼法》第一百一十九条规定:"起诉必须符合下列条件:(一)原告是与本案有直接利害关系的公民、法人和其他组织;(二)有明确的被告;(三)有具体的诉讼请求和事实、理由;(四)属于人民法院受理民事诉讼的范围和受诉讼人民法院管辖。"

4.调解、判决

(1)调解。人民法院审理民事案件,应当根据当事人自愿和合法的原则,在事实清楚的基础上,分清是非,进行调解。当事人一方或双方坚持不愿意调解的,应当及时裁判。人民法院审理离婚案件,应当进行调解,但不应久调不决。适用特别程序、督促程序、公示催告程序的案件,婚姻等身份关系确认案件以及其他根据案件性质不能调解的案件,不得调解。

除特别情况外,调解达成协议,人民法院应当制作调解书。调解书应当写明诉讼请求、案件的事实和调解结果。调解书由审判人员、书记员署名,加盖人民法院印章,送达双方当事人。调解书经双方当事人签收后,即具有法律效力。

(2)判决。判决书应当写明判决结果和作出该判决的理由。判决书由审判人员、书记员署名,加盖人民法院印章。

当事人不服地方人民法院第一审判决的,有权在判决书送达之日起十五日内向上一级人民法院提起上诉。最高人民法院的判决以及依法不准上诉或者超过上诉期没有上诉的判决,是发生法律效力的判决。第二审人民法院的判决是终审的判决,即发生法律效力的判决。

(二)简易程序

简易程序是普通程序的简化。只有基层人民法院及其派出的法庭在审理事实清楚、权利义务关系明确、争议不大的简单的经济纠纷案件时,才能适用简易程序。适用简易程序审判的经济纠纷案件,由审判员一人独任审判,其审理期限为自立案之日起三个月。在简易程序中,原告可以口头起诉,法院可以口头或书面方式通知被告;用口头或其他简便方式传唤当事人、证人。

> **特别提示 16-7** 基层人民法院和它派出的法庭审理简单的民事案件,可以用简便方式传唤当事人和证人、送达诉讼文书、审理案件,但应当保证当事人陈述意见的权利。

> **特别提示 16-8** 适用特别程序、督促程序、公示催告程序、审理的案件,实行一审终审,当事人不得提出上诉。

(三)审判监督程序

审判监督程序又称再审程序,是指人民法院对已经发生法律效力的判决、裁定,发现确有错误,依法重新进行审理的审判程序。它不是每一个案件必经的审判程序,而是在第一审和第二审程序之外的救济程序、特殊程序。

五、执行程序

发生法律效力的民事判决、裁定,当事人必须履行。一方拒绝履行的,对方当事人可以向人民法院申请执行,也可以由审判员移送执行员执行。

调解书和其他应当由人民法院执行的法律文书,当事人必须履行。一方拒绝履行的,对方当事人可以向人民法院申请执行。

对于发生法律效力的民事判决、裁定,以及刑事判决、裁定中的财产部分,由第一审人民法院或者与第一审人民法院同级的被执行的财产所在地人民法院执行;法律规定由人民法院执行的其他法律文书,由被执行人住所地或者被执行的财产所在地人民法院执行。

人民法院自收到申请执行书之日起超过六个月未执行的,申请执行人可以向上一级人民法院申请执行。上一级人民法院经审查,可以责令原人民法院在一定期限内执行,也可以决定由本院执行或者指令其他人民法院执行。

⚠️ **特别提示 16-9**　人民检察院有权对民事执行活动实行法律监督。

【例 16-6】 下列关于我国审判制度有关内容的表述中,正确的有(　　)。
A.人民法院审理案件实行合议制度
B.合议庭评议案件实行少数服从多数的原则
C.人民法院审理案件一律公开宣告判决
D.人民法院审理案件实行两审终审制度

【解析】 A、B、C、D。以上四项均为我国审判制度的内容,所以A、B、C、D均正确。

六、诉讼时效

(一)诉讼时效的概念

诉讼时效制度是指权利人在法定期间内不行使权利而失去诉讼保护的制度。诉讼时效期间是指权利人请求法院或仲裁机关保护其民事权利的法定期间。

诉讼时效期限届满,权利人丧失的是胜诉权,即丧失依诉讼程序强制义务人履行义务的权利;权利人的实体权利并不消灭,债务人自愿履行的,不受诉讼时效限制。

规定诉讼时效的主要作用在于:督促权利人及时行使权利;维护既定的法律秩序的稳定;有利于证据的收集和判断,并及时解决纠纷。

⚠️ **特别提示 16-10**　人民法院不得主动适用诉讼时效的规定。

(二)诉讼时效期间的具体规定

向人民法院请求保护民事权利的诉讼时效期间为三年。法律另有规定的,依照其规定。

诉讼时效期间自权利人知道或者应当知道权利受到损害以及义务人之日起计算。法律另有规定的,依照其规定。但是自权利受到损害之日起超过二十年的,人民法院不予保护;有特殊情况的,人民法院可以根据权利人的申请决定延长。

当事人约定同一债务分期履行的,诉讼时效期间自最后一期履行期限届满之日起计算。

无民事行为能力人或者限制民事行为能力人对其法定代理人的请求权的诉讼时效期间,自该法定代理终止之日起计算。

未成年人遭受性侵害的损害赔偿请求权的诉讼时效期间,自受害人年满十八周岁之日起计算。

诉讼时效期间届满的,义务人可以提出不履行义务的抗辩。

诉讼时效期间届满后,义务人同意履行的,不得以诉讼时效期间届满为由抗辩;义务人已自愿履行的,不得请求返还。

人民法院不得主动适用诉讼时效的规定。

(三)诉讼时效的中止和中断

1.诉讼时效的中止

在诉讼时效期间的最后六个月内,因下列障碍,不能行使请求权的,诉讼时效中止:

(1)不可抗力;

(2)无民事行为能力人或者限制民事行为能力人没有法定代理人,或者法定代理人死亡、丧失民事行为能力、丧失代理权;

(3)继承开始后未确定继承人或者遗产管理人;

(4)权利人被义务人或者其他人控制;

(5)其他导致权利人不能行使请求权的障碍。

自中止时效的原因消除之日起满六个月,诉讼时效期间届满。

2.诉讼时效的中断

有下列情形之一的,诉讼时效中断,从中断、有关程序终结时起,诉讼时效期间重新计算:

(1)权利人向义务人提出履行请求;

(2)义务人同意履行义务;

(3)权利人提起诉讼或者申请仲裁;

(4)与提起诉讼或者申请仲裁具有同等效力的其他情形。

(四)不适用诉讼时效的规定

下列请求权不适用诉讼时效的情形:

(1)请求停止侵害、排除妨碍、消除危险;

(2)不动产物权和登记的动产物权的权利人请求返还财产;

(3)请求支付抚养费、赡养费或者扶养费;

(4)依法不适用诉讼时效的其他请求权。

诉讼时效的期间、计算方法以及中止、中断的事由由法律规定,当事人约定无效。当事人对诉讼时效利益的预先放弃无效。

法律对仲裁时效有规定的,依照其规定;没有规定的,适用诉讼时效的规定。

法律规定或者当事人约定的撤销权、解除权等权利的存续期间,除法律另有规定外,自权利人知道或者应当知道权利产生之日起计算,不适用有关诉讼时效中止、中断和延长的规定。存续期间届满,撤销权、解除权等权利消灭。

微课
最新诉讼时效的法律规定

课后思考题

1. 处理经济纠纷的方式有哪些？
2. 简述仲裁法的原则。
3. 可以申请行政复议的事项有哪些？
4. 简述民事诉讼的适用范围。

课后案例

【背景资料】 A地甲公司与B地乙公司签订了一份书面购销合同，甲公司从乙公司购买冰箱100台，每台价格是1 500元。双方约定，由乙公司代办托运，甲公司在收到货物后的19日内付款，任何一方违约需要支付违约金10万元。并且约定因为合同发生的纠纷由合同签订地的C地人民法院管辖。后来，乙公司违约，双方发生争议，甲公司欲提起诉讼。

【问题】

1. 甲、乙公司约定发生合同纠纷由C地人民法院管辖，该管辖协议是否有效？
2. 如果双方没有约定管辖协议，那么甲公司可以向哪个法院提起诉讼？
3. 如果乙公司不服第一审判决，能否上诉？
4. 乙公司上诉后，如果第二审人民法院维持原判，试分析第二审人民法院判决的法律效力。

参 考 文 献

1. 刘文华.经济法.北京:中国人民大学,2012
2. 杨紫烜.经济法.北京:北京大学出版社,2015
3. 漆多俊.经济法基础理论.北京:法律出版社,2017
4. 高程德.经济法(民商法).上海:上海人民出版社,2013
5. 李昌麒.经济法学.北京:法律出版社,2016
6. 中华人民共和国民法典及司法解释全书.北京:中国法制出版社,2021
7. 中华人民共和国知识产权法律法规全书.北京:中国法制出版社,2021
8. 中华人民共和国公司法及司法解释全书.北京:中国法制出版社,2021
9. 杨垠红,许小琴.民法典物权编释论.北京:中国法制出版社,2020